«Wenn du denkst, bekloppter geht es nimmermehr, dann kommt von irgendwo ein Promi her», lautet das Credo dieses Buches. Oliver Welke und Dietmar Wischmeyer wagen den Vorstoß in das unbekannte Promi-Land jenseits der autobiographischen Schönfärberei. Und in fiktiven Momentaufnahmen aus dem Leben bekannter Persönlichkeiten offenbaren sie uns deren dunkelste Seiten, fieseste Gedanken und sehnlichste Wünsche.

Wer also genauer wissen will, ob die Geissens nach all den Jahren noch ein Liebesleben haben, wie verzweifelt eine Fußballmannschaft sein muss, die Felix Magath zum Trainer nimmt, warum das Pofalla schon wieder verschwunden ist oder wie Claudia Roth sich durch autogenes Knuddeln fit hält – der ist hier richtig.

Monatelang war das Buch auf der Bestsellerliste, flankiert von begeisterten Rezensionen: «Welke und Wischmeyer sind im Doppel auch doppelt gut», freute sich das Berliner Stadtmagazin «Zitty». Und die «Hamburger Morgenpost» befand kurz und treffend: «Das ist sehr lustig (die Autoren können's eben), manchmal fragt man sich gar, ob es ausgedacht ist. Könnte auch wahr sein. Äußerst unterhaltsam!»

Oliver Welke, geboren 1966, arbeitete nach dem Studium der Publizistik als Redakteur und Moderator bei ARD, Sat.1 und ProSieben. Seit 2009 ist er Anchorman der satirischen ZDF-Nachrichtensendung «heute show», die 2010 den Grimme-Preis erhielt und 2011 zum dritten Mal in Folge als «Beste Comedyshow» ausgezeichnet wurde.

Dietmar Wischmeyer, geboren 1957, studierte Philosophie und Literaturwissenschaft und leitete von 1990 bis 1996 die «Comedy-Abteilung» von Radio ffn. Mit seinen Schwarzbuch-Radiokolumnen ist er regelmäßig im WDR sowie auf radioeins zu hören. Zahlreiche Veröffentlichungen, zuletzt «Deutsche sehen dich an» (2011).

Oliver Welke
Dietmar Wischmeyer

FRANK BSIRSKE MACHT URLAUB AUF KRK
Deutsche Helden privat

Rowohlt Taschenbuch Verlag

Veröffentlicht im Rowohlt Taschenbuch Verlag,
Reinbek bei Hamburg, Juni 2014
Copyright © 2013 by Rowohlt · Berlin Verlag GmbH, Berlin
Umschlaggestaltung ZERO Werbeagentur, München,
nach einem Entwurf von Frank Ortmann
(Umschlagfotos: picture alliance // dpa / Holger Hollemann;
Boris Roessler; Michael Kappeler // rtn – radio tele nord /
Ulrike Blitzner // APA Mirjam Reither)
Satz Arno Pro, InDesign
Gesamtherstellung CPI books GmbH, Leck
Printed in Germany
ISBN 978 3 499 62012 6

INHALT

Was noch zu sagen bleibt 279

VORWORT

«Den gefallenen deutschen Helden», so steht es einge-
meißelt an Tausenden «Kriegerdenkmälern» verteilt über
die ganze Republik – jedenfalls so lange, bis ein Grüner aus
dem Gemeinderat das als Thema entdeckt hat. Uns interessiert hier weniger der Umgang mit der Vergangenheit als die
Frage: Gibt es Helden, die zugleich deutsch und am Leben
sind? Darf man Otto von Bismarck und Ronald Pofalla in
einem Atemzug nennen, ohne sich lächerlich zu machen? Um
die Antwort gleich vorwegzunehmen: Nein, darf man nicht!
Deshalb befasst sich das vorliegende Buch ausschließlich mit
den wenn auch lebenden, so dennoch gefallenen Helden, zumeist durch eigenes Verschulden auf die selbige Fresse.

Zugegebenermaßen ist es nicht leicht, in einem Land ein
Held zu sein, in dem dieser Begriff so sehr mit Kriegstaten
verknüpft ist. Grundsätzlich ist es schwer, zugleich Held und
deutsch zu sein, die typischen Eigenschaften der Deutschen,
dieser seltsamen Säugetierspezies, mithin gleichzeitig zu ver-
körpern und heldisch zu überhöhen.

Was ist überhaupt «deutsch sein»?

Heißt das, hinterm Schrank zu tapezieren, obwohl es da
doch gar niemand sieht? Ist es die deutsche Eigenart des
Schunkelns, eine Art Sitztanz mit untergehakten Nachbarn?

Dieses Wiegen des Oberkörpers auf der Stelle ist auch bei vielen anderen in Gefangenschaft gehaltenen Großsäugern recht häufig. Womit wir nun schon tief in die deutsche Seele abgetaucht sind. Dort regiert die «Gemütlichkeit», das ist eine Stimmungslage, die unter zivilisierten Völkern nicht vorkommt. Gemütlichkeit ist mehrgeschlechtliches Beisammensein minus Erotik, deswegen auch bei Ehepaaren sehr beliebt. Genau wie das Schunkeln findet auch die Gemütlichkeit ausschließlich im Sitzen statt. Je mehr Geweihe und ausgestopftes Viehzeug an den Wänden prangen, desto höher der Gemütlichkeitsindex. Doch auch privat kann man sich's «gemütlich machen». Dazu braucht man ein großes Sofa, Jogginghosen, Fertiggerichte und eine Film-Runterlade-Flatrate. Alkohol ohnehin! Auch hier besticht die Verhaltensweise durch die ausdrücklich gewünschte Abwesenheit jeglicher Erotik. So vielschichtig der Deutsche in seinen politischen oder kulturellen Erscheinungsformen ist, der ewige Drang zur Gemütlichkeit eint sie alle: Ökopflaume und Busrentner, verpartnertes Homopärchen und Vorortsiedler.

Möchte man ein Held dieser Torfnasen sein, denen die Piefigkeit aus den Cargohosen tropft? Ja, das möchte man – jedenfalls wenn man eine von den Figuren ist, die in diesem Buch porträtiert werden. Sie sind die Projektionsflächen all dieser Samstagabendgriller, Fahrradhelmträgergestelle und Leserbriefbescheidwisser, deren Reservat Deutschland heißt, und – sie sind es freiwillig. Viele von ihnen (Andrea Nahles) wären in einem anderen Land (Italien) gar nicht vorstellbar, andere (Klaus Wowereit) spielen gekonnt den weltläufigen Lebemann (Hey, wow, Börleen) und sind doch so provinziell (pfitzmannesk), wie man das eben nur in Deutschland sein kann.

Sind die neudeutschen Helden Politiker, dann strahlen sie die intellektuelle Schärfe eines Leibnizkekses und die Redlichkeit eines paschtunischen Drogenhändlers aus, nur nicht deren Stil. Sind sie sonst wie Im-Licht-der-Öffentlich-keit-Steher, dann wetteifern sie um die Erstziehungsrechte bei der Vergabe sämtlicher Peinlichkeiten.

Spätestens hier stellt sich dem geneigten Leser die Frage: «Warum sind die berühmt und ich nicht? Peinlich und doof, das kann ich auch.» Eines gehört aber zusätzlich als Sahne-häubchen obendrauf: Man darf selber nicht merken, wie peinlich und blöd man ist, oder man muss so kaltschnäuzig sein, dass es einem wurscht ist. Erst dann wird man zu einem wahren deutschen Helden Punkt zwei, einem Exemplar der noch lebenden und doch gefallenen Spezies, der dieses Mach-werk gewidmet ist.

Eine letzte Frage: Wieso trägt das Buch den bescheuerten Titel «Frank Bsirske macht Urlaub auf Krk»? Es folgt hier zwar nicht die Antwort, aber die Erklärung der dahinterste-henden Absicht.

Als Sie den Titel gelesen haben, was war Ihre Reaktion?
a) Sie haben geschmunzelt.
b) Sie haben sich gefragt, ob das überhaupt stimmt.
c) Sie haben gedacht: «Na und, soll er doch.»
d) Sie haben die Autoren für Idioten gehalten.

Richtig sind a) und d). Sollten Sie b) oder c) gedacht haben, dann gehören Sie leider nicht zu unserer Zielgruppe. Bitte legen Sie das Buch zur Seite oder verschenken Sie es weiter. Danke, dass Sie vorbeigeschaut haben, aber belästigen Sie uns bitte nicht mit fortschreitender Lektüre – und tschüs.

PS: Noch eine Anmerkung für die Freunde verblüffender Wahrheiten: «Frank» enthält prozentual weniger Vokale als «Bsirske» – so täuschend kann der erste Blick auf die Welt manchmal sein. Wer sogar hier noch geschmunzelt hat, der darf endgültig umblättern und weiterlesen.

Viel Spaß dabei wünschen

Oliver Welke und Dietmar Wischmeyer

DAS RANKING:
Die siebenundsiebzig größten deutschen Helden

77. FRANK BSIRSKE
macht Urlaub auf Krk

Frank Bsirske war voller Vorfreude. Bald konnte es wieder losgehen. Endlich Urlaub. Der Stress der vielen Aufsichtsratssitzungen fiel von ihm ab. Allein drei waren es im letzten Halbjahr gewesen. «Mensch, Bsirske», murmelte Bsirske zu sich selbst, «das haste dir wirklich verdient.» Drei Wochen ohne Provinzmarktplätze, hässliche Verdi-Geschäftsstellen-Mitarbeiterinnen, Trillerpfeifen und übergeworfene Mülltüten. «Fick dich, Tarifhoheit», lächelte Frank Bsirske selbstlautlos in sich hinein.

Frank Bsirske hatte endlich frei. Er holte seinen Koffer aus dem Schrank. Es handelte sich um eines der besseren Modelle von Louis Vuitton. Ein Rollkoffer. Der Arbeiterführer hatte den Markennamen aber aus Rücksicht auf seine Untergebenen mit Sylt-Aufklebern verdeckt. Deutsche Neidkultur. Zum Kotzen.

Er hätte es am liebsten längst aufgegeben, sich den Anschein von Prekariat zu geben. Wem wollte er auch etwas vormachen? Schließlich hatte der gelernte Multifunktionär nie selbst gearbeitet. Frank Bsirske schmunzelte bei dem Gedanken an seinen begehbaren Humidor, in dem Zigarren im Wert von drei Krankenschwester-Jahreslöhnen lagerten. Und aus Solidarität mit den gefährdeten Arbeitsplätzen der Opelaner in Bochum fuhr er seit zwei Jahren einen Mercedes. Schönes Teil. S-Klasse. Das war's dann aber auch mit den Zugeständnissen.

Jetzt freute er sich auf drei Wochen Entspannen und Segeln mit Carsten, der Vroni und Thilo. Obwohl Thilo erfahrungsgemäß im Urlaub schon nerven konnte. Der schnauzbärtige Hobby-Rassenkundler konnte einfach nicht abschalten. Kaum war er im Ausland, verbrachte er seine Tage mit genetischen Studien an den Ureinwohnern. Frank Bsirske war davon schnell gelangweilt.

Es sollte nach Kroatien gehen. Maschmeyers Yacht, die MS Wilhelm Gustloff II, ankerte traditionell von Juni bis August vor Krk. Frank Bsirske fuhr gerne dorthin. Etwas an dieser Insel zog ihn magisch an. Vielleicht war es das Klima. Oder die malerisch an der Adria gelegene Hauptstadt von Krk: Krk. Manchmal fuhr er mit seinem gesponserten Touareg auch die paar Kilometer in den Nachbarort Vrh. Frank Bsirske verstand es zu leben. Savoir-vivre. Dolce Vita. Frank Bsirske bekam eine Gänsehaut.

Was nur wenige wussten: Die Insel Krk befand sich seit acht Jahren im Besitz von Verdi. Gekauft mit Mitteln aus einem EU-Topf für den Ankauf exjugoslawischer Inseln. Auch eine Gewerkschaft musste ja irgendwohin mit der Kohle. Und ein Felsen im Meer war immer noch besser, als davon doch wieder nur einen weiteren nutzlosen Idiotenstreik zu finanzieren. 3,2 Prozent mehr Lohn. Lächerlich. Dafür ging ein Frank Bsirske nicht aus dem Haus.

Auf Krk hatte er sich sein Anwesen bauen lassen. Nichts Großes. Niedliche dreißigtausend Quadratmeter, die er hatte brandroden lassen. Jetzt umsäumten nur noch ein paar Oliven- und Orangenbäume das Grundstück, das liebevoll ge-

Swami Frank Bsirske in Poona (Verdi-Dienstreise ohne Frauen 2011).

pflegt wurde von recht anständig bezahlten kroatischen Nano-Jobbern. Die fleißigen Südslawen bekamen neunzig Lipa die Stunde, das ist fast ein Kuna. Immerhin. Er mochte Kroatien. Dort gab es aus sozialistischer Tradition kein Streikrecht. Er wollte es im Urlaub schließlich bequem haben. Keine Streiks, das gefiel dem Machtmenschen Bsirske.

Natürlich flog er immer erster Klasse. Eine der wenigen Vergünstigungen, die ihm als Lufthansa-Aufsichtsratsmitglied zustanden. Zuletzt allerdings hatte er sich ärgern müssen. Der Sancerre war viel zu warm gewesen. Mindestens drei Grad drüber. Diese Kuhpisse zu trinken kam für ihn nicht in Frage. Aber er war ja zum Glück nicht wehrlos und ohnmächtig wie ein normaler Arbeiter. Er war Frank Bsirske, die mächtige

Faust des Proletariats. Zwei Tage später ließ er aus Rache die komplette Lufthansa bestreiken. Und das nur, weil sein starker Arm es wollte. Er bekam wieder eine Gänsehaut.

Er musste an einen anderen Flug denken. Erster Klasse nach Neu-Delhi. Durch Zufall hatte er in der First Class den Limburger Bischof Franz-Peter Tebartz-van Elst getroffen. «Franz-Peter Tebartz-van Elst – was für ein komischer Name», dachte Frank Bsirske schmunzelnd. Er zog seinen Rollkoffer hinter sich her und verließ das Adlon, ohne den Pagen eines Blickes zu würdigen.

76. DIETER BOHLEN
You're my ass, you're my hole

Schwester Irina hat schlechte Laune. Zimmer 19 ist an der Reihe. Das Zimmer, in dem «Arschloch» wohnt. Wie heißt der Typ noch mal wirklich? Peinlich berührt stellt die Altenpflegerin fest, dass sie Arschlochs richtigen Namen inzwischen vergessen hat. Und warum? Weil das komplette Personal ihn nur noch Arschloch nennt. Was wiederum fraglos damit zusammenhängt, dass Arschloch sich rund um die Uhr wie eins aufführt. Unmittelbar nach Arschlochs Einzug waren auch noch diverse andere Spitznamen im Umlauf. «Brother Louie» zum Beispiel oder irgendwas mit «Geronimo». Durchgesetzt hat sich dann aber eben «Arschloch».

Schwester Irina, noch relativ neu im Eppendorfer «Horst-Hrubesch-Seniorenstift» fand die herzlose Lästerei der Kollegen zunächst nicht in Ordnung. Die gebürtige Kasachin war der festen Überzeugung, dass gute Pflegearbeit Geduld und

Verständnis voraussetzt. Aber schon die ersten drei Minuten mit Arschloch in Zimmer 19 haben ausgereicht, um diese Überzeugung zu pulverisieren. Für immer.

Morgens, wenn man ihm das Frühstück bringt, ist es am schlimmsten. Wahrscheinlich weil er dann sieben Stunden lang keinen hatte, den er terrorisieren kann. «Ach was soll's, hilft ja nix», denkt Irina und drückt die Tür auf. Arschloch sitzt am Tisch und liest seine geliebte «Bild»-Zeitung. Er trägt einen silbernen Kimono. Wie immer mit nichts drunter. Reflexartig spreizt der alte Schwerenöter jetzt ganz leicht die Beine, um der Schwester eine möglichst freie Sicht auf das ledrige Gehänge zu ermöglichen.

«Ach nee, guck mal an, das Frollein Irina, bekannt aus dem Film ‹Doktor Fummel und seine scharfen Schwestern›, bringt mir mein Happa-Happa! Na, das is ja hammermäßig!», quäkt es aus dem dunkelbraunen Runzelkopp. Siebzig Jahre nonstop Solarium hinterlassen eben ihre Spuren. Irina stellt das Tablett ab, nuschelt irgendwas mit «Appetit» und tritt den Rückzug an. Vielleicht klappt es ja diesmal. Vielleicht lässt er sie einfach so gehen. «Guck nur auf die Türklinke, Irina», denkt Irina und hat den rettenden Flur schon fast erreicht.

«Du, hömma, Olga, du, bei allem Verständnis, ich weiß ja nicht, wie das bei euch zu Hause in Kaputtistan so abläuft futtermäßig, ob ihr da die plattgefahrenen Eichhörnchen von der Straße kratzt oder was … aber DAS hier geht echt gar nich, nech!» Anklagend hält Arschloch eine Scheibe Mortadella hoch. «Was soll denn das sein, bitte? Hast du dir das aus deinem eigenen Pöter gesäbelt, den traurigen grauen Lappen hier?»

Irina zählt innerlich bis fünf und fragt: «Mögen Sie lieber Käse?»

Arschloch wuchtet sich ächzend aus seinem Sessel. Dabei lässt er traditionsgemäß einen fahren und den Kimono ganz auseinandergleiten. Irina versucht verzweifelt, den Blick abzuwenden. «Ja, Mäuschen, das musst du jetzt nicht in den falschen Hals kriegen, wenn ich dir hier mit wehender Banane entgegenkomme, haha ... Ich darf leider keine Unterbuxe tragen. Ärztliche Anordnung. Mein kleiner Dieter muss immer frei schwingen. Hat was mit so 'ner alten Penisbruchgeschichte zu tun, erzähl ich dir, wenn mal Zeit is.»

Siegfried und Roy, äh ... Hermann und Furunkel, nein ... ich komm nicht drauf.

Arschloch verschluckt sich an seiner eigenen Spucke und kriegt einen schlimmen Hustenanfall. Schwester Irina nutzt die Chance und bewegt sich Richtung Tür. Allerdings nicht schnell genug. Immer noch erschreckend beweglich, wirft sich der alte Rochen zwischen sie und den Ausgang. «Pass mal auf, weißte, du siehst ja für dein Alter ganz süß aus und so, paar Pfunde zu viel, aber irgendwie fast schon niedlich … jetzt nicht wirklich sexy oder so, aber auch nicht völlig zum Kotzen, weißte … »

Worst-Case-Szenario: Der Mann, der vor gefühlten tausend Jahren mal das Wort «Pop-Titan» auf der Visitenkarte hatte, setzt zu einem seiner gefürchteten Monologe an. «Weißte, wie du hier schon reinkommst und so, ne, null Körperspannung, wie so 'n Sack Sülze auf Baldrian, das geht so nich. Und jetzt kommt gleich wieder ‹Ja, aber Herr Bohlen, ich verdien hier ja auch nur drei fuffzig die Stunde, buhuuuh› und so, aber weißte, mit dem Spirit kommste halt nicht weit heutzutage, ne … Ich werd ja auch oft gefragt, wie das möglich war mit den ganzen Hits und so, weltweit erfolgreichster deutscher Produzent und all den Bambis und ‹Bravo›-Ottos und alles … »

Irina versucht, sich an schöne Szenen aus ihrer Kindheit zu erinnern und gleichzeitig Arschlochs feuchter Aussprache auszuweichen. Erfahrungsgemäß hat er sich nach zehn, zwanzig Minuten müde monologisiert. «Ja, da brauchst du gar nich so traurig aus der Wäsche zu gucken, Mamutschka, das geht nur mit Bienenfleiß und harter Arbeit, rabota rabota oder wie ihr das nennt. Von nix kommt nix … Ich bin früher in Tötensen morgens aufgestanden, hab erst mal 'nen Welthit geschrieben, dann war ich kurz kacken, und dann hab ich direkt wieder 'nen Welthit geschrieben. Paff, paff ging das! In der Zeit haben so Nieten wie der Grönemeyer noch in der Pofe gelegen oder sich einen gerubbelt oder so … Ich weiß noch, wie ich mal zu Justin Timberlake gesagt hab … oder war das doch Jürgen Drews? Is ja auch egal, jedenfalls …»

Arschloch könnte genauso gut chinesisch reden. Irina versteht praktisch kein Wort von dem, was da aus dem halb mumifizierten Mund kommt. Ein paar der älteren Schwestern haben ihr erzählt, dass der Mann wahrscheinlich wirklich mal prominent war. Damals, kurz nach der Jahrtausendwende. Muss eine ziemlich kranke Zeit gewesen sein.

«… Und ich weiß noch genau, wie diese Obertusse von RTL, diese … na … Frau Schäferdings zu mir gesagt hat: ‹Dieter, die Quoten gehen runter, die Zeit der Casting-Shows ist langsam vorbei.› Sagt die Olle mir ins Gesicht … Gut, in einem Punkt hatte sie recht, Deutschland war damals so gut wie durchgecastet. Ich glaube, so um 2017 rum haben wir in Recklinghausen den letzten noch ungecasteten Sechzehnjährigen eingefangen, mit 'nem Betäubungsgewehr, und ich sag dann so zu der Frau Schäferbums …»

Irina fragt sich, ob man sich im konkreten Fall für Gewaltphantasien schämen muss. Die Bettpfanne da drüben: Wenn sie die jetzt mit aller Kraft auf die Fontanelle unter seiner lächerlichen blonden Perücke hauen würde … Oder mal ganz unverbindlich durch die Kauleiste, durch diese viel zu langen und viel zu weißen Implantate … Wahrscheinlich könnte selbst das den Redefluss nicht stoppen.

«… Das sind ja oft die kleinen Anzeichen, an denen du merkst, dass so 'n Sender anfängt, dich abzuschreiben. Auf einmal heißt das: ‹Herr Bohlen, warum müssen Sie denn IMMER mit 'nem Heli vom Hotel zum Studio geflogen werden? Das sind doch auch mit dem Auto nur zwanzig Minuten.> Darauf ich: <Warum? WARUM?! Das kann ich euch sagen. DARUM, ihr Pimmelgesichter!> Das sind die ersten Anzeichen! Und hast du nicht gesehen, sitzt du plötzlich in der Jury neben so 'ner blondierten Transe und irgend so 'nem geschassten ZDF-Opi, und der soll dann angeblich dafür sorgen, dass die Quote wieder einen hochkriegt, ja, da bepiss ich mich doch vor Lachen...»

Plötzlich fällt Irina etwas ein. Etwas, das sie vorhin in der Teeküche aufgeschnappt hat. Eine Neuigkeit, die Arschloch unter Umständen viel härter treffen könnte als jede Bettpfanne.

«... Dabei hätte man mit <DSDS Kids> doch noch Jahre weitermachen können. Und das war nur EINE hammermäßige Knalleridee, die ich den Trotteln von RTL geschenkt hab, weißt du! Haustiere casten zum Beispiel! Ja warum denn nicht? Jeder Köter kann doch irgendwelche Kunststücke. Das is alles 'ne Frage der Einstellung. Man muss nur WOLLEN! Deswegen sag ich ja, Olga: Wenn du hier so devot bei mir ins Zimmer geschlichen kommst und dann so verschüchtert irgendwas murmelst, mit deiner Piepsstimme, die so klingt, als ob man Miss Piggy 'nen Lockenstab in 'n Arsch...»

«Herr Bohlen.»

Irina spricht Arschloch zum ersten Mal mit seinem richtigen Namen an. Plötzlich ist er ihr doch wieder eingefallen. Das wirft Arschloch tatsächlich kurz aus der Bahn und bringt ihn zum Schweigen. Sie muss jetzt schnell weitermachen: «Herr Bohlen, hab ich ganz vergessen. Ich hab gehört, am Nachmittag kommt Ihre neue Mitbewohner.»

«Wie jetzt?! Mitbewohner?!»

«Ja, ist doch Zweibettzimmer. Auf der Pflegestation gibt's nix Einzel.»

«Ja, aber Moment mal, Frolleinchen, ich ... »

«Kommt eine ganz nette Mann zu Ihnen. Warte mal, hab mir Name aufgeschrieben ... kommt ein Herr ... Anders.»

Arschlochs Schrei hallt minutenlang über die Flure des «Horst-Hrubesch-Seniorenstifts».

75. STEFAN MAPPUS
Schwäbischer Name für die Filzlaus

Hätte mir vor zwanzig Jahren jemand zugeraunt, ich würde Helmut Kohl dereinst für einen leidlichen Ehrenmann halten – jedenfalls soweit das in der Politik überhaupt möglich ist –, mir wäre übel geworden. Aber da kannte ich das Wendewesen Mappus ja auch noch nicht.

Der Mappus gehört zur Familie der Korinthenkacker und dort zur Untergruppe der Großmaulolme. Jahrzehntelang können diese bleichen Kreaturen im politischen Morast eines Landesparteiunterbezirks überleben, ohne aufzufallen. Hier im Sumpf der politischen Willensbildung tröten und blubbern sie populistische Fürze vor sich hin, bis ihre Zeit gekommen ist. Dann aber schnellt der Mappus aus dem Pfuhl hervor und streift sich die ganz dicke Hose über. Plötzlich steht er im Rampenlicht, und da ihn niemand kennt und noch weniger ihn überhaupt kennenlernen wollen, holt er die markigen Worte aus seiner Zeit im Sumpf hervor: «Atom ja, ja, ja, Stuttgart sprengen, Bahnhof bauen prima, prima.»

So profiliert sich das bissige Biest auch bundesweit und gilt in seiner Partei der angewandten Prinzipienlosigkeit als harter Hund.

Im Gegensatz zur regierenden Wanderdüne aus Berlin steht der Mappus wie ein tapferer Feldhamster inmitten wogenden Unmuts im Ländle. « Und wenn die Welt voll Grüner wär und wollt uns gar verschlingen, so fürchten wir uns nicht so sehr, es soll uns doch gelingen », posaunt es aus der Staatskanzlei. Der Mappus kennt seinen Luther wohl und weiß, dass Standhaftigkeit heute in der Politik ein Alleinstellungsmerkmal ist.

Alleinzustehen ist jedoch dem Politischen als solchem fremd. Das Volk auf den Barrikaden, die Wanderdüne in Berlin längst fortgeweht zu einer neuen Meinung, steht der Mappus plötzlich allein auf weiter Flur. Mit dem Atomstrom ist kein Staat mehr zu machen, zu dumm nur, dass das kleine dicke Mappus gerade den Oberatomgriller EnBW für ein sattes Sümmchen aus Landesmitteln zurückgekauft hat. « Na, is ja nicht mein Geld », grinst er in sich hinein und ruft die Wanderdüne in der bösen Stadt an: « Hallo Chefin, ich mach für dich Neckarwestheim dicht und, scheiß der Hund drauf, auch noch Philippsburg 1, wenn's sein muss, steck ich mir sogar 'ne Sonnenblume hinten rein und hopse nackend durch den Stuttgarter Schlosspark, nur damit ich meinen schönen Posten nicht verliere. »

Das hört man in Berlin mit Wohlgefallen, denn wenn die Wanderdüne eines nicht verzeiht, dann, dass man wegen der Meinung von gestern die Macht von morgen aus den Augen verliert. So springt der kleine Wicht wieder frohgemut durchs Ländle und trällert vor sich hin: « Heute back ich, morgen brau ich, Sonntag hol ich dem Wähler seine Stimm; ach, wie gut, dass niemand weiß, dass ich auf seine Meinung scheiß. »

Doch einmal kommt der Tag auch für einen kleinen korrupten CDU-Hamster, und ein Lkw namens « Schicksal » fährt ihn platt. Dann sind's nur noch die Gerichte, die sich an den putzigen Nager aus dem Südwesten der Republik erinnern.

74. ALICE SCHWARZER
Das Sturmgeschütz des Feminismus

Alice Schwarzer hockt im oberen Stockwerk ihres Kölner Frauenturms und setzt den Verschluss des MG 42 wieder zusammen. Abendliches Waffenreinigen ist eine ihrer wenigen verbliebenen Freuden. Das nackte Metall, die Präzision des vorschnellenden Bolzens erzeugen noch immer ein erotisches Kribbeln bei der greisen Feministin. Gut, beim Kachelmann-Massaker in der «Bild»-Zeitung hat sie sich noch einmal gefühlt wie ein junges Füllen. Das Penetristen-Schwein ist erledigt, so oder so, ob verurteilt oder freigesprochen, was spielt das schon für eine Rolle. Alice Schwarzer hat noch einmal das Killergefühl der alten Zeiten gespürt, als jeder Mann ein Feind war und jede Frau eine Kameradin im gemeinsamen Krieg gegen die Schwänze.

Heute hasst Alice Schwarzer die Männer nicht mehr, eher aus Gewohnheit prangert sie so rum, sie protestiert ein bisschen gegen Vergewaltigung in der Ehe oder redet auch mal irgendwas von gleicher Bezahlung, nicht vergleichbar mit den Kämpfen der guten alten Kriegszeit. Gestern hat sie eine Anfrage bekommen, ob sie Schirmherrin für gesetzliche Warmbadetage muslimischer Frauen in NRW sein will. Das hat sie abgelehnt, so weit unten ist sie noch nicht. Die Grüß-Auguste bei den Vermummten machen? Nein, nicht mit ihr. Noch immer hat sie die «Emma», das Sturmgeschütz des deutschen Feminismus. Auch wenn sie niemand mehr liest, so wird sie dennoch wahrgenommen. Die Schwänze müssten mal wieder das Zittern lernen, schon lange denkt Alice Schwarzer über eine Kampagne nach, die das Machotum das Fürchten lehren soll.

Wenn selbst die CDU sich schon für eine Frauenquote in Führungspositionen starkmacht, wofür kann man sich dann noch einsetzen? Am meisten ärgert sie, dass die nachfolgende

Alice hat sich ganz nach hinten gesetzt, damit die linken Flintenweiber sie hier nicht entdecken.

Frauengeneration, die von ihrem Kampf profitiert hat – mit anderen Worten: Kristina Schröder, Ex-Alibi-Else am Hofe Merkels –, dass also diese undankbaren Schlampen ihr, der Mutter aller Schwanzabschneiderinnen, in den Rücken fallen.

Alice Schwarzer ist schon wieder geladen und findet auch in dieser Nacht keinen Schlaf. Also wirft sie sich die alte Pferdedecke über, die sie immer trägt, wenn sie außer Haus geht, um nicht als Auslösereiz missverstanden zu werden, und schlüpft hinaus in die Kölner Nacht. Ihr Ziel ist ein versteckter Domina-Club in der Südstadt, da darf man auch als Laiin Männer in Führungspositionen verprügeln. Mittleres Management kostet zweihundert Euro, ein Mann mit Fahrer und Eckbüro dreihundertfünfzig Euro und … ach, scheiß die Hündin drauf, heute Nacht will sie sich einen Bischof gönnen für 'nen Tausender – hoffentlich haben die was richtig Widerliches da, zum Beispiel das Ekelpaket aus Limburg, obwohl, da weiß sie gar nicht, ob der sich nicht alles zu Hause machen lässt. Beim Gedanken an die bevorstehende Orgie bessert sich Alice Schwarzers Laune merklich, unter ihrer Pferdedecke schließt sich das feuchte Händchen um den Knauf einer Reitpeitsche. Die Ampel springt um auf Grün, und Alice Schwarzer verschwindet in der Nacht.

Kurz erklärt: Emanzipation

• •

Die Gleichstellung von Mann und Frau: ein ehrenwertes und wichtiges Anliegen, für das vor allem Frauen über Jahrhunderte gekämpft haben (Männer eher nicht). Umso verblüffender, dass Heldinnen der Frauenbewegung wie Alice Schwarzer heutzutage ausgerechnet von jungen Geschlechtsgenossinnen belächelt werden. Die moderne Deutsche wähnt sich nicht nur im postideologischen, sondern auch im postfeministischen Zeitalter angekommen.

Nichts ist diesen Frauen suspekter als ein «verbissener Feminismus», und sie empfinden jede Form der Frauenquote als persönliche Beleidigung. Wenn überhaupt, wollen sie nur dank ihrer Qualitäten irgendwann im Aufsichtsrat eines deutschen Großkonzerns sitzen.

Überflüssig zu erwähnen, dass das nie passieren wird. Denn wenn es um echte Macht geht, hört in den Old-Boys-Netzwerken der Spaß natürlich auf. Und im Privaten läuft's exakt genauso. Hirnforscherinnen, die in Harvard summa cum laude promoviert haben, hören mit dem Wurf von Kind Nummer eins schlagartig auf zu arbeiten, damit ihre Männer weiter Karriere machen können – in der Waschanlage oder als Rewe-Filialleiter. Aber im Unterschied zu den fünfziger Jahren machen die Frauen das heute freiwillig und schaffen es sogar, sich trotzdem emanzipiert zu fühlen. Im Grunde wieder mal typisch Männer: gewinnen am Ende den Geschlechterkrieg, ohne irgendwas dafür gemacht zu haben!

• •

73. LOTHAR MATTHÄUS
Mein Leben als Kühlschrank

(mit Originalzitaten in Kursiv)

Ein Lothar Matthäus hat den Hörer aufgelegt. Und ein Lothar Matthäus kann's nicht fassen. Der Präsident des Fußballverbands von Burkina Faso hat ihm soeben abgesagt. Nach tagelangen Verhandlungen wollen sie ihn nun also doch nicht. Ein Lothar Matthäus wird nicht Nationaltrainer von Burkina Faso! Da fragt man sich schon, was die sich einbilden, die Burkina Fas…er. Oder Burkina-Fasoten? Wurscht, er geht ja eh nicht hin.

Was hatte dieser unverschämte Herr Mbele da eben am Telefon gesagt? Irgendwas über «private life» und «image problems». Sein Englisch ist eigentlich seit der Zeit in New York perfekt, aber diesen Vogel hat er kaum verstanden. «Und das bisschen, was ich verstanden hab», denkt ein wütender Lothar Matthäus, «also das haut ja wohl den stärksten Neger vom Schlitten!»

Wieder so ein Satz, den man nicht in Talkshows sagen dürfte. Da gäb's gleich wieder ein totales Bohei. Wie damals, als sie mit dem FC Bayern die Damen der deutschen Basketball-Nationalmannschaft getroffen haben und er denen launig *Ey, Mädels, unser Schwarzer hat den Längsten!* zugerufen hat. Dabei stimmte das doch IN DER SACHE hundertprozentig. Sein Mannschaftskamerad Adolfo Valencia hatte nachweislich einen unfassbaren Riemen … Und er hat in dem Moment ja selbst lauthals drüber gelacht, der Adolfo. Überhaupt hat Lothar die Erfahrung gemacht, dass die mit seiner Art und seinem Humor gut klarkommen, die Neg… die Schwarz… diese Leute. Im Grunde hätte ein Lothar Matthäus also super nach Afrika gepasst. Aber bitte, wer nicht will, der hat schon!

Offenbar haben sich die Burkina-Fasozen, diese Heinis vom Verband, bei YouTube Ausschnitte aus seiner Doku bei Vox angesehen: «Lothar – Immer am Ball». Zwar wurde die Serie von der Kritik verrissen, aber ein Lothar Matthäus steht dazu. Da wurde halt mal der Mensch hinter der Legende gezeigt. Wie in dieser inzwischen schon berühmten Szene in Folge eins, in der Lothar dem Kamerateam erklärt, nach welchem System er zu Hause seinen Kühlschrank einräumt. Und es spricht ja wohl Bände, dass diese Szene bei YouTube inzwischen über dreihunderttausend Klicks hat. Das beweist doch, dass er da einen Nerv getroffen hat.

Wo ein Lothar Matthäus schon so drüber nachdenkt, klickt er die Szene gleich noch mal selber an. Er sieht sich also vor seinem offenen Kühlschrank stehen und das Lothar-Matthäus-Kühlschrank-System erläutern:

Linien sind immer wichtig für mich. Auch der Fußballplatz besteht ja eigentlich zu großen Teilen auf … aus Linien. Und irgendwo ist das wahrscheinlich hier oben im Kopf drinnen, alles auf Linien auszurichten.

Sagen wir mal so: Wenn ich jetzt wirklich weiß, das sind die beiden gleichen Joghurts und das eine läuft zwei Wochen früher ab, dann stell ich das natürlich nach vorne. Aber wenn was ver-

Unrasiert im Smoking: Loddar mit der Mutter seiner neuen Ehegattin.

fallen ist, schmeiß ich's auch weg. Und wenn ich weiß, was vorne steht, steht auch das Hintere. Dann habe ich eine Übersicht. Übersicht ist mir wichtig, wie eben auch bei meinem Sport. Ich habe auch als Spielgestalter, als Mittelfeldspieler, als Antreiber eine gewisse Übersicht gehabt über das ganze Feld. Und Übersicht schaffe ich mir natürlich mit einer gewissen Ordnung. Und diese Ordnung habe ich im Kühlschrank.

«Ohne Scheiß, besser kann man's nicht erklären», denkt ein Lothar Matthäus. Vor allem hat das doch eine Tiefe, die ihm keiner zugetraut hätte. Im Internet gibt es ja reihenweise Seiten, die sich über harmlose Loddar-Versprecher à la *Wir sind eine gut intrigierte Truppe* lustig machen. Weil die Arschlöcher seine andere, seine nachdenkliche Seite einfach nicht zur Kenntnis nehmen wollen. Selbst die Kleine, seine Joanna, fand die Vox-Doku im Nachhinein «peinlich». Peinlich! Und das sagt ihm so 'n Huhn ins Gesicht, das erst neulich volljährig geworden ist. Falls das überhaupt stimmt. Heutzutage sind natürlich viele gefälschte Schülerausweise im Umlauf, wie Lothar aus eigener leidvoller Erfahrung weiß.

Egal, jetzt heißt es nur noch nach vorne schauen. So wie er es als Spieler auch immer gehalten hat. *Es ist wichtig, dass man neunzig Minuten mit voller Konzentration ans nächste Spiel denkt!* Der nächste Trainerjob kommt bestimmt. Qualität setzt sich immer durch. Am Ende seiner Profikarriere war doch ruck, zuck klar, dass er den Trainerschein macht. Was denn auch sonst? Hat er ja auch damals bei «Beckmann» gesagt. *Schiedsrichter kommt für mich nicht in Frage. Schon eher etwas, das mit Fußball zu tun hat.*

Nur blöd, dass die Trainerkarriere gerade so 'n bisschen auf der Stelle tritt. Vielleicht hat die Kleine ja doch recht. Vielleicht war das mit der Doku ein Fehler. Ein Lothar Matthäus ist halt einfach zu gutmütig. Wenn da so ein Sender anruft und fragt: «Lothar, alte Säule, kannst du nicht mal eben sechs Folgen mit uns drehen, wo man dich ganz ungeschminkt und total privat erlebt?», dann ist er an Bord. Er kann halt nicht nein sagen. Dabei ahnt ein Teil von ihm, ganz tief drin, dass diese Sendertypen es gar nicht nur gut mit ihm meinen. Dass sie sich hinter den Kulissen wahrscheinlich kaputtlachen, wenn er Sachen sagt wie: *Ich hab gleich gemerkt, das ist ein Druckschmerz, wenn man draufdrückt.*

«Die Schweine führen mich doch bloß vor! Und ich Schaf mach auch noch mit», ruft ein Lothar Matthäus jetzt in einem raren Moment echter Erkenntnis. «Verdammte Scheiße, ich bin ein Weltmeister! Ich müsste auf einer Ebene mit dem Franz und dem Uwe stehen! Und dann mach ich mir immer alles selber kaputt! Weil ich zu diesen Medien zu nett bin! Weil ich denen immer wieder viel zu viel von mir erzähle! Weil ich zu offen bin!» Aber damit ist jetzt endgültig Schluss. Lothar Matthäus beschließt an Ort und Stelle, ab sofort nur noch an seiner Trainerkarriere zu arbeiten. Alles andere wird gnadenlos abgesagt. Ohne Ausnahme!

Das Telefon klingelt. «Ha», denkt ein Lothar Matthäus, «jetzt kommen sie also doch wieder angekrochen, die Burkiner Faseln!» Er hebt den Hörer ab, aber am anderen Ende ertönt nicht die Stimme von Herrn Mbele. «Loddar, mein Loddar, alter Schwerenöter, ich bin's, der Schorschi! Du, ich bin nicht mehr beim ‹Doppelpass›, ich betreu jetzt gerade für Super RTL als Producer 'ne ganz coole Geschichte, wird relativ crazy. Geht im Prinzip um Schlammcatchen, aber der Clou ist, nicht nur mit Mädels, sondern auch mit rasierten Schäferhunden. Da bräuchten wir dringend 'nen richtig großen Namen für die Jury. Na, wie sieht's aus? Hättste Bock?»

Ein Lothar Matthäus muss diesmal keine Sekunde lang überlegen. «Du, Schorschi, wo genau wird denn das produziert?»

72. HANNELORE KRAFT

Die hausgemachte Mayonnaise unter den Ministerpräsidenten

Wööööllllppppp! Hannelore Kraft rülpst ein wahrhaft atemberaubendes Crescendo in den noch jungen nordrhein-westfälischen Vormittag. Sie ist es nicht gewohnt, so früh am Morgen einen halben Liter Bier zu schlenzen, schon gar nicht zu Mettbrötchen und Frikadellen. Aber es kommt einfach tierisch dortmundmäßig rüber, und Hannelores Imageteam hat auch gemeint: Für das Publikum vom Sat.1-Frühstücksfernsehen wäre die Szene der absolute Megaknaller, man müsste nachher nur rausschneiden, wie sie sich mit dem BVB-Schal die Spucke aus der Kinnbehaarung wischt. Das käme bei den Fans in etwa so an, als würde man sich bei einer Papstaudienz mit dem Turiner Grabtuch den Arsch abputzen.

Okay, Hannelore Kraft hat verstanden, heute will sie alles richtig machen, schließlich hängt das Schicksal der gesamten Sozialdemokratie an ihrem hauchdünnen Speichelfaden – sozusagen.

Jeanette aus der Maske pudert sie für die nächste Einstellung mit echtem Steinkohlenstaub ab, der kommt allerdings nicht mehr von hier, sondern aus Südafrika, aber der Regisseur hat geschworen, selbst auf HD-Fernsehern würde man das nicht erkennen.

«Ich drück dich beide Daumens, dasse Kanzlakandidaat wirss, Siggi.»
Trau niemals einer Frau!

Warum müssen SPD-Politiker immer diese Kohlenstaub-
fresse in der Glotze präsentieren? Die Ruhrpott-Romantik
kotzt Hannelore allmählich an. Würde Christian Lindner
von der FDP sich etwa die Visage schwärzen lassen? Na bitte.
Scheißdrecks-SPD! Hannelore Kraft hat Bankkauffrau gelernt und in London Wirtschaftswissenschaften studiert, und
hier soll sie einen auf bratwurstfressende Bergarbeiterschlam-
pe machen. Fehlt nur noch, dass diese parasitenverseuchten
Brieftauben ihr das Kostüm vollkacken. «Leck mich fett»,
denkt Hannelore Kraft, und da ist sie zum ersten Mal wirklich
ganz nah an ihren Wählern.

Noch drei Einstellungen, dann ist der Imagefilm im Kasten, noch was fürs Rheinland und eine Szene für die Katho-

len-Honks aus dem Münsterland: Schweine streicheln oder Steckrüben abnagen, keine Ahnung, was sich die Image-Agentur dafür ausgedacht hat. Aber zuerst kommt das Revier dran. Mit zugestäubter Fresse und einer Grubenlampe auf dem gelben Plastehelm krabbelt Hanne aus der gleichnamigen Lore und faselt irgendwas von Krippenplätzen für umsonst in die Kamera. Jetzt nur noch die Szene mit dem schwulen Schützenkönig, oder ist es eine Kölner Karnevals-Transe? Scheißegal, das dürfte es auf jeden Fall gewesen sein.

«Du, Hanne», der Regisseur versucht halbwegs aufmunternd zu klingen, «Schätzchen, wir haben noch den Take mit diesem Vormenschen aus dem Sauerland, du weißt, das wäre jetzt irre wichtig, um dich als Anchorwoman auch bei der traditionellen SPD-Klientel rüberzubringen. Kommst du, Schatzilein?» Hannelore Kraft muss zum zweiten Mal brechen an diesem Vormittag, diesmal nicht vom frühen Pils und der Frikadelle, sondern von ihrem Land. Warum hat sie der Herr nicht in Schleswig-Holstein Ministerpräsidentin werden lassen? Da sind auch alle total schräg und bescheuert, aber wenigstens unterschiedslos.

Kurz erklärt: Deutsche Bratwurst

• •

Die deutsche Bratwurst gilt zusammen mit dem frischgezapften Pils als der elementare Nachweis von Bodenständigkeit – außer in Bayern, wo ein ganzer Liter Bier auch allein reicht. Was Wunder, dass insbesondere Parteien und Gewerkschaften, die sich volksnah geben wollen, auf die Bratwurst als Imageträger setzen. Während des Wahlkampfs müssen die Kandidaten bei jedem Stadtfest unzählige von den Dingern verdrücken. Wer das Pech hat, sich in Thüringen zur Wahl zu stellen, sieht sich mit der dortigen Spielart des Geschmacksträgers konfrontiert. Da bedarf es schon eines sehr unempfindlichen Magens, um diese Herausforderung anzunehmen. Insgesamt gilt Deutschland als bratwurstfreundlich und wird deshalb besonders von Franzosen für ein barbarisches Land gehalten. Doch wer Schnecken aus dem Eigenheim lutscht, der möge bitte den Ball flachhalten.

● ●

71. JOSEPH BLATTER
Stellvertreter des Gottes Fußball auf Erden

Joseph Blatter bricht das Siegel des Heiligen Vaters auf der Rückseite des Kuverts und entnimmt dem braunen Umschlag einen Scheck in Höhe von achtzig Millionen Euro, ausgestellt vom Istituto per le Opere di Religione, gemeinhin als Vatikanbank bekannt. «Schon wieder ein Deutscher, der sich die WM kaufen will, aber nicht mit mir, nicht für schlappe achtzig Millionen», entfährt es dem Größten Fußballvorsitzenden aller Zeiten. Joseph Blatter hasst Korruption, es kommt einfach nicht genug Geld dabei zusammen, schon gar nicht von den deutschen Geizkragen. Milliarden geben sie aus für diese nichtsnutzigen Griechenlümmel und haben noch nicht mal die Fernsehrechte an den Ausschreitungen – alles Dilettanten, Friseure und Sitzpisser.

Joseph Blatter fürchtet nur zwei Dinge auf Erden, sich selbst und seinen Schatten. Und eins ist so gewiss wie das Wimbledon-Tor: dass die Welt, wenn er sie dereinst verlassen hat, nicht mehr dieselbe sein wird. «Eine Erde ohne Blattern ist wie das Mittelalter ohne Pest – ein blöder Vergleich», denkt Josephus Gigantus Blatternus, aber dabei fällt ihm sein Unfehlbarkeitsgesuch an Benedikt XVI. wieder ein. «Na gut, wird die WM 2022 eben quasi posthum sowohl an Katar als auch an den Vatikanstaat vergeben. Dafür muss Ratzi aber noch mindestens 'ne Heiligsprechung für mich rausrücken, meine drei Ehen annullieren und eine Fatwa gegen Franz Beckenbauer aussprechen – oder macht sein Verein das gar nicht?»

Joseph Blatter ist für diesen Tag schon wieder bedient. Bereits nach elf und erst achtzig Millionen eingenommen, für das Reiterdenkmal am Zürcher See ist immer noch keine Genehmigung da, was aber das Schlimmste ist: Es gibt einen Haufen missgünstiger Ratten im Weltfußballverband, der mit

Herr Tur Tur, der Scheinriese von der FIFA.

seiner Abwahl droht oder ihn zumindest nicht mehr wieder-
wählen will. Was denn überhaupt für eine Wahl, wovon reden
diese Schmiergeldzecken denn? Hat er nicht in einer E-Mail
an alle ganz deutlich gesagt, dass er dieses Amt auf Lebenszeit
auszuüben gedenkt?

«Wiederwahl, Buckelwal, Karneval, das ist doch alles lächerlich.» Joseph Blatter keckert lauthals los, als freue er sich
über dieses kleine Wortspiel. Aber ein Joseph Blatter kennt
keine Freude, sondern nur die Pflicht und die Verantwortung
gegenüber dem Weltfußball. «Verdammt, schon halb zwölf,
heute trifft sich doch die Korruptionsselbsthilfegruppe bei
Platini, Michel will sogar grillen, hoffentlich kein Schwein,
halb Vorderasien ist schließlich da.» Eilig verlässt Joseph Blatter das Blatternäum, seinen Einhundertachtzig-Millionen-
Dollar-Eigentumspalast in der schicken Reihenpalastsiedlung
am Rande Zürichs, und eilt zum Heliport.

Kurz erklärt: Schweiz

• •

Die Schweiz ist zugleich Ort bundesdeutscher Sehnsüchte (stabiler Nicht-
Euro) und der Verachtung (alpine Hobbits, die von Schwarzgeld leben,
Vignetten-Raubritter). Immer wieder sendet sie ihre merkwürdigsten Söhne
und Töchter nach Norden ins Reich (schwyzerdütsch: «nach Schwaben»),
um uns zu demoralisieren und sich für die deutsche Geringschätzung zu
rächen («Wärr hatz erfundänn, häää?»): Josef Ackermann, Sepp Blatter,
Paola und Kurt Felix. Dabei ist die Schweiz das einzige Land in direkter
Nachbarschaft, das wir noch nie überfallen haben – da wäre etwas mehr
Dankbarkeit (Daten-CDs) durchaus angebracht.

• •

70. WOLFGANG KUBICKI
Möllemann Reloaded

Ein regnerischer Vormittag in einer Kieler Villengegend. Wolfgang Kubicki tippt fünfzehn Buchstaben in das Suchfenster von Google ein, sie lauten w o l f g a n g k u b i c k i. Minuten später hat die Einhundert-Kilobits-per-Second-Downloadrate im fernen Osten Schleswig-Holsteins ganze Arbeit geleistet: «650 000 Ergebnisse» steht in grauer Schrift über der ersten Seite. Wolfgang Kubicki grinst diabolisch und greift sich unbewusst in den teilerigierten Schritt. Zur Kontrolle gibt er den Namen «Philipp Rösler» in das Suchfenster ein. Wiederum etliche Minuten später: «3 140 000 Ergebnisse». Die noch eben so erfolgreich sich neu versteifende Morgenlatte schnurrt in sich zusammen.

Mit zittrigen Fingern versucht Wolfgang Kubicki erneut sein Glück. Er ergänzt die fünfzehn Buchstaben der ersten Eingabe um fünf weitere: g e n i e – Genie! «282 000 Einträge, huharrrharrr. Da muss sich der Import-Schlitzi aber mal ganz warm anziehen», frohlockt es unter dem stahlgrauen Bürstenschnitt. Schon leicht angeekelt, es überhaupt eintippen zu müssen, gibt er in das Google-Fenster die Wörter «Philipp Rösler Genie» ein. Wamm! 1 090 000 Einträge. «Ja, brat mir doch einer 'ne Hafenhure, Scheiß-Google, verbieten, abschaffen!» Das Modem am Medion-Rechner fliegt durch den altdeutsch getäfelten Living-Room mit Blick auf die graunasse Förde. Vor Wut stürzt WoKu, wie ihn seine Freunde im Saunaclub nennen, den dritten Latte mit Schuss in den liberalen Schlund.

Als die Schleswig-Holstein-Ausgabe des World Wide Web wieder zusammengefriemelt ist, hat sich das diabolische Grinsen regeneriert: Wolle Kubi, wie ihn seine Freunde von den FDP-Fallschirmjägern nennen, hat das Verkaufsformular von eBay geöffnet und bei Artikelbezeichnung «Rösler» eingegeben. Als er dann «Kategorie vorschlagen lassen» antippt, erscheint «Porzellan und Keramik». «Huharrharr: Scheißhaus», grölt der eisgraue Freidemokrat in den noch eisgraueren Vormittag. «Startpreis: ein Euro, kein Mindestgebot.» Wampun Kabuki, wie ihn seine indianischen Freunde aus Bad Segeberg nennen, kopiert noch eben schnell die Artikelnummer und öffnet danach sein E-Mail-Programm. Eine halbe Stunde später ist es so weit, und das Schreiben geht raus, adressiert an den größten Presseverteiler der Welt, den der schlimme Hengst, wie ihn seine dritte Frau bisweilen nennt, noch von Jürgen Möllemann geerbt hat. Jetzt regnet die Artikelnummer über Deutschlands Medien herab. «Bild.de» verkündet nach vierzig Minuten: «Rösler für einen Euro bei eBay». «Spiegel Online» folgt, zwei Stunden danach hat es noch die letzte Provinzzeitung gemeldet.

Als drei Tage später – kurz vor Schluss – das Angebot für Rösler blamablerweise erst bei 12,80 Euro steht, schüttet die Presse erneut kübelweise Häme über ihn aus. In einer Kieler Villa tippt ein zufriedener Egomane «13,40 Euro» und drückt die Entertaste. «Den kauf ich mir», flüstert Wotan Kubicki, wie ihn seine Feinde nennen.

69. ROGER WILLEMSEN

Don't call me «Rodscher»

Roger Willemsen sitzt in Valldemossa neben der Kartause von Frédéric Chopin und löffelt etwas Kaviar auf seinen Toast. «Herrlich!» In seinen Händen hält er ein schmales Reader's-Digest-Bändchen mit den versautesten Stellen der Weltliteratur. Vor ihm liegt ein handgeschöpfter Bogen Büttenpapier, darauf ein paar hingeworfene Zeilen.

So recht will Roger Willemsen heute nichts gelingen. Wie an jedem Urlaubsmorgen ist er auch an diesem zeitig aus den Federn gesprungen und hat bei offenem Fenster eine halbe Stunde lang moderiert, um fit zu bleiben. Er hat sich für ein paar Monate nach Valldemossa zurückgezogen – es gilt, dem neuen Manuskript den letzten Schliff zu verpassen. Eigentlich hat Roger Willemsen noch nicht einmal den ersten Satz – aber als professioneller Leser weiß er, dass Kritiker oft nur diesen zur Kenntnis nehmen und darin ihr ganzes Urteil begründen.

Jaja, der Intellektuelle: zu blöd, um einen Wasserschlauch
zu halten – aber wissen, was Adorno an Hegel kritisierte. Ach,
geh mir doch los, alles Spinner!

ROGER WILLEMSEN **43**

«Nach Brodem ringend, umschlang Gonzuela die fordernden Hüften ihres Liebhabers und vergaß, was da alles so um sie herum in der Wohnung herumlag.» Ein phänomenaler Einstieg, aber irgendwie franst der Satz am Ende etwas aus. «Was da alles so um sie herum in der Wohnung herumlag» – das ist einfach nicht gut genug für einen Roger Willemsen, das ist nicht das gewohnte Roger-Niveau, wie man es von einem Roger Willemsen erwarten kann.

«Die Lenden der Weltliteratur» war auch nicht seine Idee, sondern die seines Verlags. Roger Willemsen hasst kalauernde Buchtitel. «Die Bibel», so heißen erfolgreiche Bücher, oder «Mein Kampf» oder «Love Story». Verflucht noch mal, warum hat er sich nur auf den Quatsch eingelassen, eine Porno-Kompilation für Intellektuelle zusammenzustellen – und dann auch noch mit einem eigenen Beitrag. Bloß weil den bibliophilen Schrumpf-Peniden bei de Sade und Mutzenbacher keiner mehr steht.

«Roger, wenn einer das kann, dann du», hat sein Lektor damals gesagt und gleich ein fertiges Cover mitgebracht: Eichendorff, Goethe, Tolstoi und Erika Pluhar splitternackt auf einer ebenfalls splitternackten Weltkugel reitend. Der nicht üble Vorschuss hat ihn schließlich einknicken lassen. Nun sitzt Roger Willemsen vor pittoresker mallorquinischer Bergkulisse und hat keine Idee, nicht mal für den ersten Satz.

«Röchelnd pumpte die vollbusige Gonzuela am Gehänge des Propheten ... Was denn für ein verdammter Prophet, wo kommt der denn auf einmal her?» Roger Willemsen traut seinen eigenen Assoziationen nicht mehr, so was ist ihm noch nie passiert. Zitternd versucht er aufs Neue, den ausgeleierten Prosa-Automaten da oben anzuschmeißen. «Wie eine Dampflokomotive mit Franco-Crosti-Speisewasservor-

wärmer prustete die breithüftige Gonzuela am Gestänge …
Ach, Scheiße», entfährt es dem widerwilligen Erotikautor,
«ich bin einfach zu intellektuell für diesen Job, was soll das
verfluchte Detail aus der Eisenbahntechnologie, das ist doch
übelste Bescheidwisserei, gefundenes Fressen für die Hyänen
der ‹Süddeutschen› und andere Schmocks!»

Roger Willemsen taucht den schlanken Teelöffel in das
Kaviarschälchen und lässt die kaspischen Protoembryonen –
wie der alte Unseld sie immer genannt hat – auf der Zunge
zergehen. Dazu ein Schluck des gar nicht mal so üblen Vino
Rosado, und Roger Willemsen beschließt, für heute genug am
Manuskript gefeilt zu haben und den Vormittag anderweitig
zu nutzen. «Gonzuela, por favor», zitiert Roger Willemsen
diesmal nicht aus der Weltliteratur, sondern die vollhüftige
Zugehfrau auf die Sonnenterrasse.

Kurz erklärt: Fernseh-Intellektueller

• •

Das Fernsehen, oft verschrien als evolutionäre Resterampe für Dumpfbacken
in und Vollidioten vor der Glotze, hat noch einen Restbedarf an Intellektuellen, entweder an echten, wie Marcel Reich-Ranicki und Peter Sloterdijk, oder
an solchen, die glaubhaft so tun, als wären sie welche: Roger Willemsen
oder Richard David Precht. Zur Not tut's auch ein Dr. Hellmuth Karasek. Langsam sprechen, nicht dauernd «äh» sagen, schon mal was vom Genitiv gehört
haben – das alles hilft ungemein. Die Oper zu mögen, ins Ballett zu schlap-
pen und auf der documenta gesehen worden zu sein ist Pflicht. Andererseits
darf man sich aber auch nicht zu fein sein, bei Markus Lanz den vergeistigten
Pflaumenaugust abzugeben oder sich bei einer Panel-Show als Boney-M.-Fan
zu outen. Erst jetzt wird einem klar, wie viele Lichtjahre zwischen Reich-Ranicki und Precht liegen und wie unüberbrückbar diese Kluft auf ewig sein wird.

• •

68. GRÜNE FRAUEN
Das hat die Emanzipation nicht gewollt

Auf der ewig währenden Endlagersuche für sich selbst sind die Grünen-Frauen wieder einen Schritt vorangekommen. Nachdem die «Quote», der «Girls' Day» und das «Gender-Mainstreaming» gegen das Penis-Establishment durchgesetzt waren, drohte die Zicken-Power auszubluten. Stets auf der Hut, was die Schwanzträger wohl noch an Fiesheiten im Köcher haben, sind sie endlich fündig geworden: Die «Boys» fördern auf hinterfotzige Weise einzelne Frauen, um so die Geschlechtersolidarität aufzubrechen.

Man kennt dieses Verfahren aus der Jagdstrategie der Löwen und Wölfe, die versuchen, schwächere Tiere aus dem Rudelverband zu lösen. Anders ist bei den Grünen-Boys, dass die isolierten Herdenmitglieder nicht direkt getötet, sondern gefördert werden – das ist die auch sonst in politischen Kreisen übliche Form des Umbringens. Wird nämlich jemand zu früh für ein Spitzenamt vorgeschlagen, so ist sie oder er «verbrannt». Dieses Verfahren ist von der deutschen Sozialdemokratie zu einiger Perfektion gebracht worden. Dort schlägt andauernd jemand einen anderen vor, um ihn aus dem Weg zu räumen – siehe Müntefering, Kurt Beck oder Peer Steinbrück. Der Sozi tötet jedoch nur einzelne, oft schwächelnde Alttiere. Den Öko-Rüden unterstellen die Alt-Fähen hingegen, das ganze weibliche Pack schwächen zu wollen.

Mit Verlaub, dazu sind die kopfkastrierten Schwächlinge gar nicht in der Lage, dear girls. Welche Grünen-Drohne traute sich denn wohl, gegen die mächtigen Gottesanbeterinnen Roth und Künast ihr kümmerliches Gemächt auszufahren? Einem Joschka Fischer wäre es zuzutrauen gewesen, die Phalanx der Doppel-Xen zu sprengen, hat er doch seinerzeit Katrin Göring-Eckardt als Undercoveragentin in die Weiberschanze eingeschleust. Schon damals haben die Vertreterinnen der Gegenspionage vermutet, dass besagte IM Katrin von den Hodenträgern gezielt ins Feld geführt wurde, um einen internen Zerfleischungsprozess unter den Realas anzustiften.

Die Sache war jedoch noch verzwickter: Claudia Roth, skrupellose Strategin und Machiavelli-Kennerin, hat die Eunuchentruppe der Grünen zu einer Parteinahme für Göring-Eckardt provoziert, um diese dann sofort wieder anzuprangern, damit sie auf der Woge der errungenen Weibersolidarität kommod in den Hafen der alleinigen Doppelspitze surfen konnte. Das Weib ist des Weibes Wölfin, wie der Lateiner sagt, dear girls.

67. CHARLOTTE ROCHE
Untenrum geht immer

Charlotte Roche öffnete den Brief ihrer Redakteurin: «Liebe Charlotte, ich finde es sooooo schade, aber leider, leider … müssen wir … so leid es uns auch tut … bla bla bla … Dein Manuskript ‹Scheidewege› zurückweisen. Für Deinen weiteren Lebensweg wünschen das ganze Team und ich Dir alles Gute. Dutrout-Verlag, Redaktion FRAUEN VON HEUTE.»

«Blöde Frustfotze!» Charlotte hatte fest mit dem Vorschuss gerechnet und nach «Schoßgebete» mal einen eher

In ihrer Sendung bei QVC präsentiert Charlotte Roche eine Tagesdecke mit Brokatapplikationen für 39,50 €.

harmlosen Roman mäßiger Schrittfeuchte für die Frau ab fünfzig geschrieben. Da es immer schwieriger wurde, ein jüngeres Publikum zu finden – entweder weil es das gar nicht mehr gab oder es nicht bereit war, für künstlerische Leistungen überhaupt etwas zu zahlen –, wurde auch das Leben ehemaliger Viva-Moderatorinnen zusehends härter. Ihr Ausflug ins Laber-Entertainment für Sofa-Zombies bei Radio Bremen hatte in einem Fiasko geendet. Sie und Giovanni di Lorenzo waren ein Traumpaar gewesen, ungefähr so wie Herpes von der Lippe und Jürgen oder so ähnlich. Charlotte Roche konnte sich die Namen von den ganzen TV-Pfeifen einfach nicht merken, deshalb war sie zur Literatur zurückgekehrt. Seit ihrem fulminanten Erfolg mit «Feuchtgebiete» hatte sie sich in die literarische Nische ganz weit oben zwischen den Knien zurückgezogen.

Umso härter traf sie jetzt die Ablehnung ihres Verlags. Was war falsch an der Story? Eine Frau Anfang fünfzig ist ihr Leben als Professorengattin in München-Grünwald leid und eröffnet einen Fernfahrer-Puff in Tschechien. Bei der Arbeit lernt sie einen usbekischen Trucker kennen und zieht mit ihm nach Samarkand. Dort angekommen, stellt sich jedoch heraus, dass der vermeintliche Lkw-Fahrer in Wahrheit Professor für Geschichte ist. Daraufhin verlässt sie ihn und eröffnet einen Professoren-Puff am Münchner Autobahnring. Eines Abends kommt ihr geschiedener Mann in den Puff und erwürgt sie.

Okay, das Ende war etwas abrupt, aber sie hatte schon über zweihundert Seiten geschrieben und die Schnauze voll gehabt von den usbekischen Sexualpraktiken und überhaupt diesem ganzen Ziegenscheiß. Trotzdem fand sie es eine Unverschämtheit, dass ein Manuskript von ihr – der Starautorin – einfach so zurückgeschickt wurde. Aber der Gipfel der Frechheit war, dass sie die dreibändige Ausgabe von «Shades of Grey» dazugepackt hatten, mit dem gönnerhaften Hinweis, doch mal was in dieser Richtung zu schreiben.

«Fickt euch, ihr frigiden Schwanzlutscherinnen», dachte sie noch, da hellte ein Gedankenblitz ihr mürrisches Antlitz auf: «Warum nicht mal eine Breitseite gegen die Medienweiber abfeuern? Alice Schwarzer wird sofort in der ‹Bild› loskläffen, Markus Lanz und Anne Will sollten auch kein Problem sein, dazu noch eine Buchvorstellung am Gendarmenmarkt mit Michel Friedman, und die Sache wäre geritzt, äh, gelutscht, ach, Scheiße!»

Charlotte Roche schmiss das Manuskript von «Scheidewege» in den Papierkorb, holte ein paar versaute Szenen aus der Zwischenablage ihres Rechners und begann mit dem neuen Buch.

Kurz erklärt: Sexualpraktiken

● ●

«Sexualpraktiken» ist sicher eines der schönsten Wörter deutscher Sprache, enthebt es doch den Schmuddelkram jedweder erotischen Anmutung. «Praktiken» klingt eher nach Baumarkt als nach Verführung, und das «Sexual-» macht's auch nicht besser, erinnert es uns doch an die Mutter aller Prüderie, den Sexualkundeunterricht in der Schule. Wenn man heute von «Sexualpraktiken» spricht, meint man damit allerdings zumeist die «abweichenden» – das sind jene, die von «Unnormalen» gepflegt werden und die Gemeinsamkeit aufweisen, zur Fortpflanzung gänzlich ungeeignet zu sein. Wer also sichergehen will, seiner Liebsten oder seinem Liebsten einen gehörigen Schrecken einzujagen, der erkundige sich doch bei ihr oder ihm nach den bevorzugten «Sexualpraktiken» – und schon war's das mit der Erotik.

● ●

66. KURT BECK
Es gab auch schon mal Rudolf Scharping,
also Klappe!

Deutschland ist kalt geworden, also nicht draußen, sondern sozial. Das jedenfalls hat die SPD schon damals messerscharf analysiert und sich deshalb eine Abkehr von sich selbst und ein Programm der Wärme verordnet. So stellte sich Lieschen Müller nun mal die Antwort auf die Globalisierung vor: Papa

Staat lässt Wärmflaschen regnen. Dafür ist er seinerzeit angetreten: Opa Bräsig, Spitzname Kurt Beck. An vorderster Front der Bewegung kämpfte mit ihm die längst überwunden geglaubte Untote und schon damals ehemalige stellvertretende DGB-Vorsitzende Ursula Engelen-Kefer. Mit dabei war aber auch das Nachwuchsgespenst Andrea Nahles, das Opa Bräsig zu seiner Minenhündin aufgebaut hatte.

Die Nach-Schröder-SPD sollte wieder «nah sein bei de Leut», wie Opa das in Bräsig-Deutsch formulierte, die Bezugsdauer der Arbeitslosenbetäubungsknete für Ältere verlängert werden: Das hat sich Opa Bräsig zu Hause auf seinem fröhlichen Weinberg in der Pfalz ausgedacht und damit bei den Delegierten den Vogel abgeschossen. Was Wunder, neunzig Prozent der SPD-Mitglieder befanden sich im Zielgruppenalter. Hätte er gefodert, die Sargpreise auf dem Stand von 1954 einzufrieren, wäre ihm noch mehr Zustimmung sicher gewesen.

Doch auch draußen im Land der sozialen Kälte mochte man den netten Opa aus der Pfalz, und die Sympathiewerte schnellten einen halben Prozentpunkt höher, als bekannt wurde, welch revolutionäres Ansinnen den SPD-Vorsitzenden umtrieb.

Er ist ausgezogen, die Superwinzigpipipseudoklitzeklein-Reform namens «Agenda 2010» zurückzunehmen. Booohhh! Heidewitzka, das war ja ein echter Paukenschlag. Wäre das erreicht, wollte Opa Bräsig zielsicher die Kanzlerkandidatur in Angriff nehmen und genau wie sein großes Vorbild, Helmut Kohl, die pfälzische Kissenfurzigkeit in die Hauptstadt tragen.

Doch dann zerstob alles in Schall und Rauch. An einem eisigen Tag ereilte ihn der Ruf aus Berlin; am Apparat der

Flop- und Popbeauftragte Sigismund Gabriel: «AUS! Wir brauchen dich hier nicht mehr, du stinkst!» Lediglich sein Ländle Rheinland-Herzegowina ließ man ihm noch als SPD-Lehen. Dort durfte er weiter Weinköniginnen abbusseln und die Bundesratstimme absichern.

«Doch nicht mit mir», sagte sich Opa Bräsig, «euch werd ich's zeigen, ihr undankbaren Genossen», schnappte sich seine Lyra und schaute auf das brennende Haushaltsdefizit. Den Nürburgring hatte er mit Abermillionen von Steuergeldern eckig formen lassen, damit er moderner wirkte. Nun könne dort nichts mehr stattfinden, schon gar keine Autorennen, sagten aber alle. Opa Bräsig hatte das nicht gewusst und sang

Zwei, die sich verstehen: Fritz, der Furzhase aus dem Freizeitpark Nürburg-ring, und Kurt (rechts).

ein pfälzisch Liedchen zum gezupften Instrument: «I bin doch nur aan armer Bub aus der Palz / Widde widde wit Parteitagsschaum / I bin bei de Leut un die bei mia / Esspeedee, die hoppsassa.»

Ja, so war das damals im schönen Rheinland-Pfalz. Und wäre er nicht hopplahopp zurückgetreten, dann regierte er dort noch heut bei de Leut hinter den sieben Bergen bei den vier Millionen Zwergen, der Opa Bräsig. Gott vergelt's!

65. DIE GEISSENS
Ungeschminkt und durchgescripted

Saint-Tropez, ein Vormittag im Garten der Geissen-Villa.

Der RTL-II-Aufnahmeleiter schreit «Action!». Eine Gruppe von kleinen Mädchen in teuren Markenkleidern erstürmt kreischend eine Hüpfburg. Bei den Geissens wird heute Kindergeburtstag gefeiert. Ein Clown knotet Luftballons zu Giraffen und Pferden. Niemand schaut zu. Der Ton-Assi ist genervt, weil ihm das hochfrequente Geschrei der Kinder den Pegel versaut.

Etwas abseits im Schatten steht Robert Geiss, Selfmade-Millionär und längst Stilikone aller geschmacklosen Neureichen, und telefoniert. Wie immer steckt die Sonnenbrille lässig in der blondierten Löwenmähne. Es geht um irgendeine Immobilie in Bahrain, die Geiss gerne heute Nachmittag noch kaufen würde – ihm ist aufgefallen, dass er noch gar kein Haus in einem Land mit «B» im Namen besitzt.

Carmen Geiss fühlt sich derweil im Stich gelassen. Sie

meint, dass sich ihr Mann ruhig mal mehr bei der Party einbringen könnte. Daher ertönt nun ihr berühmtes «Rooooobert», in dieser sehr speziellen Reibeisenstimme, wie sie bei Frauen mittleren Alters aus dem Rheinland häufig vorkommt: eine Folge des jahrzehntelangen und völlig sinnlosen sowie viel zu lauten Sprechens in allen Lebenslagen. «Robert, isch meine, du könntest disch ruhisch mal mehr einbringen bei der Party hier!», ruft Carmen nun also viel zu laut. Robert nimmt kurz das Smartphone vom Ohr und blökt zurück: «Carmen, isch arbeite! Arbeit? Schon ma jehört? Ja, von nix kütt nix!» Dieser Satz muss laut Vertrag mindestens dreimal in jeder Folge von «Die Geissens – Eine schrecklich glamouröse Familie» vorkommen. Eine Kabelhilfe kratzt sich gelangweilt am Arsch, doch Carmen lässt sich nicht beirren. «Robert, isch find dat einfach nit okay, du. Die Davina Shakira hat dies Jahr nur einmal Jeburtstag, da kannste ja wohl mal dein blödes Teil da ausknipsen, ne!»

«Aus, stopp! Halt mal die Kamera an! Stopp!» Der RTL-II-Redakteur bricht die Aufnahme ab und eilt herbei. «Leute, sorry, aber das müssen wir leider noch mal machen … Carmen, Liebelein, du hast eben versehentlich gesagt, die Davina Shakira hätte heute Geburtstag. Laut Drehbuch ist das hier aber der Geburtstag von Shania Tyra.»

Robert fährt aus der Haut. «Mensch, Carmen, lies doch die Scheiße einfach mal, bevor wir loslegen! Wir ham doch nur die beiden Mädschen, da kann man sisch doch wohl mal kurz merken, wessen Jeburtstag hier jedreht wird, Herrjott noch mal!» Mutter Geiss versucht sich zu rechtfertigen. «Ja, Mann, dat kommt halt von dieser janzen blöden Scripted Reality! Isch bring dat immer mehr durscheinander mit der … eschten Reality und so. Hier, wie letztens, als wir die Beerdigung von Omma jedreht haben. Da war isch hinterher so traurisch, als wär die wirklisch kaputt … also tot, die Omma. Isch schwör's euch.»

Der Redakteur schaut sie verständnislos an. «Äh, was für 'ne Beerdigung? Haben wir 'ne Beerdigung gedreht?» Carmen schießen die Tränen in die Augen. Erst jetzt begreift sie, dass Omma gar nicht in der Serie gestorben ist, sondern in echt. Weinend läuft sie in die Villa und knallt die Tür hinter sich zu.

Totale Ruhe am Set. Außer auf der Hüpfburg. Denn da schluchzt nun auch Davina Shakira, weil sie soeben erfahren hat, dass sie gar nicht Geburtstag hat. «Na toll», murmelt der Redakteur und erinnert sich einmal mehr wehmütig an sein Volontariat, damals noch bei Arte. «Lasst jut sein. Die Carmen, die beruhischt sisch jleich widder», versucht Robert zu beschwichtigen. «Dat is nur dies komische Klimakterium oder wie dat heißt. Diese Wallungen, die die Frauen kriejen, wenn da irjendwas innen drin verjammelt, keine Ahnung. Jeht aber immer vorbei.» Der Regisseur will zur Überbrückung die Kinder beim Topfschlagen filmen. Die haben aber keine Lust. Als Kompromiss einigt man sich darauf, den Clown mit einem Luftgewehr zu beschießen.

In einem Penthouse in Bahrain am Nachmittag desselben Tages.

Die Geissens werden gefilmt, wie sie ein Penthouse in Bahrain besichtigen. Man ist etwas in Eile, denn in zehn Minuten geht der Jet zurück nach Monaco. Noch haben sich die erschreckend authentischen Millionärs-Bratzen allerdings nicht für die neue Immobilie erwärmen können, obwohl ein alerter Makler wirklich alles gibt. «Haben Sie denn den sensationel-

len Rundblick von hier oben schon bemerkt, Herr Geiss?»,
fragt er den Familienvater. Bevor der antworten kann, schaltet sich Carmen ein: «Rooooobert, dat is aber landschaftlich eher mau hier, wat? Da wächst ja nit so viel.» – «Ja, is halt Wüste, mein Hase, 'n Wüstenstaat», erklärt ihr Robert geduldig. «Isch hatte 'n janz anderes Bild von Bahrain im Kopp, Robert, janz viel grüne Wiesen mit Schafe drop und so ...»

Robert hört gar nicht zu und hat stattdessen eine kritische Nachfrage an den Makler. «Aber sagen Se ma, juter Mann: Dat is aber schon 'ne Diktatur hier, ne? Ham die nit neulisch erst so Oppositionelle abjeknallt? Aber jut, hier oben im siebenundzwanzichsten Stock, da hörste da ja nix von! Haha ...» Carmen fällt etwas ein: «Neiiiiiin, Robert. Weißte wat! Dat jlaubste nit. Isch hab dat mit Baltrum verwechselt. Mit Baltrum! Kennste Baltrum?»

Der Yachthafen von Monte Carlo am Abend desselben Tages.

Um sich von der Enttäuschung im Orient abzulenken, gönnen sich die Geissens noch einen schnellen Drink in ihrer monegassischen Lieblingsbar. Eine kühle Brise weht durch den Hafen. Da kommt vor laufenden Kameras – der RTL-II-Redakteur kann sein Glück kaum fassen – tatsächlich eine deutsche Reisegruppe des Weges und erkennt ihre Idole. «Die Geissens! Gibt's doch nicht! Die echten Geissens!» Die Landsleute kriegen sich gar nicht wieder ein. «Scheiß die Wand an, das sind die echten Geissens! Die sind immer so herrlich doof!» – «Siehste, Vati, man muss nix in der Birne haben, um schweinereich zu werden!» – «Los, Carmen, sag mal ‹Rooooobert!›.»

Die Geissens geben brav Autogramme, und selbstverständlich erzählt Robert zum x-ten Mal, wie er damals sein Modelabel für hundertsechzig Millionen verkloppt hat, und beteuert, dass er und die Carmen «auch nach all den Jahren noch ganz passablen Sex haben». Die teutonischen Touris hauen sich feixend auf die dicken Schenkel. Als es dann für einen kurzen Moment doch mal still ist, fragt einer: «Aber mal ehrlich jetzt, dieser ganze Protz und Reichtum in eurer Doku – passt das eigentlich noch so richtig in unsere Zeit? Ich meine, wo es doch auch bei uns in Deutschland immer mehr Armut gibt?» Die Gesichter von Robert und Carmen sehen aus wie lebende Fragezeichen. Eine Möwe schreit. Der RTL-II-Redakteur macht sich eine kurze Notiz einen wichtigen Schnitt betreffend.

64. URSULA VON DER LEYEN
Ein Tag in ihrem Leben oder: Wie schafft die das nur alles?

5.15 UHR: Körpertemperatur unterbewusst langsam auf 37,2 Grad Tageswert hochfahren.

5.20 UHR: Wert erreicht, mit Aufwachen beginnen. Im Halbschlaf alle SMS-Botschaften von Angela Merkel auf dem Blackberry löschen.

5.30 UHR: Aufwachen.

5.31 UHR: Aufwachen erfolgreich abgeschlossen.

5.32 UHR: Duschen, anziehen, Frühstück, alle neuen SMS von Merkel löschen.

5.40 UHR: Zeit mit der Familie verbringen.

Röschen war die Einzige auf Merkels Party, die das Angebot für die Kinder nutzte.

5.45 UHR: Keiner gekommen, selber schuld, Dienstbeginn, Fahrt nach Berlin.

6.00 UHR: Per SMS das Eintreffen im Ministerium nach Navi-prognose für 8.02 Uhr und zehn Sekunden ankündigen. Den ersten Termin auf 8.02 Uhr und dreißig Sekunden legen lassen. Bleiben zwanzig Sekunden für das zweite Frühstück.

8.02 UHR UND FÜNFZEHN SEKUNDEN: Verdammt, fünf Sekun-den zu spät. Zweites Frühstück – an einem Apfel riechen und zwei Knäckebrotscheiben von weitem angucken.

8.02 UHR UND DREISSIG SEKUNDEN: Allgemeines Interview für die «Tagesthemen» aufzeichnen, das zu allem passt.

8.05 UHR: Zehn neue SMS von Angela Merkel löschen.

8.06 UHR: Zu Hause in Burgdorf den Gatten per GPS-Han-dy orten und einen Termin für ein gemeinsames Abendessen 2013 vorschlagen, New York, Berlin oder Burgdorf. Je nachdem, wer fährt.

8.32 UHR: Der Fahrer der Kanzlerin steht am Eingang des Ministeriums und sagt, er habe eine ausgedruckte SMS von Merkel dabei. Fahrer löschen!

8.34 UHR: Elterngeld, Bildungsgutscheine, Hartz-IV-Reform in einem Gesetz formulieren und ans Parlament zur Abstimmung weiterleiten.

8.48 UHR: Frauenquote in den Führungsgremien der Männergesangvereine fordern.

8.52 UHR: Mittagessen. Drei Pastinaken-Schnitze mit Wasserdressing, dazu gedünstete Sperlingsbrust auf Gerstenschaum. Die Hälfte stehenlassen.

9.00 UHR: Familienministerin Kristina Schröder bittet um ein Gespräch unter vier Augen. Termin für 2014 vorschlagen.

9.15 UHR: Pressekonferenz zur Reform der Bedarfsermittlungsreform, zu Hartz IV und der Verstetigung der Mittelbereitstellung für Geringverdiener und Aufstocker – im Ministeriumsdeutsch «Hundefutter-Meeting» genannt.

9.20 UHR: Alle Fragen abgebügelt. Damit noch weniger Journalisten kommen, nächste PK für 7.15 Uhr in einer Woche anberaumt.

9.32 UHR: Abendessen. Acht Reiskörner in einer leichten Gemüsebrühe geschwenkt, dazu ein Glas Wasserschorle und als Betthupferl das Foto eines kalorienreduzierten Löwenzahn-Parfaits.

9.40 UHR: Nachtruhe anfahren, Körpertemperatur senken, inneren Gedankenflug abbremsen.

9.42 UHR: Nachtruhe läuft.

10.00 UHR: Ein neuer Tag beginnt im Leben der Ursula von der Leyen.

63. PETER SCHOLL-LATOUR
Von Sunniten und Stalaktiten

Kurzer Ausschnitt aus einer Live-Schalte mit Peter Scholl-Latour in den ARD-«Tagesthemen»

TOM BUHROW: Über zehn Jahre Krieg in Afghanistan, der Westen zieht sich zurück. War am Ende doch alles umsonst, Herr Scholl-Latour?

SCHOLL-LATOUR: Achrrrrmmmmbl … höhöhhö … hust … Ja schaun Sie, äh, äh, Herr Buhrow … urachrrrmbllll … öchmpfff … da kann ich ja wirklich nur laut lachen, nech wahr, äh, archmpfff … hust … Wenn Sie die, äh, äh, äh, Taliban … arrrmbbblll … in Gebiete, wo, äh, äh, ähem, praktisch seit Jahrhunderten, nech … hust … hust … äh, hust … armpfff … äh, hust, wo ja im Grunde seit JAHRTAUSENDEN … arrrrmbllllllllll … nech? Nicht zu vergessen durch und durch korrupte, äh, äh, äh, äh, Warlords hrmblblblblblblll … grmmrrr … beziehungsweise mit Millionen aus dem Opiumhandel, äh, gnöffgnöffgnöff … zum Teil streng nach der, äh, äh, SCHARIA … huuuuust … äh, grmblllbl … äh, westliche Arroganz zu glauben, nech … archhhhhhh … hust … dass diese mittelalterlichen Stammes…, äh, Stammesstrukturen, nech … hust arrrmbllll … brrrrmblll … abramblll … äh, hust … nech, äh, da können Sie nicht von heute auf morgen … röchel … brblbl … praktisch … hust … hab das ja alles erlebt … hust … damals in Algerien und Indochina, äh, hust … äh, äh, äh, wenn die Amerikaner da in ihrer grenzenlosen Na-

ivität glauben, dass argrmpfff ... äh, hust ... armblblbl-
schnorch ... und natürlich bleiben die da, äh, äh, Todfein-
de, nech wahr, äh, hust ... Ist ja auch logisch, äh, hust ... äh,
denn das sind ja alles, äh, äh, hust ... PASCHTUNEN,
Herrgott noch mal! ... Nech.

TOM BUHROW: Ja ... äh ... Andererseits, wenn jetzt wieder
Frauen gesteinigt und Mädchenschulen geschlossen werden, dann kann doch der Westen nicht einfach zuschauen,
oder?

SCHOLL-LATOUR: Achmpfff ... äh, ja, äh, äh, äh, natürlich ist das
alles furchtbar, äh, nach unseren moralischen ... hust ...
Dings, äh, Herr Buhrow, gar keine Frage, nech ... hust ...
bloß, äh, äh, arghhh ... äh, äh, äh, armblblbl ... Andererseits, wenn Sie sich anschauen ... arghhhhmblll ... öchel,
öchel, öchel ... ist der große Gewinner, äh, äh, natürlich
wieder der, äh, hust ... der IRAN! Der Iran, nech ...
armblbl ... mupf ... möchmblumpf ... immer auch hust
... äh, schiitische Interessen und arglglmblbl ... sind ja
in der Mehrheit ... hust äh, Sunniten! Aber wenn armpf-
möchmblblbl ... Israel ... hust ... äh, dann lachen sich die
Mullahs in Teheran natürlich kaputt, Herr Buhrow. Hust.

TOM BUHROW: Hm ... Gut, kurze Schlussfrage noch zur deutschen Afghanistanpolitik. Stellt Angela Merkel da die richtigen Weichen?

SCHOLL-LATOUR: Öchmblblbl ... ja gut, äh, dazu muss man
natürlich eins immer im Hinterkopf, äh, äh, äh, behalten,
nech ... hust ... die, äh, äh, äh, Frau, äh, also Angela Merkel kommt aus ... hust ... öchel ... Mecklenburg ... hust
... Vorpommern ... armrrrröchröchröchröch ... und in
diesen, äh, äh, höhö ... rumpfmpfmpf ... entlegenen, äh
... hust ... Küstengebieten, äh, äh, da oben, ähmrmrmrrrr

... hust ... herrschen ja auch noch, äh, zum Teil uralte, äh, äh, äh, Stammesstrukturen, nech. Darf man ... hust ... ärmpf ... nicht vergessen, äh, äh, äh, wenn man die Dame verstehen, äh, äh, will. Hust ... die Alte ist ja nicht nur ... hust ... Ossiarmblblbl ... sondern, äh, hust ... hust ... hust ... PROTESTANTIN! Brandgefährlich ... hust ... Verstehen Sie?

TOM BUHROW: Absolut ... Vielen Dank, Herr Scholl-Latour, für das Gespräch ... Und das Interview, liebe Zuschauer, haben wir heute nach der Sendung aufgezeichnet ... äh, vor!

62. OLAF SCHOLZ
Das Nichts als solches

«Guten Morgen, Erster Bürgermeister der Freien und Hansestadt Hamburg», weckte seine Frau Britta den Ersten Bürgermeister der Freien und Hansestadt Hamburg. Früher hatte sie immer nur «Ey, Scholz, aufstehen!» gerufen. Überhaupt hatten ihn alle, seit er zurückdenken konnte, immer nur «Ey, Scholz» genannt: «Ey, Scholz, hol mal Bier vom Kiosk!», hieß es während seines Studiums, «Ey, Scholz, du machst jetzt mal den Generalsekretär!», hatte Gerhard Schröder ihn am Telefon angeblafft. Und stets hatte Eyscholz das getan, was man von ihm verlangt hatte. Er hatte nie gelacht, denn er hatte nichts zu lachen gehabt, er war ja nur der Eyscholz gewesen.

Doch über Nacht war alles anders geworden. Eyscholz war jetzt nicht mehr der alte Eyscholz von früher, den man überall rumscholzen konnte und der sich nie beschwerte. Er war jetzt Erster Bürgermeister der Freien und Hansestadt Hamburg, und was noch viel wichtiger war: Eyscholz war Mister Fifty Percent, und das war verdammt noch mal schweinesexy. Er spürte schon am Wahlabend, wie ihn die Frauen seiner Umgebung mit ganz anderen Augen ansahen, es war dieser Eyscholz-ich will-ein-Kind-von-dir-Blick oder, sorry, der Hallo-Olaf-ich-will-ein-Kind-von-dir-Blick. Aus der lächerlichen Figur der rot-grünen Jahre war plötzlich eine erotische Vergeltungswaffe geworden.

Sein reduziertes Mienenspiel, die Tatsache, dass er selten lachte, ließ die Leute ihn ab jetzt nicht mehr den «Scholzomaten» nennen, sondern mit Clint Eastwood vergleichen. Big Scholz war nun der coole Cowboy aus Altona, der Vollstrecker, der – ohne mit der Wimper zu zucken – die CDU besiegt und gedemütigt hatte. Was sahen sie plötzlich alle klein und lächerlich aus gegen ihn: Siggi Gabriel, der Marktschreier aus Goslar, Wowereit, der ölige Karussellbremser aus Berlin, Andrea Nahles, hahahaha. In der Sozialdemokratie war eine neue Zeit angebrochen. Das Traumpaar hieß Manuela Schwesig und Big Olaf Scholz – die Schöne und der Vollstrecker.

Es wurde Zeit, unten vor dem Haus in Hamburg-Altona wartete bereits der Dienstwagen. Es ging ins Willy-Brandt-Haus nach Berlin, um die Glückwünsche der Partei entgegenzunehmen, 10.30 Uhr war der Termin, mit Vorstand und Presse. Er wusste genau, dass Siggi, dieser durchtriebene Schweinepriester, die Presse schon für zehn Uhr bestellen würde, um den Hamburger Erfolg für sich zu reklamieren. Wenn er, Olaf, dazukäme, hätten die Pressefuzzis schon an der Häppchentheke angedockt, und er könnte froh sein, wenn sie ihn überhaupt noch fotografierten.

Doch Big Olaf hatte vorgesorgt. Um Punkt 9.45 Uhr

hielt sein Dienst-Mercedes vor dem Willy-Brandt-Haus, um 9.48 Uhr betrat Big Olaf das Foyer, um 9.50 Uhr baute sich Olaf, der einsame Sieger, vor der Interviewwand am Rednerpult auf. Um 9.55 Uhr betrat der Parteivorsitzende Sigmar Gabriel das Haus: «Ey, Scholz, schon hier?», entfuhr es dem kreidebleichen Popbeauftragten. Was Gabriel nicht wusste, aber hätte wissen müssen: Der da vor ihm stand, war nicht mehr der alte Eyscholz von früher, sondern Big Olaf, Mister Fifty Percent, der Rächer der sozialdemokratischen Ehre. Dieses eine ihm in der Überraschung entglittene «Ey, Scholz» sollte Sigmar Gabriel später noch bitter bereuen.

61. MICHAEL SCHUMACHER
Der weiche Teil des Autos

Zum zweiten Mal hintereinander hatte Michael Schumacher vergessen, in einer Rechtskurve den Kaugummi von der linken auf die rechte Seite zu nehmen, dadurch erhöhte sich die Zentrifugalkraft des Mercedes-Boliden zwar nur um wenige Tausendstelmeter pro Sekunde im Quadrat, doch das hatte gereicht, um ihn vom zweiten auf den fünften Platz zurückzuwerfen. Die Ingenieure in der Boxengasse waren stinksauer. Wozu machten sie sich eigentlich die vielen Gedanken, wie man noch eine konstruktive Nische im Reglement finden könnte, wenn sich der Werksfahrer als komplette Niete herausstellte? Nicht mal die Beine wollte sich der eitle Fatzke amputieren lassen, um ein paar Kilo rauszuschinden. Dabei war er fast noch jung, in seinem Alter konnte er auch mit Prothesen noch alles im Leben erreichen.

Stattdessen sollte das Gewicht jetzt wieder mal am Wagen eingespart werden. Löcher in den Fußboden zu bohren hatten die Kettenhunde vom Weltverband schon in der letzten Saison verboten. Danach hatte man Versuche mit einem dreirädrigen Wagen gemacht, bei dem das Rad hinten rechts nur als leichte Karbonattrappe mitlief. Die ganze Sache war beim Großen Preis von Spanien aufgeflogen, als sich das falsche Rad gelöst und einen Zuschauer am Kopf getroffen hatte. Der Mann hatte nicht nur überlebt, sondern sogar nur eine kaum sichtbare Beule davongetragen – eine Mordssauerei. Seitdem wachten die Rennkommissare noch genauer über den technischen Zustand der Starter.

«Sechs Millionen Dollar für den Vertrag bei Hyundai plus die Krokotasche, wie geil ist das denn?»

Die letzten Jahre hatten die Ingenieure den Rennerfolg bestimmt – Vettel, Häkkinen, Alonso, im Grunde Jacke wie Hose. Natürlich waren das erstklassige Fahrer, aber wie sagte noch mal der Chefentwickler: «Wenn ein Bolzen bricht, fliegt der ganze Wagen auseinander, wenn der Fahrer bricht, stinkt er nur nach Kotze.» Und so war es auch: Die großen Siege hatten die Ingenieure eingefahren, und dementsprechend sah auch die Hackordnung im Rennstall aus. Bevor die Fahrer an die Boxenluder durften, hatte sie der letzte Mechaniker schon abgeschmiert. Nach außen hin waren sie Helden, die Vettels und Coulthards, an der Grube zählte nur der Sieg. Was konnten sie denn schon, diese autovernarrten Gokart-Piloten? Sie waren reaktionsschnell, ein Vorrecht der Jugend – deshalb war Schumacher auch nur noch ein Schatten seiner selbst. Aber reagiert ein Gecko mit seiner Zunge nicht noch schneller als ein blutjunger Michael Schumacher mit dem Fuß?

«Man sollte mal einen Rennwagen für Geckos bauen», dachte sich der technische Leiter des Mercedes-Teams. Er hatte die verdammt beschissene Aufgabe, Michael die Sache mit den Beinen zu erklären. Wenigstens die Unterschenkel mussten weg. Wie der Name «Hockenheim» schon sagt, steht ja auch keiner im Rennwagen. Und sonst: Wozu Beine, ein Mercedes hat doch Räder. Der Mann lachte kurz auf und ging hinüber zu Michael Schumacher in die Halle.

60. GERHARD SCHRÖDER
Dorian Gray in der Nasszelle

Wenn Schröder morgens das Bad verlässt, dann ist er sicher, dass sein Bild im Spiegel noch minutenlang verharrt, ehe es erlischt. Vor dem Frühstück kommt Schröder Minus Köpf ins Vestibül geschnurrt. Sie sagt ihm, dass er der Größte ist, aber das weiß Schröder selber schon. Minus Köpf will jetzt auch ein richtig dickes Buch schreiben. «Mach doch», sagt Schröder, «ich ruf Béla Anda an, der kloppt dir das in drei Monaten zusammen.» Minus Köpf lächelt und probiert aus einem Schälchen ihrer Hundefutterproduktlinie, ehe sie es an den schottischen Adoptivhund weiterreicht.

Schröder fühlt sich sauwohl: Die ganze Republik spricht über seine Schwarte, dabei war er weder als Säugling in der Waffen-SS, noch verlangt er darin, die Frauen sollten sich gefälligst a tergo begatten lassen wie früher, als Eva Herman noch Haare am ganzen Körper hatte. Harrharrharrharrharr, Schröder lacht bei der Vorstellung, sich Eva Herman mal richtig vorzunehmen, harrharrharr. In seiner Liga sind Weiber ja kein Problem, aber er ist mit Minus Köpf verheiratet. Joschka, die alte Ratte, hat da dickere Beute gemacht. Aber eigentlich ist es ihm auch scheißegal, welche Else um ihn herumspringt.

Schröder rennt noch mal kurz ins Badezimmer und guckt, ob sein Spiegelbild noch da ist. «Wusst ich's doch!» Schröder pisst im Stehen zufrieden den Morgenkaffee in die Schüssel. Harrharrharr, das hat er im Kanzleramt auch immer gemacht und dabei mit seinen Ministern telefoniert. Beim Pissen Leute am Telefon zusammenscheißen, das waren die schönsten Momente seiner Kanzlerjahre. Im Buch steht davon nichts, da steht sowieso so gut wie nichts drin. «Warum auch, Hauptsache, ich find's gut.» Schröder lacht wieder in den Spiegel, damit sein Bild nicht verblasst.

In den wenigen klaren Momenten, in denen Schröder nicht zugedröhnt ist von sich selbst, ahnt er, was für eine peinliche Nummer er im Grunde ist. Aber er muss sich da irren, denn keiner sonst im Lande scheint das zu bemerken. Gut, er hat Gegner und Neider, aber alle respektieren ihn als ganzen Kerl. Eine Stunde wird er sich noch an seinem eigenen Spiegelbild hochziehen müssen, dann glaubt er es auch selbst wieder einen Tag lang.

Minus Köpf kommt herein und bringt ihm die Body-Control-Unterwäsche. «Das Zwergengroßmaul sieht darin ein bisschen wie Bogart aus», denkt sie und küsst Schröder knapp unter den nicht gefärbten Haaransatz.

59. HEIDE SIMONIS
Als Frausein noch reichte

Der erste Tag nach dem Tag, an dem Heide Simonis gemerkt hatte, dass sie nicht mehr Heide Simonis war, verlief für Heide Simonis wie in Trance. Immerhin schaffte sie es noch, dreimal den Namen Heide Simonis in einem Satz zu denken. Langsam, sehr langsam, wuchs in ihr die Gewissheit, dass sie jetzt ein Wesen von gestern war.

«Der Tod wohnt nebenan», murmelte sie vor sich hin, ja, das gefiel ihr, das würde sie an diesem Tag auf der Presse-

Heide Simonis weiht den ersten atombetriebenen Würstchengrill
Schleswig-Holsteins ein.

konferenz sagen. Das Einzige, was ihr noch blieb, war, ihren
politischen Tod zu inszenieren.

«Dolchstoß», «Meuchelmord», «feiges Attentat» waren die Vokabeln, die ihr in den Sinn kamen. Bevor die Men-

schen draußen im Lande merkten, dass sie nur eine eher schlechte Ministerpräsidentin, eine wichtigtuerische alte Schachtel und ein egozentrisches Weibsbild war, das viel zu lange an Posten und Macht geklebt hatte, musste sie ihren Tod zur Legende gestrickt haben.

Jahrelang war sie die obereinzigste Ministerpräsidentin in Deutschland gewesen, allein deshalb schon ein Ausnahmemensch, für den die irdischen Spielregeln der Demokratie nicht galten. Welcher Hundsfott hatte es gewagt, die geheime Abstimmung ernst zu nehmen und erstens tatsächlich abzustimmen und zweitens auch noch geheim zu bleiben? Charakterschwein, Heckenschütze, Verräter! Was bildete sich dieser gewählte Abschaum im Parlament überhaupt ein, Ihro Gnaden Heide Simonis das Zepter zu entreißen? Hatte sie nicht jedes Recht der Welt, weiter zu regieren? Was würde jetzt aus Schleswig-Holstein werden? Existierte dieses Land überhaupt außerhalb von Heide Simonis? Eine Stadt hatte man schon in grauer Vorzeit nach ihr benannt, sollte man nach diesem schmählichen Verrat dieses Regenloch an der Förde nicht in Simonisstadt umbenennen? Nein! Das wäre zu wenig als Wiedergutmachung. Das ganze Land zwischen den Meeren sollte auf ewig seiner Schuld gedenken, die megaeinzigsteste Ministerpräsidentin der Welt verraten zu haben: Heide-Simonis-Land sollte es heißen auf alle Zeiten.

Mit sich und der Welt zufrieden, schritt Heide I. von Simonis hinaus in den nasskalten Vormittag. Leutselig klopfte sie dem greisen Chauffeur auf die gebeugte Schulter, ließ sich im Fond der Limousine nieder und fuhr in die Heide-Simonis-Kanzlei. «Pah», sagte sie sich, «dieses Land ist es gar nicht wert, von der heidesimonigsten aller Ministerpräsidentinnen auch nur eine Sekunde länger regiert zu werden.»

58. GÖTZ GEORGE
Lebenslänglich Duisburg-Ruhrort

«Schimmi!... Du, Schimmi!»

Einfach ignorieren, dann hört er vielleicht gleich auf, der Idiot. Oder soll ich besser wieder so tun, als würde ich telefonieren?

«Schimmi! Ey!... Schimmiiiiiii!»

Verdammt! Da setzt man sich einmal in eine Hotelbar, will in Ruhe an einem Glas Rioja nippen, seine gelungene Hölderlin-Lesung sacken lassen … und zack, kommt wieder irgend so ein Bekloppter um die Ecke und versaut alles! Scheiße! Jetzt setzt er sich auch noch direkt neben mich. Das gibt's doch gar nicht! So was Distanzloses!

«Was trinkste denn da, Schimmi? Hä? 'nen Roten, wa? Komm, ich geb dir einen aus. Barkeeper! Ey, Barkeeper!»

Oh nein!

«Schenk doch mal dem alten Schimmi hier einen ein! Der sitzt ja gleich total auf'm Trockenen. Zumindest wenn er in dem Tempo weitersäuft, was, Schimmi? Hahahaha! Spaß muss sein, sprach Wallenstein … Mann, Barkeeper! Hat der mich nich gehört? Hat der Ohrenkrebs, oder was? Noch 'n Roten für meinen Freund Schimmi, aber pronto!»

«Das ist sehr freundlich, aber ich hab schon und muss auch gleich … »

«Neeeee, kommt gar nicht in die Tüte, Schimmi! Eingeladen is eingeladen! Wieder holen is gestohlen! Wär ja noch schöner! Ey, Barkeeper, nu gib doch dem Schimmi mal noch 'nen Roten! Weißt du überhaupt, wen du hier an deiner gammeligen Bar bedienst, du Eumel? Den Schimmi! Ich scheiß mich zu, da sitzt mir nix, dir nix der echte Schimmi hier anner Bar! Is doch okay, wenn ich <Schimmi> zu dir sage?»

Ja klar, wenn du willst, dass ich dir sämtliche Zähne ausschlage, du nerviger, besoffener Scheißprolet, dann nenn mich ruhig weiter «Schimmi»! Nur zu!

«<Schimmi> is okay, oder? Oder? Sagen alle, stimmt's, Schimmi?»

«Ja, äh ... das ist ja eigentlich nur ein Rollenname. Ich heiße im wirklichen Leben, wie Sie sicherlich wissen, nicht Schimanski, sondern George ... »

«Na ja logen! Weiß ich doch ... Aber Schimmi, weißte, was ich am besten fand? Wie du immer <Scheiße> gesagt hast! Da hab ich gedacht, endlich sagt's mal einer! Hat ja vor

«Kommse rein, meine Dame, oder sollen wir vorher noch tanzen?»

dir keiner ‹Scheiße› gesagt im Fernsehen. Keine Sau! Du warst der Erste! Voll der ‹Scheiße›-Pionier! Der olle Derrick und die andern immer nur so: ‹Guten Tag, wir sind von der Kripo und so ...› Voll schnarch. Und du direkt ‹Scheiße› gerufen und allen auffe Fresse gehauen! Fand ich super. Hab ich immer gesehen! Immer, Schimmi! ... Ey komm, sag doch noch ein Mal ‹Scheiße›, Schimmi! Nur für mich, Schimmi! Machste, ne?»

Ich heiße nicht Schimmi, du verwarzte MISTRATTE!

«Komm, Schimmi, sag ein Mal ‹Scheiße›!»

«Wissen Sie, ich hab den Schimanski wirklich gern gespielt. Das ist ein ganz wichtiger Teil meiner Vita, aber eben nur ein Teil. Ich hab seitdem so viele Sachen gemacht, auf die ich wirklich stolz bin. Den ‹Totmacher› zum Beispiel, wo ich den Haarmann spiele, diesen Serienkiller. Das sind so Arbeiten, die mir heute viel näher sind als der Schimanski.»

«Jaja, klar. Das versteh ich. Absolut ... Macht Sinn ... Eine Frage hätt ich allerdings noch.»

«Und zwar?»

«KANNST DU BITTE MAL ‹SCHEISSE› SAGEN, SCHIMMI?»

«Hören Sie, ich ...»

«SCHIMMI, KOMM! EIN MAL! SCHIMMIII!»

«Nein! Sage ich nicht. Und jetzt lassen Sie mich bitte in Ruhe!»

«Is ja gut! Dann eben nich! Arroganter Wichser! SO is der Schimmi nämlich in Wirklichkeit! Im Fernsehen immer total einen auf Kumpel machen, aber auf die eigenen Fans scheißen! Glaub ich ja wohl alles nich, grmblllll ...»

Gott sei Dank, der Trottel haut ab. Wenn ich heute noch einmal «Schimmi» höre, dreh ich durch!

«Herr George, darf's denn noch was sein? Noch ein Rioja vielleicht?»

«Hm? Nein, danke. Ich zahl dann mal lieber. Können Sie auf mein Zimmer schreiben.»

«Sehr gern. Ist manchmal echt anstrengend mit den Fans, was? Wenn man so auf den ‹Tatort› reduziert wird.»

«Das kann ich Ihnen sagen! Vor allem weil damit ja indirekt alles herabgesetzt wird, was ich nach Schimanski gemacht hab. Als Künstler. Erst vorhin bin ich hier in Ihrem hübschen Städtchen mit einer wunderbaren Hölderlin-Lesung aufgetreten. Da könnte einen ja auch mal einer drauf ansprechen!»

«Absolut. Wissen Sie, Herr George, wo ich Sie RICHTIG super fand?»

«Wo denn?»

«In ‹Der Schatz im Silbersee›. Bester deutscher Film ever! Wie war der Pierre Brice eigentlich so privat? Haben Sie den damals … Herr George … Wo rennen Sie denn jetzt hin? Herr George? Sie müssen mir aber noch die Rechnung unterschreiben!»

Komischer Typ.

57. FELIX MAGATH
Immer zu Schmerzen aufgelegt

«Bitte! Aufhören! Krieg nix Luft mehr …»

Irgendein südamerikanischer Spieler bettelt unten auf dem Trainingsgelände um Gnade. Eigentlich hört Felix Magath so was ganz gern, aber gerade im Moment muss er sich konzentrieren. Deshalb hat er sich ja heute in sein

Büro zurückgezogen und die Assistenten das Training leiten lassen.

«Bitte! Jemand mich erschießen! Bitte!»

Magath macht seufzend das Fenster zu, gönnt sich aber noch einen kurzen Blick nach unten. Dort liegt der Südamerikaner in Embryonalhaltung auf dem Rasen und wird von schweren Krämpfen geschüttelt. «Läuft», denkt Magath und rührt versonnen in seiner Teetasse.

Neulich hat er mal einen Satz über sich gelesen, in einem Buch über Deutschlands berühmteste Fußballlehrer. Er lautete: «Man muss eine Mannschaft schon sehr hassen, um ihr einen Trainer wie Felix Magath zu wünschen.» Hat ihm gut gefallen, der Satz. Er selbst betrachtet sich als eine Art Strafgericht des zornigen Fußballgottes: Und wahrlich, ich sage euch, wer aber zu wenig läuft oder den Zweikampf verweigert, den will ich heimsuchen mit Felix Magath, nicht unter zwei Spielzeiten! Früher hat es in solchen Fällen Blut geregnet oder Heuschrecken, heute kommt Felix Magath.

Tatsächlich läuft es doch meistens so: Eine Mannschaft lässt sich total hängen, und dann stellt sich am Ende der Saison der Manager hin und sagt: «Tja, Leute, das habt ihr jetzt davon! Ich hol den Magath! Selber schuld!» Und dann kommt der Magath und schmeißt als erste Amtshandlung den Manager raus. Weil zu viele Entscheidungsträger die Spieler nur unnötig verwirren. Weil Demokratie der natürliche Feind des Systems Magath ist. Wobei die Mitarbeiter in seinen Vereinen selbstverständlich auch mal eine andere Meinung haben dürfen als er. Logisch. Sie dürfen sie halt nur nicht sagen.

Draußen ertönt eine Sirene. Da kommt doch ernsthaft ein Notarzt vorgefahren und packt den Südamerikaner hinten in den Wagen. Kopfschüttelnd beobachtet der Trainer die erbärmliche Szene. Allerdings hat er keine Zeit, sich länger über die kleine Pussy da unten aufzuregen. Die nächste Saison will geplant sein. Magath klappt sein Notizbuch auf und schreibt:

Ideen für die kommende Saison

IDEE 1:
Die Spieler laufen die üblichen dreihundert Runden um den Platz, allerdings in Schuhen, die jeweils zwei Nummern zu klein sind. (Alternativ: Gummistiefel, die zu groß sind. Oder sehr, sehr enge Hosen.)

IDEE 2:
Beim Geländelauf trägt jeder Spieler eine Tasche mit drei Medizinbällen oder einem Amboss drin – und zwar mit den Zähnen. (Denkbar wäre, zusätzlich die Schnürsenkel der Laufschuhe zusammenzubinden. Optimale Übung bei Glatteis.)

IDEE 3:
Wenn die Spieler nach dem Training duschen: Warten, bis alle Shampoo im Haar haben, und dann das Wasser abstellen.

IDEE 4:
Jeder Spieler macht fünfzig Kniebeugen in einer Telefonzelle. Nach der Hälfte wird zusätzlich ein Pitbull in die Zelle gesteckt. (Wichtig: Damit die Übung gelingt, muss der Spieler eine Leberwurst in der Gesäßtasche tragen.)

IDEE 5:
Die Spieler werden zur Videoanalyse ins Besprechungszimmer gerufen. Sobald die Tür verriegelt ist, zeigt man statt der

Felix Magath übt in Ermangelung einer Mannschaft mit sich selber
den Stechschritt.

Szenen aus dem letzten Spiel ALLE Folgen der Lothar-Matthäus-Doku. (Alternativ: Verbindliche Spieleabende nach jeder Trainingseinheit. Gespielt werden könnte zum Beispiel Kniffel.)

IDEE 6:

Andere Sportarten beleben das Trainingsprogramm. Volleyball (mit einem Ziegelstein) oder auch Bogenschießen: Um das Reaktionsvermögen der Spieler zu verbessern, werden sie im Verlauf des Trainings überraschend mit Pfeil und Bogen beschossen. (Ausweichen ist erlaubt, sich auf den Boden werfen nicht.)

IDEE 7:

Jeder Spieler darf privat nur noch maximal drei Sportwagen fahren, und alle drei müssen von Opel sein (sozialer Tod).

«Nummer sieben ist vielleicht ein bisschen hart», denkt Felix Magath in einem Anfall von Altersmilde, der ihn selbst überrascht. Oft werden er und seine Arbeit ja völlig missverstanden. Der erfahrene Trainer-Fuchs glaubt halt nicht an den sogenannten «mündigen Profi». Natürlich sind Fußballprofis Kinder! Sehr reiche und in aller Regel verhaltensauffällige Kinder, die eine harte Hand brauchen, um zu halbwegs nützlichen Mitgliedern der Gesellschaft heranzureifen. Als wenn er die aus Spaß quälen würde!

Eine kleine Spinne krabbelt über den Schreibtisch. Ein flüchtiges Lächeln huscht über Magaths Gesicht. «Na, du Süße? Kommst du mich besuchen?» Er öffnet eine Schublade und greift nach seiner Pinzette.

Kurz erklärt: Deutscher Fußball

• •

Über Jahrzehnte stand der deutsche Fußball für ein ganz einfaches Prinzip: Zerstörung. Bar jeder Illusion, jemals wirklich Fußball *spielen* zu können, konzentrierten sich Generationen von deutschen Mannschaften auf das Wesentliche: dem Gegner auf dem Platz auch den letzten Funken Lebensfreude zu nehmen. Immer in der wohligen Gewissheit, dass kein Spielzug so schön ist, dass man ihn nicht mit einer wohlgesetzten Blutgrätsche von hinten kaputt kriegt.

Wie unfassbar erniedrigend muss es in den achtziger Jahren für französische Ball-Artisten gewesen sein, immer wieder gegen deutsche Grobmotoriker zu verlieren? Platini hatte vermutlich mehr Ballgefühl in der linken Arschbacke als die komplette deutsche Elf von 82 in sämtlichen Füßen. Und was hat es ihm im WM-Halbfinale genutzt? Einen Scheiß! Ach ja, herrliche Zeiten.

Umso verwirrender, dass der DFB sein Konzept inzwischen radikal geändert hat. Deutsche Nationalspieler *spielen* heutzutage Fußball. Ihre Pässe kommen zum Teil sogar an. Ein Wahnsinn. Dafür gewinnen sie aber logischerweise keine Titel mehr. So gesehen ist es wohl nur noch eine Frage der Zeit, bis Erich Ribbeck endlich und auf Druck der Straße als Nationaltrainer zurückkehrt.

• •

56. GUIDO WESTERWELLE
Scheitern für Fortgeschrittene

Ein Tag vor dem Dreikönigstreffen in Stuttgart. Guido Westerwelle hat den Müll nach unten gebracht, hauptsächlich Altpapier: das Parteiprogramm von 2009, längst vergessene Wahlergebnisse, die Adressen von Walter Scheel und Wolfgang Kubicki – weg mit dem Mist! Zurück in der Wohnung, macht er sich einen Kamillentee, wegen der Stimme morgen, da muss einfach alles hundertprozentig sein. Aus der iPod-Dockingstation ertönt «Alles neu» von Peter Fox. Toller Typ, hat auch viel gemacht aus seinen Hautproblemen.

Guido Westerwelle nestelt sein uraltes Blackberry aus dem Morgenmantel und vergleicht die Wetterprognose, die es für Stuttgart anzeigt, mit der von seinem iPhone vor ihm auf dem Frühstückstisch. Alles ist wichtig! Ein halbes Grad Unterschied. «Verdammter Scheißdreck, wie komme ich an valide Daten ran, verdammt noch mal, so kann ja kein Mensch arbeiten.» Guido Westerwelle ist stinksauer und ruft seinen Generalsekretär Patrick Döring auf seinem Android-Handy an: «Morgen, sag jetzt nix, kannst du mir pronto die Tagestemperatur für Stuttgart am Donnerstag besorgen, aber beeil dich.» Noch ehe Döring geantwortet hat, legt er auf.

Noch im Auflegen hält er plötzlich inne: Da war doch was im Hintergrund zu hören, im Büro von Patrick, Scheiße, das war die Stimme von Sabine Leutheusser-Schnarrenberger! Schnarri, die heimtückische Schlange, trifft sich vor Stuttgart mit Döring, diesem Brutus-Jüngelchen. Guido Westerwelle greift nach seinem Samsung-Galaxy-Smartphone und schickt eine SMS an Dirk Niebel: «Sofort Schnarri ausschalten!»

Guido Westerwelle lehnt sich entspannt zurück und nippt an seiner Ayurveda-Kamillen-Infusion: «Genscheremos, ihr Pissetrinker», denkt es in ihm, doch da durchzuckt es ihn erneut: «Heilige Heteroscheiße, Niebel war doch bei den Fallobstjägern oder irgend so einem anderen Todeskommando der Bundeswehr, wenn der das nun wörtlich nimmt und die alte liberale Trockenpflanze aus dem Kaftan pustet! Na, egal, dann wäre der auch abserviert, umso besser. Sowieso alles nur Verräter und Heckenschützen, aber eines sag ich euch ... », Guido Westerwelle erlaubt sich zum ersten Mal an diesem Morgen ein selbstverliebtes Lächeln, «eines sag ich euch: Guido the Speedo ist noch nicht fertig mit dieser Welt. Dieses Jahr wird das Jahr der Wiedergeburt des Westerwelle» – denkt der Guido und twittert diesen Satz sogleich an seine Follower-Gemeinde. Danach geht er, wie viele andere auch an diesem Morgen, auf die Toilette, jetzt endlich ist er dafür entspannt genug.

55. HORST SEEHOFER
Des Freistaats Zier und Kleinod

«Saupreißn sozialdemokratische, hintafotziges Italienerglump, dräckate Zulukaffern bei dena Griechen, un dös Merkl, de spinnerte Goaß, oide Schlampampn nackate ... olles foische Fuchzga un klebrige Bürschal, dös gonze greisliche Gschmeiß in dera zugschissn Ratznloch Berlin, wo mir do hobn!»

Wie jeden Morgen vor dem Frühstück pumpt Horst Seehofer frisches Testosteron in sein System. «Bayrisches Gehirnjogging nach Methode Strauß» heißt diese unter CSU-Führern beliebte Methode der Autosuggestion. Schon ihr Erfinder, Franz Josef Strauß, hat sich damit auf Ochsenfroschgröße aufgeplustert, wenn es galt, in der täglichen Konkurrenz um Aufmerksamkeit einen Stich zu machen.

Horst Seehofer steht nackt vor dem bodentiefen Spiegel in der Bayerischen Staatskanzlei und beobachtet seine Brusthaare dabei, wie sie sich langsam aufrichten. «Huadl Satansteifi gschlamperter, oide Merkl-Blunzn, depperte Ost-Wurzn protestantische, schiaches Sozen-Muckerl damisches.» Horst Seehofer spürt, dass seine Hirnanhangdrüse den Befehl gibt, noch mehr Testosteron aus den Leydig'schen Zellen der Hoden ins Blut zu schießen.

Schon vor seiner Karriere als CSU-Kampfdackel hat sich der junge Horsti mit der hormonellen Seite der Politik befasst. Daher rührt beispielsweise sein außereheliches Zamperl, wo er in dem Ratznloch Berlin hatte, daher weiß er auch, dass am zeitigen Vormittag der Testosteronspiegel am höchsten ist und sich diese Zeit unter anderem für Pressemitteilungen betreffs Kritik an der «oiden Murksel-Goaß» am besten eignet.

Horst Seehofer fühlt sich wie der letzte wehrhafte Gockel in einer Welt voller Kapaune. Um ihn herum, selbst in der geliebten CSU, nichts als weicheiige Anglisten. Selbst ihre Feinde schleichen wie verprügelte Friseure vom Feld. «Ich hätte mich doch zu Tode geschämt», denkt Horst Seehofer nicht zum ersten Mal, «wenn ich so eine jämmerliche Figur wie Norbert Röttgen zum Gegner gehabt hätte. Da hustet doch ein CSU-Parteivorsitzender einmal kurz, und der geschniegelte Bilch ist im Unterholz der Politik verschwunden.»

Mittlerweile hat sich Horst Seehofer bis auf den gemsenschissbraunen Janker vollständig angekleidet. Bevor er die Flucht seiner Diensträume betritt, spricht er noch sein allmorgendliches Mantra: «Schleichts eich, ihr Saupreißn, hier kummt das Horschterl und stopft eich de Fozzn!» Spricht's und tritt ein, nimmt den Telefonhörer von der Gabel und wählt die Nummer des Kanzleramts. Horst Seehofer ist bereit für das Gespräch mit Angela Merkel.

Kurz erklärt: Bayern

•••

Unter den deutschen Bundesländern nimmt Bayern eine gewisse Sonderstellung ein. Zwar ist es nach der Wiedervereinigung nicht mehr der einzige «Freistaat» (auch Thüringen und Sachsen nennen sich so), aber in der Selbsteinschätzung der voralpinen Bevölkerung gibt es nur Bayern und «den Rest» (Nehmerländer, Saupreißn, schiaches Glump). Worauf diese komplett realitätsferne Sicht gründet, kann nur vermutet werden, aber es lohnt sich ein Blick über Deutschlands Grenzen ins übrige Europa. Hierbei fällt auf, dass sich übertriebener Nationalstolz letztlich aus einem jahrhundertealten Minderwertigkeitsgefühl speist: «Der stolze Grieche», «Großserbien», «Scotland the Brave» – das klingt alles wie das Pfeifen im Dunkeln. Deshalb sei den Bayern ihr «Mir san mir»-Wahn von Herzen gegönnt.

••

54. RICHARD DAVID PRECHT
Schöner wird's nicht

Richard David Precht steht vor dem gigantischen Spiegel in seinem Ankleidezimmer und probiert neue Sätze aus.

«Schuldgefühle können aber auch ein ganz wichtiger Motor sein!»

Was das bedeuten soll, weiß er selber nicht, aber es klingt irgendwie gut. Irgendwie tief. Und wahr.

Noch viel wichtiger als die Semantik ist ohnehin die Mimik. Zu einem bedeutenden Satz muss einem immer auch das passende Gesicht einfallen. Das macht achtzig Prozent der Wirkung aus, gerade in Talkshows. Deshalb übt er so was ja vor dem Spiegel. Prechts Spezialität ist ein mahnender

«Und dann sagte Jürgen Habermas zu mir: ‹Hast ja recht, Ritchie, hast ja recht.›»

und – Achtung, jetzt kommt's – zugleich trauriger Gesichtsausdruck. Die ganz offen gezeigte Verletzlichkeit, dieses ungeheuer Fragile ist das eigentliche Geheimnis seines gigantischen Erfolgs, davon ist Precht zutiefst überzeugt. Jetzt testet
er den leicht empörten Blick, danach ein weiteres seiner vielen Markenzeichen: die extrem weit aufgerissenen Augen.

«Der Mann guckt beim Reden wie andere beim Kacken!»
Das hat sein Erzfeind Sloterdijk kürzlich über ihn im Magazin
der «Zeit» geschrieben. Es hat ihn kaum verletzt. Sloterdijk
ist seiner Ansicht nach nur ein verbitterter alter Mann, zerfres-
sen von Missgunst und Neid auf Prechts prächtige Buchver-
käufe. Als Sloterdijk ihn bei einer Diskussionsveranstaltung
an der Uni Leipzig ein Jahr zuvor einen «Hausfrauenphi-
losophen» genannt hat, sind ihm aber leider doch die Siche-
rungen durchgebrannt. Da ist er kurz unsachlich geworden
und hat – zumindest laut Videomitschnitt – geschrien: «Du
bist doch bloß sauer, weil dich selbst die schäbigsten Haus-
frauen nicht mal mehr mit der Kneifzange anfassen würden,
du hässlicher alter Penner!» Außerdem noch irgendwas von
«keinen mehr hochkriegen» oder so.

In der Philosophen-Community hat ihm das nicht gerade
genutzt. Da ist er ohnehin ein totaler Outcast. Und warum?
Nur weil er nicht ständig in vollgeschuppten Rollkragenpull-
overn rumrennt und sich gelegentlich mal wäscht? Das reicht
offenbar schon, um unter Deutschlands Intellektuellen in Un-
gnade zu fallen. Wo steht denn bitte geschrieben, dass man
scheiße aussehen muss, um eine Geistesgröße zu sein?

Mit Sloterdijk hat er seit dem Tag in Leipzig jedenfalls eine
richtige Fehde am Laufen. Angefangen hat es damit, dass sie
sich gegenseitig in Interviews dissten. Dann kamen «anony-
me» Spottgedichte im Internet: «Von Richard David Precht,

da wird mir meistens schlecht.» Woraufhin Precht eine Rezension zu Sloterdijks letztem Buch veröffentlicht hat, die in die wunderbare Schlusspointe mündete: «Den Sloterdijk Peter, den les ich mal später.» Was den Reim betrifft, vielleicht ein bisschen holprig, aber dafür unglaublich lustig.

Inzwischen ist das Ganze vollkommen albern geworden. Erst vor kurzem gab es einen öffentlichen Eklat, als Sloterdijk bei Anne Will hörbar flatuliert hat, um anschließend – statt sich still für seinen unfähigen Schließmuskel zu schämen – mit rotem Kopf zu brüllen, «der dämliche Schönling Precht» habe ihm ein Furzkissen untergeschoben. Ein Furzkissen, das er auf Wills Nachfrage nicht vorlegen konnte, was ihn dann nur noch wütender gemacht hat.

Die nächste Eskalationsstufe war das offensichtlich gefälschte Foto, auf dem Richard David Precht nackt mit einem komplett rasierten Island-Pony zu sehen war – als ganzseitige Anzeige im Feuilleton der FAZ. Was wiederum zwangsläufig zu der Sache mit dem Sekundenkleber auf Sloterdijks Rennradsattel führte. Angeblich sogar beinah zu Sloterdijks Kastration, weil der alte Trottel doch tatsächlich versucht hat, sich mit einem Küchenmesser vom Sattel loszuschneiden.

«Das ist alles so primitiv», denkt Precht angewidert vor dem Spiegel, schüttelt sich kurz und übt weiter.

«Schuldgefühle können aber auch ein ganz wichtiger Motor sein!»

Dazu Dackelblick, leicht gerunzelte Stirn, Haarsträhne beiläufig hinters Ohr gesteckt. Hervorragend!

Es klingelt an der Haustür. Deutschlands schönster Philosoph reißt überrascht die Augen auf. «Hallooo! Auch kein schlechter Gesichtsausdruck! Memo an mich selber: Ruhig öfters mal überrascht gucken!», denkt er sich, geht dann aber erst mal an die Tür. Draußen steht niemand. Dafür liegt auf Prechts Fußmatte eine brennende Zeitung. Hektisch tritt er die Flammen aus. Ein ekelhafter, süßlicher Geruch steigt ihm in die Nase, und irgendwas klebt da unter seiner Sohle. «Verdammt! Nicht der alte Trick mit der Hundescheiße!» Wütend scannt er die Nachbarschaft. Im Augenwinkel sieht er gerade noch einen älteren Herrn mit schütterem Haar und Schnurrbart davonlaufen. «Sloterdijk! Das wirst du mir büßen, du fette Qualle!» Sofort nimmt er die Verfolgung auf.

Fünf Minuten später ruft ein Anwohner bei der Polizei an, weil sich in seinem Vorgarten, Zitat, «zwei so komische Männer wälzen».

«Wie jetzt? Die kämpfen da bei Ihnen, oder was?»

«Weiß nicht. Sieht nicht besonders gefährlich aus, eher bescheuert, aber die machen mir die Hortensien kaputt!»

«Wie sehen die Männer denn aus?»

«Der ältere trägt einen Rollkragenpullover. Und der jüngere reißt die ganze Zeit so komisch die Augen auf ... wie beim Kacken!»

53. JOSCHKA FISCHER
Der Marathonmann

Joschka Fischer wiegt hundertdreißig Kilo und ist frustriert. Er kann und will sich nicht mal mehr über Guido Westerwelle aufregen. Zum x-ten Mal in dieser Woche nimmt er eine alte «Focus»-Reportage zur Hand – aus einer Zeit, da er noch voll im Saft stand.

Joschka, der Marathonmann

Bevor er aufsteht, ist Joschka Fischer schon vierzig Kilometer durch seine Träume gehetzt, das spart Zeit. Um 5.00 Uhr klingelt endlich der Wecker, und Joschka Fischer liegt schweißgebadet zwischen den Laken. Draußen vorm Haus wartet bereits startklar die Flugbereitschaft mit einer 737. Seitdem er eine kleine Einliegerwohnung auf dem Flughafen Tegel bezogen hat, ist sein Alltag wesentlich effektiver geworden.

Heute hat Joschka Fischer drei Termine auf drei Kontinenten: 9.00 Uhr Ramallah, Treffen mit Mahmud Abbas. Auf dem Hinflug muss er noch eben einen Nahostfriedensplan raushauen, maximal drei DIN-A4-Seiten. Mittags landet Joschka Fischer in Brüssel. Bis dahin hat er den Plan für eine gemeinsame EU-Außenpolitik entworfen (eine DIN-A4-Seite). Vor der EU-Kommission hält er eine Rede mit interessanten neuen Wörtern drin, die er sich letzte Nacht ausgedacht hat, zum Beispiel «Verstetigung der multilateralen Friedenskonsolidierungsmaßnahmen». Sieben Simultanübersetzer kriegen gleichzeitig einen Nervenzusammenbruch. Um 16.30 Uhr trifft sich Joschka Fischer noch auf ein Wasser mit einem Politiker, den er nicht kennt. Es geht darum, ob der ihm einen Job besorgen kann, falls seine Affäre hochkocht. Verheugen sagt: Bei Scheckbetrug könne er leider auch nix für ihn machen. Joschka Fischer lässt trotzdem seine Bewerbungsunterlagen da: 487 DIN-A4-Seiten plus Lichtbild, drei mal vier Zentimeter. Um 17.30 Uhr geht's zurück nach Berlin, um 20.00 Uhr muss sich Joschka Fischer mit den Spitzenpolitikern der Grünen zu einer geheimen Sitzung treffen.

Angemeldet haben sich Roth, Trittin und Göring-Eckardt. Joschka Fischer kennt keine Sau von denen. Ort des Treffens:

Joschka zeigt einem Fotografen sein Abendessen (Archivbild aus dem letzten Jahrtausend).

der Kurdische Hof in Kreuzberg. Thema des Abends: Verlautbarungsstrategie über irgendwas. Claudia Roth kennt eine superknuffige PR-Agentur in Reutlingen, nur alleinerziehende Frauen, die würden günstig eine Kampagne stemmen. Joschka Fischer sagt, dass er genau neunundvierzig Minuten Zeit hat für das Meeting. Göring-Eckardt schlägt vor, erst mal allgemein über das Thema zu reden. Noch achtunddreißig Minuten. Jürgen Trittin geht pissen und kommt nicht zurück.

Vierundzwanzig Minuten. Göring-Eckardt bestellt einmal Falafel mit Kichererbsenpampe, sechzehn Minuten, Roth hat schon gegessen und findet es scheiße, dass man nicht vorher darüber diskutiert hat, ob man sich hier zum Essen trifft oder bloß auf 'ne Schorle. Eine Minute. Joschka Fischer steht auf, gibt jedem noch eine Autogrammkarte und verschwindet.

Um 20.51 Uhr ist Joschka Fischer bereits auf dem Weg ins Kanzleramt. Auf dem Rücksitz krickelt er den zweiten Nahostfriedensplan des Tages auf einen Bierdeckel – nur so als Gehirntraining. Um 21.00 Uhr ist Krisensitzung beim Bundeskanzler: Die Opposition verlangt ein Menschenopfer. Alle sind für Eichel. Schröder fragt, wer den Job jetzt machen soll. Joschka Fischer sagt, dass er gerade in einer Kreuzberger Kneipe ein paar lustige Leute kennengelernt habe, die könne man nehmen – leider hat er ihre Namen vergessen. Die anderen beachten ihn nicht und drehen eine leere Cognacflasche auf dem Tisch. Bei Struck bleibt die Flasche stehen. Alle lachen sich kaputt. Joschka Fischer kapiert nicht, um was es geht, er hat in der Zwischenzeit den konkreten Ablauf der EU-Osterweiterung bis Usbekistan und die damit verbundene Umstrukturierung der gemeinsamen Außenpolitik auf Schröders Tischplatte gekritzelt. Kurz: Es läuft alles darauf hinaus, dass Joschka Fischer sagt, wo's langgeht. Um 23.00 Uhr sind alle schon ziemlich angeschickert. Struck musste eine Runde schmeißen, und Stolpe hat mit verstellter Stimme bei Eichel angerufen. Er muss es ja nicht unbedingt aus der Zeitung erfahren, dass er für eine ihm völlig unbekannte Affäre den Kopf hinhalten soll. Keinem ist aufgefallen, dass Joschka Fischer schon längst gegangen ist.

Um 23.05 Uhr liegt er in seinem Bett in Tegel. Um einzuschlafen, denkt er sich noch einen Nahostfriedensplan aus, dann träumt er davon, wie er zwei Zwanzigjährige auf einmal heiratet. Von außen sieht es so aus, als ob Joschka Fischer schläft. Aber das täuscht.

Die letzten Absätze hat Joschka Fischer schon nicht mehr mitbekommen. Hundertdreißig Kilo liegen im Sessel und schnarchen. Ein Speichelfaden rinnt aus dem leicht geöffneten Mund. Auf dem Beistelltisch liegt aufgeschlagen «Der Herbst des Patriarchen». Von Gabriel García Márquez.

52. PETER HARTZ
Das Gespenst

Die beiden Warlords des siebenjährigen Krieges gegen jedwede Vernunft – Schröder und Fischer – zuckten noch ein Weilchen auf dem Sterbelager und nannten die Tragikomödie «Wahlkampf». Das größte Symbol ihrer albernen Regierungszeit aber, der Peter Hartz von Hartz IV, der wurde weit nach seiner Zeit abberufen. Doch nicht weil er dem Volk Schaden in Milliardenhöhe zugefügt hätte durch seine spinnerten Reformen, nicht mal weil er Millionen unkontrolliert durch die VW-Bücher passieren gelassen hätte – nein: wohl nur weil er ein paar hundert Euro lang nicht aufgepasst und eine Nutte falsch abgerechnet hat. Große Idioten fallen über kleine Steine, noch größere über sich selbst, über ihre Arroganz, Selbstüberschätzung und -inszenierung.

Peter Hartz war das Gespenst der späten rot-grünen Jahre. Unvergessen die blasphemische Anrufung des Job-Floaters im Französischen Dom zu Berlin Anno Domini 2002. Was

haben sich die Schweinepriester bei diesem lächerlichen Göt-
zenspektakel bloß gedacht? Dass der Messias herabsteigt und
mit fünf schrägen Ideen fünf Millionen Arbeitslose speist?
Doch erst der sich anschließende Proteststurm der Fertigen
und Verladenen in Deutsch-Osteuropa formte aus «Ich-
AG» und «Personal-Service-Agentur» das Gespensterwort
«Hartz IV». Und weil die kleinen rot-grünen Außerirdischen
meinten, eine Reform sei eine Reform, weil sie Widerstand
erzeugt und nicht weil sie wirkt, glaubten sie fortan noch fes-
ter und bis heute daran, dass Hartz IV eine ganz dolle Reform
sei – in Rot-Grün-Deutsch ist sie deshalb auch «Jahrhundert-
reform» geheißen.

Und ganz allein ein Mann war es, der sich dieses Wunder-
werk ausgedacht hat, Peter Hartz IV., gehasst von den Un-
gläubigen in Transelbien, vergöttert von den Selbstgefälligen
in Berlin. Wer hätte je geglaubt, dass dieser Ausnahmemensch
und Religionsstifter anfällig ist für die Anfeindungen des Teu-
fels: Glutäugige Konkubinen vom fernen Amazonas, schnö-
der Mammon aus Niedersachsen – konnte ihn das wirklich
reizen? Peter Hartz IV. hat das Gute stets gewollt und das
Unmögliche erreicht. Dann verließ das größte Gespenst der
rot-grünen Jahre die Bühne und schwebte mit zwei Millionen
Euro aus seinem Job fort. Und alle waren so froh, dass er ging,
da zahlten sie ihm die paar Milliönchen doch sehr gern. Honi
soit qui mal y pense.

51. STEFAN RAAB
Was war da denn los? Man weiß es nicht!

Stefan Raabs Augen verengen sich zu Schlitzen. Dies könnte ein typischer Raab-Moment werden. Ein großer Moment. Er spürt genau: Der Gegner wird jeden Augenblick in seinen Strafraum eindringen. Weil er so was schneller antizipiert als andere, ist er so wahnsinnig schwer zu besiegen. Selbst beim Fußball, obwohl das nun weiß Gott nicht seine Sportart ist.

«Eins hab ich noch, wer will noch 'n Bambi? Cindy? Bülent? Keiner!
Okay, dann schmeiß ich's weg.»

Stefan Raab ist ein Allrounder und kann alles immer gut genug, um seine Kontrahenten in Schwierigkeiten zu bringen. Deshalb seine Siege bei «Schlag den Raab». Auch gegen Typen, die dreißig Kilo leichter sind als er, gegen Zehnkämpfer, drahtige Medizinstudenten, erschütternd gut aussehende Judo-Champions, Gedächtnisweltmeister, Kickboxer und tangotanzende Gehirnchirurgen. Ihm ist inzwischen völlig schnurz, gegen wen er antritt, weil er weiß, dass diese Lutscher meistens eh keine Chance haben. Und warum? Weil Stefan Raab einen eisernen Willen hat. «Schlag den Raab» wird im Kopf entschieden. Im Grunde sieht er das genau wie Olli Kahn, den man damals so ausgelacht hat für sein «Immer weitermachen, immer weitermachen, nie aufhören!». Genau darum geht's doch! Du musst immer brennen. Zeig mir einen glücklichen Zweiten, und ich zeig dir einen totalen Loser.

Klar braucht es dazu auch ein gesundes Maß an Aggression. Zu behaupten, dass Raab seine Gegner hasst, wenn sie ihm bei den Spielen Punkte klauen, wäre vielleicht übertrieben. Aber natürlich machen ihn Niederlagen so wütend, dass er danach gern IRGENDWEM die Fresse polieren würde. Ist doch logisch. Das ist der Überschuss an Testosteron, dem Sprit, der alle Siegertypen am Laufen hält. Deshalb stört es ihn auch, wenn Kritiker «Schlag den Raab» oder die «Wok-WM» ernsthaft als «Unterhaltungssendung» bezeichnen. Unterhaltung – als wenn es nur darum ginge! Hier geht's um echten Sport, verflucht noch eins! Um innere Schweinehunde, die überwunden werden wollen! Und das sollte auch jeder verweichlichte B-Promi wissen, der bei seinen Events mitmacht.

Stefan Raab erinnert sich lächelnd an einen kleinen Boygroup-Hansel. Wie der ihm nach einem misslungenen Rückwärtssalto vom Zehnmeterbrett beim «TV total Turmspringen» seinerzeit einen vorgeheult hat – «Buhuuu, auf meinem rechten Auge ist die Netzhaut gerissen!» Raab wollte spontan antworten: «Ja dann mach doch das nächste Mal die Augen zu, bevor du aufs Wasser triffst, du Vollhonk!» Das hat er sich dann aber gerade noch verkniffen.

Inzwischen sieht Stefan Raab es als seine wahre Lebensaufgabe, solche Warmduscher und Vorwärtseinparker zu richtigen Männern zu machen. So wie Elton. Jedes Jahr sieht er beim gemeinsamen Synchronsprung vom Turm echte und unverstellte Todesangst in den Augen seines Showpraktikanten. «Tja – hätte der Dicke mal das Kleingedruckte im Vertrag gelesen», denkt sich Raab dann. Und dass ihm Elton eines Tages noch dankbar sein würde für dieses Abhärtungsprogramm.

Man muss einfach in ALLEM, was man macht, der Beste sein. Punkt, aus, Feierabend. Auch beim Fußball. Und genau wie Raab es vorhergesehen hat, dribbelt der Gegner in dieser Sekunde in seinen Strafraum. Es sieht ganz leicht aus, fast tänzerisch. Durchs Publikum geht ein bewunderndes Raunen. «Herzlich willkommen in der Welt des Schmerzes», denkt Raab mit einem maliziösen Lächeln und setzt zur Grätsche an. Von der Seite schießt er herbei, mit den Füßen voran. Er fliegt geradezu, fliegt weit, schlittert... und senst den Stürmer um. Mit tödlicher Präzision. Der Gefoulte stößt einen dumpfen Schrei aus.

Totenstille unter den Zuschauern. Dann ruft eine Mutter: «Mein Gott, Herr Raab! Das ist ein Schulfest hier! Sie spielen Fußball gegen Fünfjährige! Gegen Fünfjährige!» Und Stefan Raab denkt: «Die Alte hat echt gar nichts verstanden.»

50. JOACHIM GAUCK

Jesus aus der Ostzone

Ein ganzes Land ist in Verzückung geraten, sogar der Pole schmilzt dahin, obwohl wir ihn dauernd überfallen: Was ist geschehen? Der Gauck ist hinabgestiegen aus dem selbstverschuldeten Wolkenkuckucksheim seiner Menschenfreude, um uns zu erlösen. Er glaubt an die Freiheit, an die Deutschen, nicht an irgendwelche abstrakten Idealdeutschen, nein, an uns: die Popelfresser und Eierkratzer, die hier leben.

Ist jetzt der Nächste durchgeknallt? Joachim Gauck grüßt eine eingebildete Menschenmenge.

Was soll man dazu sagen außer «Glauben heißt nicht wissen», und unser Jochen hat schließlich Jahre im Sozialismus zugebracht, also ahnt er nicht mal, was für ein beklopptes Volk sich hier im Westen allmählich durchgemendelt hat. Irrlichternde Gestalten wie Frank Bsirske, machtversessene Untote wie Lafontaine oder einfach nur Mario Barth, die geben hier den Ton an. Und an so was glaubt also unser Bundespräsident.

Aber nein, doch nicht an diese Doofköppe, an das ehrliche, zupackende Volk an der Basis, daran glaubt er. Schon mal bei Fressnapf gewesen, Jochen? Oder am Terminal für Billigflieger? Diese Bundesbürger wollen nichts mehr bewegen, die sind froh, die eigene Müllverbrennungsanlage am Laufen zu halten. Sie möchten den Rest ihrer Haftstrafe auf diesem Planeten in Ruhe absitzen, um dann auf Kosten der Krankenkasse nach Malle oder auf die Malediven auszuwandern. Seitdem es aber die Abkratzprämie von der Krankenkasse nicht mehr gibt, werden sie aus Trotz immer älter; «demographische Entwicklung» nennt sich diese Senioren-Protestbewegung. Weder Alk noch Fettsucht, weder Depression noch Altersschwäche können sie daran hindern, sich Deutschlands Reise in den Abgrund genüsslich von außen anzuschauen. Denn das ist das wirklich Seltsame an den Eingeborenen dieses Landes: Jeder tut so, als wohne er gar nicht wirklich hier, sondern auf einer behüteten Hallig mit sogenannten Errungenschaften, die es gilt, gegen die Sturmflut des Sozialabbaus zu verteidigen, etwa den halben Mehrwertsteuersatz auf Sheeba mit Champagner und Trüffeln – je nachdem.

Und diesem lethargischen Haufen will also Jesus Gauck neuen Brodem einhauchen durch die Macht des Wortes. Viel Glück!

«Verdammte Hurenscheiße», denkt Joachim Gauck natürlich nicht wirklich, sondern eher «Potztausend noch einmal, da wird doch der Hund in der Pfanne verrückt, ist das noch ein Schlüpfer von Wulff?» So ist das, wenn man in möblierte Wohnungen einzieht, die der Vorgänger Hals über Kopf verlassen musste. Hier liegt eine alte Unterhose, dort ein in der Hitze des sich anbahnenden Geschlechtsakts fortgeworfenes Bruchband – man kann halt nicht unter jeden Schrank linsen, wenn der Fahrer vor dem Haus schon auf die Hupe drückt. Was soll's, jetzt ist er weg, und die Präsibutze endlich sein.

Joachim Gauck holt den Edding aus der Westentasche und malt den ersten Strich an die Präsitapete: «Noch eintausendachthundertfünfundzwanzig Tage bis zum Ehrensold, harrharr.» Doch da hält er inne: «Verfickte Stasikacke», oder dann doch eher: «Himmelherrgottnocheinmal, in meiner Amtszeit liegt ja ein Schaltjahr! Macht einen Tag mehr malochen! Da ruf ich doch gleich mal Frank Bsirske an, ob man mir das auf die Ehrenknete anrechnen kann.» Schließlich beruhigt sich Joachim Gauck und fängt mit der Arbeit als Bundespräsident an.

Für seine erste große aufrüttelnde Rede schlägt er im Synonymwörterbuch alternative Begriffe für «Freiheit» nach: Ungebundenheit, Libertät … Libertät? «Huharrharr», lacht es in Joachim Gauck, «da denken doch die Wessis an Swingerclubs, und die Ossis ziehen im Geiste am Ostseestrand schon den Riemen blank.»

Was Jesus Joachim Gauck aber viel mehr Sorge bereitet, ist sein Pakt mit Rösler. Wenn der ihn nicht bei Mutti durchgeboxt hätte, dürfte er heute mit den Loser-Elsen der vergangenen Präsiwahlen auf Veteranentreffen heißen Kakao trinken: Dagmar Schimpanski, Terrine Schwan, Lucifer Jochimsen – allein bei dem Gedanken graut ihm. Und als Jockel, der Käßmann, durch die Lande zu ziehen und auf den Kanzeln der Republik von Freedom zu faseln, davor graut ihm fast noch mehr. Deshalb, und nur deshalb, ist er den faustischen Pakt mit dem jungen Schnösel von der FDP eingegangen. Dieser hat Wort gehalten, jetzt gilt es, die Gegenleistung zu erbringen: Er, Joachim Gauck, muss es irgendwie schaffen, die abgesoffenen Liberalen über die Fünfprozentkante zu ziehen.

So ist das, wenn man Geschenke vom Teufel annimmt, irgendwann kommt der Pferdefüßige zurück und greift nach der Seele. Joachim Gauck hat keine Ahnung, was er tun soll. Schon am ersten Tag seiner Amtszeit greift er zum Mobiltelefon und wählt eine Nummer in Großburgwedel. Dort, da ist er sich sicher, kann man sich in Sachen Seelenverkauf Rat holen.

49. FRANK-WALTER STEINMEIER
Mehr SPD geht nicht

Ein unterdrückter Skandal aus dem Sommer 2012

Tonbandprotokoll aus dem Archiv des Verfassungsschutzes mit angehängter Notiz

STEINMEIER: Ja, hier Steinmeier!
ANRUFER: Ich grüße dich, Frank …

STEINMEIER: Ach, hallo …

ANRUFER: Keine Namen, bitte, es könnte sein, dass dieses Gespräch abgehört wird. Es geht um Folgendes: Ich komme gerade aus einem Gespräch unter vier Augen mit Angela. Du weißt, wen ich meine, Frank?

STEINMEIER: Verarsch mich nicht!

ANRUFER: Gut, gut, sorry! Ich bin von ihr beauftragt worden, dir ein Angebot zu machen: das Amt des Bundespräsidenten, zu einem Zeitpunkt deiner Wahl.

STEINMEIER: Sitzt da nicht noch einer in Bellevue? Meines Wissens ist die Stelle gar nicht frei, hahaha.

ANRUFER: Keine Scherze, Frank, die Sache ist ernst. Joachim Gauck sitzt genauso wenig fest im Sattel wie Christian Wulff. Wenn Angela den Posten braucht, wird der Inhaber eben weggeräumt. Oder hast du etwa den ganzen Mist geglaubt, mit den Hotelrechnungen, dem Bobby-Car und den Kreditvereinbarungen? So doof kann doch gar keiner sein.

STEINMEIER: Natürlich hab ich das nicht geglaubt. Für wen hälst du mich?

ANRUFER: Manchmal hat der Verfassungsschutz sogar etwas zu dick aufgetragen, finde ich.

STEINMEIER: Jaja, aber was hat das denn mit mir zu tun?

ANRUFER: Angela hat seinerzeit der Wahl Gaucks doch nur zugestimmt, weil es gegen ihn schon lange ein ähnliches Dossier gibt wie gegen Wulff. Ein Anruf bei K.D., und das war's für den Ostzonenpastor.

STEINMEIER: Aber kommen wir mal zur Sache, was verlangt Angela denn für Bellevue?

ANRUFER: Du verzichtest auf den K-Job und sorgst dafür, dass Siggi es macht.

STEINMEIER: So einfach ist das nicht, da gibt es bei uns doch den Mitgliederentscheid.

ANRUFER: Jetzt verarsch mich nicht – seit wann haben Mitglieder jemals was entschieden, zumal in der SPD? Oder ist die Doris etwa durch Mitgliederentscheid auf die Landesliste gekommen?

STEINMEIER: Ist ja gut. Aber warum soll Siggi denn überhaupt der KK werden?

ANRUFER: Damit Angela eine Chance hat – was glaubst du denn? Den wählt doch keiner!

STEINMEIER: Ich stehe voll hinter unserem Parteivorsitzenden und seinen Inhalten sowie Andrea Nahles, seiner eingeborenen Generalsekretärin.

ANRUFER: Lass den Quatsch.

STEINMEIER: Wie stellt ihr euch das überhaupt konkret vor?

ANRUFER: Ganz einfach, du verzichtest nicht, sondern wirfst morgen früh deinen Hut in den Ring und sagst, dass du dich als Einzigen in der ganzen verfickten SPD …

STEINMEIER: Ich muss doch sehr bitten!

ANRUFER: … in der stolzen deutschen Sozialdemokratie in der Lage siehst, sie zur Regierungsverantwortung zurückzuführen.

STEINMEIER: Ich verstehe. Daraufhin wird der Sigmar so fuchsteufelswild, dass er mich als hinterrücksen Messerstecher verunglimpft …

ANRUFER: Richtig, dich zur Sau macht und sich zum KK ausruft. Das wiederum ärgert die SPD-Mitglieder dermaßen, dass sie sogar CDU wählen.

STEINMEIER: Schön und gut, aber die FDP kommt doch …

ANRUFER: FDP, wer redet denn mit der, wir koalieren mit euch, und Siggi wird Vize.

STEINMEIER: Das macht der nie, Vize bei Mutti, wenn er vorher Kandidat war.

ANRUFER: Du wirst sehen, was der alles macht, um zu verhindern, dass sein Dossier ans Licht kommt.

STEINMEIER: Pofalla, du bist ein Schwein …

ANRUFER: Spinnst du?! … tut tut tut tut.

Handschriftliche Notiz des zuständigen Ermittlers: «Hier bricht das Gespräch ab, zumindest ist dies der Teil, der letzte Woche der Öffentlichkeit vom Parteivorsitzenden Gabriel präsentiert wurde. Laut neuesten Gerüchten aus Berlin soll dort allerdings ein Pofalla-Imitator eines privaten Radiosenders festgenommen worden sein. Ob dieser im Auftrag Gabriels gehandelt hat oder aus eigenem Antrieb, ist bis zur Stunde noch nicht klar. Frank-Walter Steinmeier stand in dieser Angelegenheit bisher nicht für ein Gespräch zur Verfügung. Noch wird spekuliert, ob der Mitschnitt des Telefonats gekürzt wurde und ob es eine Antwort auf das Angebot von Steinmeiers Seite gab. Es kann allerdings auch nicht ausgeschlossen werden, dass es sich beim Angerufenen ebenfalls um einen Imitator handelte. Der Mitschnitt ist übrigens vor vierundzwanzig Stunden von einem Magdeburger Internetcafé aus auf YouTube hochgeladen worden.»

48. THILO SARRAZIN
Ganz unten. Der Mann, der Thilo Sarrazin war

Wohlgefällig lässt Thilo Sarrazin seinen Blick über das Auditorium wandern. Voll bis auf den letzten Sitz. Wie sich das

Thilo Sarrazin, abgelichtet vor Migrationshintergrund in Batteriehaltung.

gehört, wenn «Der neue Sarrazin» vorgestellt wird. Und wie schon bei seinen letzten Buchpräsentationen dominiert hier in der Berliner Großbuchhandlung natürlich wieder die Farbe Grau beziehungsweise Graumeliert. Silberrücken, so weit das Auge reicht. Gut angezogene Deutsche zwischen fünfundvierzig und fünfundsiebzig. Viele mit Einstecktüchern. Auch Lodenmäntel kommen in diesem speziellen Biotop überdurchschnittlich oft vor. So ist das immer, wenn der Godfather-of-Das-wird-man-in-Deutschland-ja-wohl-noch-lautsagen-dürfen öffentlich auftritt. Seine Fans sind eben nicht der Pöbel. Und wenn doch, dann ein sehr bürgerlicher Pöbel.

«Was ist das Erfolgsgeheimnis Ihrer Bücher?», hat so ein junger Schnösel vom «Stern» den Bestseller-König neulich gefragt. Sarrazin hat natürlich das Übliche geantwortet: dass seine Bücher einfach nur Fakten auflisten, die von der Politik aus Gründen völlig verkrampfter politischer Korrektheit totgeschwiegen würden. Dass er nur ein nüchterner Wissenschaftler sei, ein Ökonom, der einfach den Finger in die Wunde legt. Ist natürlich kompletter Bullshit, das weiß der alte Zahlenhuber und freut sich ein Loch, weil es tatsächlich so unfassbar leicht ist, in diesem Land Büchermillionär zu werden. Das Zauberwort lautet schlicht und einfach: Angst.

Der Deutsche hat für sein Leben gern Angst. In erster Linie vor dem sozialen Abstieg. Das ist sozusagen die Urangst des deutschen Spießers. «Wenn wir ständig diesen ganzen Griechen und Portugiesen helfen, ist dann MEINE Rente noch sicher?» – «Wenn hier jeder dahergelaufene Kuffnucke aus Absurdistan Hartz IV kassiert, was wird dann aus MEINER Altersvorsorge?» Hat man einmal begriffen, wie bereitwillig sich der deutsche Spießer wirklich gruselt, besitzt man die Lizenz zum Gelddrucken. Sarrazin hat sogar schon überlegt, ob er für «Das Buch zur Spießerangst» Titelschutz anmelden soll, aber ihm ist gerade noch eingefallen, dass das bei seiner Zielgruppe vielleicht nur so mittel ankäme.

Dann doch lieber die Spießerkuh melken, solange es noch geht. Die Medien spielen ja weiter brav mit. Berechenbar wie Nachbars Lumpi. In «Europa braucht den Euro nicht» hat er es mal wieder exemplarisch vorgemacht. Ein Satz reicht völlig: «Jede nationale Entscheidungshoheit muss an Europa abgegeben werden, als Buße.» Dann noch flugs das Wort «Holocaust» eingestreut, und zack, springt sie wieder an, die gute alte Empörungsmaschine, von «Bild» bis «Spiegel». «Nicht zu fassen, dass andere, dümmere Autoren wirklich Geld für PR ausgeben», denkt Sarrazin lächelnd, während sich die letzten Rentner in den Lesungssaal quetschen.

Auf die Formulierung mit der «Buße» ist er besonders stolz. Er weiß natürlich, welche Gedanken da bei seinen treuen Lesern losgetreten werden. «Wir haben doch seit dem Zweiten Weltkrieg nun wirklich schon genug gebüßt für die ganze Nazi-Sache! Irgendwann muss auch mal Schluss sein!» Davon steht natürlich gar nichts drin in dem ollen Euro-Schmöker, und Sarrazin würde so was auch nie schreiben. Er ist ja nicht blöd. Und hat trotzdem einen weiteren kostbaren Das-wird-man-doch-wohl-noch-sagen-dürfen-Moment geschaffen.

So viele gute Spießerangst-Formulierungen sind ihm über die Jahre nun schon eingefallen, zum Beispiel diese eine Stelle aus «Deutschland schafft sich ab» oder besser aus «Meine ersten drei Millionen» (wie er das Buch privat nennt): «Wir sind als Volk und Gesellschaft zu träge, selbst für ein bestandserhaltendes Geburtsniveau Sorge zu tragen, und delegieren diese Aufgabe quasi an Migranten.» Heißt übersetzt: Die Deutschen sind inzwischen sogar zu faul zum Knattern. Sie LASSEN knattern. «Und einmal mehr muss der Ausländer die Drecksarbeit für uns machen», denkt Sarrazin hinter der Bühne und kichert in sich hinein. Ja, auf so was musst du erst mal kommen! Die Kombination aus Sex und Fremdenfeindlichkeit, den zwei absoluten Garanten für optimalen Bücherabsatz. Und jetzt sitzen sie da unten wieder endlos aufgereiht, die Lodenmäntel und die Einstecktücher, quasi in fiebriger Vorfreude. Auf welche Angst-Taste wird ihr Messias diesmal drücken?

Das Licht wird gedimmt, Thilo Sarrazin betritt die Bühne. Minutenlanger, frenetischer Applaus. Einige Rentner stampfen mit den Füßen. In Reihe vierzehn erstickt ein pensionierter Studienrat aus Detmold an seinem Gebiss, aber das wird man erst in zwei Stunden merken, wenn das Saallicht wieder angeht. Sarrazin deutet eine preußisch knappe Verbeugung an und setzt sich dann schweigend an sein schlichtes Tischchen. Dann tritt der Verlagsleiter auf die Bühne und sagt nur einen Satz: «Meine Damen und Herren, ich präsentiere Ihnen: den neuen Sarrazin!»

Im gleichen Moment erscheint auf der Projektionsfläche hinter der Bühne das riesengroße Cover des kommenden Bestsellers: «Thilo Sarrazin: Der Autofahrer – die Melkkuh der Nation!» Wie immer natürlich alles andere als neu, aber dennoch genial. Schließlich ist das Auto erwiesenermaßen das einzige Familienmitglied, das der deutsche Spießer WIRKLICH liebt. Ergo schreibt man ein Buch über all die Gefahren, die dem Auto und seinem Besitzer künftig drohen. Man schreibt über die aufziehende grüne Ökodiktatur, über Tempolimits, explodierende Benzinpreise, das ganze Programm. Selbstverständlich gewürzt mit der nötigen Prise Überfremdungsangst. Denn wer blockiert die deutschen Autobahnen? Richtig, rumänische und bulgarische Lastwagen. Von Migranten, die uns die Parkplätze wegnehmen, mal ganz zu schweigen.

Sarrazin räuspert sich – nicht zum letzten Mal an diesem Abend – und beginnt die Lesung. Das Publikum hängt an seinen Lippen. Schließlich kommt der Meister zur emotionalsten Stelle des Buches: «Wenn es nach Claudia Roth geht (räusper), dann wird in Brüssel demnächst ein Gesetz erlassen, das uns Deutsche zwingt, nur noch auf Eseln zur Arbeit zu reiten (angedeutetes Grinsen). Allerdings ausschließlich auf GRIECHISCHEN Eseln.»

Stehende Ovationen.

Thilo Sarrazin sitzt erschöpft vor dem Spiegel seiner Garderobe. «War nicht schlecht heute», resümiert er in Gedanken und zieht sich dann die Perücke vom Kopf. Anschließend legt er den falschen Schnurrbart, die falsche Nase und die Hornbrille ab.

Der Mann im Spiegel sieht jetzt wieder aus wie Günter Wallraff. Und fragt sich, wie lange er diese Sarrazin-Rolle noch durchhalten will. Er recherchiert verdeckt für sein Buch «Unter Spießern». «Ich muss echt aufpassen, dass ich nicht zu viel Gefallen an der Nummer finde», denkt der gewiefte Undercover-Journalist und beschließt, demnächst wirklich aufzuhören. «Nur noch zwei, drei Bestseller, dann hör ich auf», sagt er zu seinem eigenen Spiegelbild.

47. MARGOT KÄSSMANN
«Die Worthülse Gottes» (taz)

Margot Käßmann ruckelt unruhig auf ihrem Sitzsack hin und her. Den Ausblick von ihrer Ferienwohnung auf Usedom kann sie an diesem Sonnabend nicht recht genießen, denn sie muss noch die Predigt für den Welt-Motorradfahrerinnen-Gebetstag schreiben.

«Gott wäre gerne selbst ein Biker gewesen … » Sie streicht den ersten Satz gleich wieder, beinahe wäre sie in die Patriarchatsfalle getappt, man muss heute höllisch aufpassen und darf gerade vor weiblichem Publikum auf keinen Fall Gott als männlich bezeichnen. Bei Jesus ist die Sache noch heikler, andererseits ist er nun mal ein Mann und Gottes Sohn, da gibt es nichts zu beschneiden. «Hihi, ‹beschneiden›», feixt Margot Käßmann in sich hinein. Am besten, man lässt den alten Nazarener außen vor und blubbert nur so allgemein vor sich hin.

Dazu öffnet Margot Käßmann den Ordner «Hülsen Dei» auf ihrem Tablet-PC. «Mal gucken, ob wir da was für die Biker-Weiber finden.» Kaum geöffnet, spuckt der Hülsen-Automat auch schon ein paar Sentenzen aus. «Das Leben im Angesicht der Liebe Gottes ist des Nächsten Unterpfand.» – «Scheiße, das passt ja wie Arsch auf Eimer», denkt unser aller Margöttin und schlägt anerkennend mit der «Bibel in gerechter Sprache» auf den Beistelltisch. «Im Angesicht» ist ein Klassiker, und «Unterpfand» geht immer, denn kein Mensch ahnt auch nur, was damit gemeint sein könnte.

«Jetzt brauche ich auf jeden Fall noch etwas, das dieses wissende Nicken verursacht bei den Schäfchen», überlegt die Käßmann'sche Hülsenschnitzerin weiter. «Da haben wir's doch: ‹Träume nicht dein Leben, lebe deinen Traum›… Das ist eine so abgewichste Blinse, das kann man nicht mal mehr auf dem Kirchentag als T-Shirt für Dreizehnjährige verbimmeln. Aber für die Motorrad-Tanten genau richtig!» Margot Käßmann ist mit sich zufrieden, steht auf und haut sich erst mal eine Flasche Rioja in den Schlund. «Aaaarrrhhhhhhh, dies ist mein Blut, wie wahr, wie wahr, Herr Zebaoth», grunzt die Exbischöfin wohlig aus ihrem Gefieder.

Allein der Weibsbilder kradelnde Schar will noch mit etwas Sülze beträufelt werden, da wirkt leider das Blut des Weinstocks wenig. Doch ehe sie sich's versieht, ist die Botschafterin des Lutherjahres eingepoft und schnarcht gurgelnd vor sich hin. Im Schlaf umspielt alsbald ein wissendes Lächeln

Wie so oft war Margot Käßmann über ihrer eigenen Predigt eingenickt.

den protestantischen Äser, als die suchenden Finger die Halskette ihres neuen Liebhabers finden. Denn der ist Franzose und Schmuckdesigner, fertigt Gehänge aus gespleißten Autoreifen mit Perlen dran, so dick wie ein Jagdhund-Skrotum.

Morgen ist auch noch ein Tag, und Margot Käßmann vertraut auf Gott / in, dass ER / SIE ihr schon die richtigen Hülsen in den Mund legen wird, um dieses unnachahmbare Wir-Gefühl der Ahnungslosigkeit zu erzeugen, für das sie alle so lieben.

Kurz erklärt: Evangelisches Pfarrhaus

• •

Das evangelische Pfarrhaus, insbesondere in seiner Luther'schen Spielart, hat viele interessante Figuren der bundesdeutschen Geschichte hervorgebracht. Das liegt sicher auch daran, dass dort Fortpflanzung nicht verboten ist – wie bei den Katholiken. Was immer man gegen den Zölibat sagen kann, er hat trotz Pädophilie-Anreiz und ähnlicher Abnormitäten doch den Vorteil, dass keine weiteren Katholiken produziert werden. Anders verhält es sich bei den Protestanten. Mitglieder der Baader-Meinhof-Bande genauso wie der derzeitige Bundespräsident entstammen dem evangelischen Milieu, und wenn ihnen auch sonst wenig gemeinsam ist, so doch ein strenges Moralverständnis, das so oder so an der Realität scheitern muss – mal mehr, mal weniger, mal schlau, mal blöd.

• •

Kurz erklärt: Die Schöpfung

• •

Für den außermenschlichen Bereich gibt es jede Menge Vokabeln: «Natur», «Umwelt» oder «Flora-Fauna-Habitat». Alle haben den Nachteil, dass sie nicht erhaben für sich allein stehen können. Deshalb verwendet das Kirchenvolk das in Stein gemeißelte Wort «DIE SCHÖPFUNG». So kann man zum

Beispiel nicht sagen: «Ich hab gerade in die Schöpfung gepisst», und es gibt auch keine «Schöpfungsverschmutzung». Die Schöpfung steht trotzdem nicht nur für sich, sondern liefert implizit einen mit, der sie gemacht hat: «DEN SCHÖPFER». Weil diese versponnene Weltsicht wiederum nicht cool genug ist, nennt sich der ganze Vorgang «Intelligent Design» – weiter reicht mein Verständnis jetzt nicht, ich muss mal eben kurz in die Schöpfung reihern.

● ●

46. NORBERT RÖTTGEN
Wärst du doch in Düsseldorf geblieben

«Gleich schalt ich um», denkt der Mann, den sie einst «Muttis Klügsten» nannten. Doch er kann es nicht. Röttgen stiert weiter angewidert auf den Bildschirm. Es ist wie bei einem schlimmen Verkehrsunfall: Man will nicht hingucken, aber man muss!

Im MDR-Vormittagsprogramm läuft eine Wiederholung von «Hart aber fair». Peter Altmaier erklärt dem penetranten Plasberg soeben zum dritten Mal, «dass die Diskussion um die Endlagersuche nun wirklich ergebnisoffen geführt wird». «Die fette Altmaier-Qualle!», schreit der attraktivste Ex-Umweltminister in der Geschichte der deutschen Ex-Umweltminister. Das mit der «ergebnisoffenen Suche» war SEINE Formulierung! SEINE! Und jetzt setzt sich diese Gesichtswurst mit ihrem gigantischen Quadratarsch einfach dadrauf, auf SEINE Formulierung! Dabei würde dem verwachsenen Saarländer so ein bildschönes Wort wie «ergebnisoffen» nicht mal unter Drogen einfallen. «MEINE Worte kotzt der da nonchalant ins Plasberg-Studio! Live im

Wieder mal war Norbert Röttgen bei Angela Merkel vorstellig geworden mit seiner These: «Du, Angela, ich hab's, die Erde ist eine Kugel.» Angela Merkel: «Eingebildeter Vollidiot!»

deutschen Farbfernsehen! Der hat doch den Arsch ergebnisoffen!», murmelt Röttgen zähneknirschend. Leider etwas zu
laut.

«Hast du was gesagt, Schatz?», schallt es aus der Küche.
Röttgens Frau Ebba räumt dort die Spülmaschine ein. «Ne,
ich guck nur Plasberg. Du glaubst nicht, was der blöde Alt-
maier-Homunkulus da wieder für einen Mist erzählt!», antwortet Norbert aus dem Wohnzimmer.

Ebba macht sich Sorgen. Auch an diesem Vormittag bleibt
ihr Nobbi zu Hause in Königswinter und hängt vor der Glotze. Dabei ist doch eigentlich Sitzungswoche in Berlin. «Er
wird bitter. Und er lässt sich gehen», denkt die loyale Gefähr-
tin und legt die Stirn in Falten. «Immerhin trägt er noch Krawatte. Aber der oberste Hemdknopf steht offen! Was kommt
als Nächstes?», fragt sie sich mit einem leichten Schauder.
«Vielleicht der Jogginganzug? So kann das nicht weitergehen.»

«Schatz, warum triffst du dich nicht mal wieder mit Friedrich Merz? Besuch ihn doch im Sauerland! Der freut sich!» –
«Hm?» Norbert tut so, als hätte er seine Frau akustisch nicht
verstanden. Merz besuchen! Das fehlt noch. Der zeigt einem
doch nur seinen blöden Bierdeckel mit der Steuererklärung
drauf und erzählt zum tausendsten Mal, wie die – Zitat Merz
– «olle Stalinistin Merkel ihn damals hinterrücks abserviert
hat». Und am Ende würden sie dann in Fritzens Partykeller
sitzen und Dart-Pfeile auf Merkel-Autogrammfotos werfen.
Absolut würdelos. Genau wie Koch und Wulff. Wieso glauben diese ganzen Angie-Opfer eigentlich, er wäre einer von
ihnen? Unverschämtheit!

Sein Fall ist ja nun wirklich einmalig und mit den Geschichten dieser selbstmitleidigen Verlierer null zu verglei-

chen! «Norbert Röttgen war nur noch Zentimeter vom Kanzleramt entfernt, also von seiner eigentlichen Berufung!», denkt Norbert Röttgen, der in Gedanken von sich oft in der dritten Person spricht. Die Kanzlerschaft zum Greifen nah. Und dann geht alles durch den Schornstein. Wegen Düsseldorf! DÜSSELDORF! Hat irgendwer ernsthaft geglaubt, ein Norbert Röttgen würde auch als Oppositionsführer freiwillig in diesem stinkenden Bundesland arbeiten? Lächerlich.

Bei Plasberg salbadert Altmaier gerade irgendwas von «Nachhaltigkeit». Hat er dieses Wort nicht auch erfunden? Hm. Oder war das doch jemand von den Grünen? Egal.

Es klingelt. Der Fast-Kanzler will aufstehen, doch Ebba ist schneller an der Haustür. Selber schuld. Sind sowieso wieder nur die Blagen aus der Nachbarschaft. Seit sich rumgesprochen hat, dass er jetzt meistens zu Hause bleibt, werden hier in einer Tour Klingelstreiche gespielt. Vor kurzem ist der drahtigste Ex-Umweltminister in der Geschichte der deutschen Ex-Umweltminister mal aus Prinzip hinterhergerannt und hat so einen kleinen Bengel am Schlafittchen gepackt. Dem hat er aber dann erst mal einen astreinen Vortrag gehalten! Über sinnlosen Stromverbrauch durch Terrorklingeln, über Speicherkapazität und fehlende Trassen. Schade, dass der Junge kein Wort verstanden hat. Russischer Spätaussiedler. Aber dem Norbert ging's ja nur ums Prinzip: Endlich mal wieder irgendwem irgendwas erklären.

Gott, wie ihm das fehlt! Seine stundenlangen Referate am Kabinettstisch. Junge, Junge, was hat er manchmal den anderen Ministerdarstellern, diesen Pappkameraden, für ein Zahlenfeuerwerk um die Ohren gepfeffert. KEINER war so gut vorbereitet wie er. «Auch nicht in Talkshows!», fügt Röttgen im Geiste hinzu, während sich Altmaier bei Plasberg den Schweiß von der wulstigen Stirn wischt. «Warum mögen die Leute DEN?» Da ist sie wieder. Die Frage, die in seiner tiefsten Wunde bohrt. Was sollte bloß das ganze Gelaber von seiner angeblich fehlenden Volksnähe?

Zugegeben, es war schon hart für ihn im NRW-Straßenwahlkampf. Wie diese Elendsgestalten in den Fußgängerzonen an einem rumfummeln. Ist man etwa schon elitär, nur weil man sich vor so was ekelt? Ja wer weiß denn, wo diese ganzen Zombies ihre furunkulösen Pfoten hatten, bevor man sie ihnen drücken muss? Wie oft hat sich der Kanzler der Herzen am Ende solcher Horrortage die Hände mit Sagrotan geschrubbt. Ein Albtraum. Mal ganz abgesehen von den Bratwürsten, die man sich an den CDU-Ständen in diesen Kuhdörfern immer reinwürgen soll. Aber so ist das heute in Deutschland. Wer keine Lust hat, mit dem «Volk» geschredderten Schweineanus von Papptellern zu fressen, der ist natürlich ein totaler Snob.

Wahlkampf ist halt nicht seins. So what? Dafür hat er Ahnung. Und wenn sich in ein paar Jahren rausstellt, dass das mit den regenerativen Energien so nicht funktioniert, kommen sie natürlich alle wieder schön bei ihm angeschissen! «Du, Nooorbert, was machen wir denn jetzt?!» Verdammt, das hat er ja gar nicht gedacht, sondern laut gesagt. Gleich streckt Ebba wieder den Kopf ins Wohnzimmer und fragt, was los ist …

Gott sei Dank, sie hat nicht zugehört. Vielleicht sollte er doch noch zur Sitzungswoche nach Berlin fliegen. Andererseits – wozu? «Streber» haben sie ihn genannt! «Na, wer ist jetzt der Streber?», ruft Röttgen halblaut, schaut demonstrativ weiter Plasberg und öffnet den zweiten Hemdknopf. Altmaier sagt im «Hart aber fair»-Studio zu Claudia Roth, dass er «in dem Punkt mit der Kanzlerin komplett übereinstimmt». «Na toll. Das hat Deutschland ja gerade noch gebraucht», durchfährt es den wortgewandtesten Ex-Umweltminister in der Geschichte der deutschen Ex-Umweltminister. NOCH einer, der im Rektum der Kanzlerin wohnt! Tja, das hat sie jetzt davon, die Tante Angela! Nur noch rückgratlose Jasager und Speichellecker um sie rum. Wie oft hat er der Kanzlerin mutig widersprochen! Zum Beispiel als ... Gut, jetzt fällt ihm gerade kein konkretes Beispiel ein, aber jedenfalls sehr oft.

Versucht die Roth mit ihrer Quäkstimme etwa gerade ernsthaft, was über Salzstöcke und Sedimentgestein zu erzählen? Die kapiert ja nun wirklich original gar nichts, die Alte. Dabei wird Norbert Röttgen plötzlich klar, dass er unter akutem Talkshow-Entzug leidet. Er muss jetzt sofort mal irgendwem was grundsätzlich erklären. Zum Beispiel diese ganze Gesteinsproblematik. Irgendwem! Sofort!

In der Küche macht sich Frau Röttgen einen Kaffee. «Schätzchen», ruft Norbert von nebenan. Sie hört ihn vom Sofa aufstehen. «Oh Gott, bitte nicht», denkt Ebba.

45. TIL SCHWEIGER
Keinohrtatort

In einem Szenerestaurant in Hamburg. Später Abend. Til Schweiger trifft sich mit einem Unterhaltungsredakteur des Norddeutschen Rundfunks. Die Herren sitzen an einem Tisch in der Nähe der Bar. Der NDR-Mann ist aufgeregt, aber bester Stimmung, Schweiger wirkt etwas fahrig.

REDAKTEUR: Wir freuen uns jedenfalls alle wie Bolle im Sender, das kann ich Ihnen sagen. Mit Ihnen als Kommissar, da kriegt die gute alte Tante «Tatort» ja quasi einen Hauch von Hollywood! Haha...

SCHWEIGER: Absolut... Sekunde, ich muss mal eben die Trulla da herwinken...

Schweiger gestikuliert mit seinem leeren Glas Richtung Kellnerin.

SCHWEIGER: Mandy! Hey, Mandy...

REDAKTEUR: Ach, heißt die junge Dame so?

SCHWEIGER: Keine Ahnung. Sieht jedenfalls aus wie 'ne Mandy. Ich erkenne 'ne Zonenbraut, wenn ich sie sehe...

Die Kellnerin tritt an den Tisch und lächelt schüchtern. Schweiger setzt seine Verführerstimme ein.

SCHWEIGER: Hi Mandy, wir haben hier leider einen Notfall. Du musst mir bitte mal ganz dringend die Luft aus dem Campari-Glas lassen. Ginge das? Würdest du das eventuell für mich tun?

KELLNERIN (*leicht errötend*)**:** Ja klar, kein Problem, Herr Schweiger.

Die Kellnerin eilt zur Bar.

SCHWEIGER (*ruft ihr hinterher*)**:** Du bist die Beste! (*versonnen, zu sich selbst*) Kann sich als bereits gefickt betrachten...

Plötzlich erinnert sich Deutschlands beliebtester Schauspieler an die Anwesenheit des NDR-Redakteurs.

SCHWEIGER: Sorry, wo waren wir vorhin stehengeblieben?

REDAKTEUR: Äh ... wir waren, glaub ich, noch beim «Tatort»-Vorspann. Dieser traditionelle Vorspann mit den Augen, dem rennenden Mann und dieser Gänsehautmusik ... Tadaaa, Tadaaaaa ... der Vorspann war Ihnen einen Tick zu old school, zu tantig?

SCHWEIGER: Neneee. Neneneee. Hab ich nie gesagt. Der ist mir zu scheiße. Totale Scheiße ist der.

REDAKTEUR: Zu ... scheiße ... Jetzt im Sinne von ...?

SCHWEIGER: Im Sinne von «zu scheiße». Geht gar nicht, der Rotz.

REDAKTEUR: Hm, ja ... verstehe ... Ist allerdings schon auch so 'ne gewachsene Sache, auch wegen der Marken-Wiedererkennung. Also, da spielt der Vorspann schon 'ne zentrale Rolle ...

SCHWEIGER: Jetzt nicht mehr. Könnt ihr von mir aus vor irgendeine eurer bekackten Daily Soaps tackern, den Dreck, aber nicht vor meinen «Tatort» ... Ey, sag mal, wie lange braucht denn die Kleine für EINEN Campari? Ist die behindert, oder was?

REDAKTEUR: Okay, die Kritik am Vorspann ist bei mir angekommen ... Da muss man vielleicht mal neue Wege gehen ... Aber sonst konnten Sie mit dem Drehbuch für Ihren ersten Fall ganz gut leben, oder?

SCHWEIGER: Im Prinzip schon ... Hab's natürlich nicht wirklich gelesen.

REDAKTEUR: Haben Sie nicht?

Der Redakteur stürzt ein Glas Rotwein hinunter.

SCHWEIGER: Natürlich nicht. Mach ich gar nicht mehr. Nur noch die ersten zwei, drei Zeilen. Und dann hab ich entweder so 'n Prickeln in der Schwanzspitze – dann hat der Schmöker Potenzial. Oder da prickelt gar nix, und dann geht's ab in die blaue Tonne ... Ah, Mandy, mein Mädchen!

Die Kellnerin serviert Schweiger ein weiteres Glas Campari. Schweiger beobachtet sie dabei wohlgefällig.

SCHWEIGER: Mandy, Mandy, Mandy ... Du machst das wirklich sehr gut, weißt du das? Sehr, sehr gut.
KELLNERIN: Vielen Dank, Herr Schweiger. Wohl bekomm's.

«Mandy» zieht sich mit rotem Kopf zurück. Schweiger blickt ihr kopfschüttelnd nach.

SCHWEIGER: Bisschen aufdringlich, die Maus, oder? Ehrlich jetzt, nix gegen promigeile Frauen, aber die Zonenperle ist ja selbst mir zu offensiv! Gräbt die hier den Eurotunnel, ey ...
REDAKTEUR: Ja? Ist mir jetzt gar nicht so aufge...
SCHWEIGER: Die sieht mich, und im Schlüpfer ist direkt Freischwimmer angesagt ... Land unter, Alter.
REDAKTEUR: Ja, schlimm ... Gäb's denn noch Änderungswünsche für das Drehbuch, die ich an den Autor weiterleiten kann?
SCHWEIGER: Hm? Ach so, ja, aber nur Kleinigkeiten. Zum einen regnet's gleich auf Seite eins. Find ich kacke.
REDAKTEUR: Na ja, halt typisches Hamburger Wetter. Hier regnet's in einer Tour, nech. Haha ...

SCHWEIGER: Stimmt. Und genau deswegen spielt das Ganze ja jetzt auch nicht mehr in Hamburg, sondern in Malibu.

REDAKTEUR: Bitte? In … Aber … Ja, Moment … Das ist doch der Hamburger «Tatort» … Da kann man doch nicht …

Schweiger wird schlagartig sehr ungehalten. Der Redakteur zuckt zusammen.

SCHWEIGER: Ey, jetzt aber echt mal sorry, ey! Aber echt! Genau wegen diesem Behördendenken kommt ihr öffentlich-rechtlichen Schisser nie vom Fleck! (*nachäffend*) «Da kann man doch nicht …» Wäwäwäää. Kein Wunder, dass eure Sendungen nur noch von halbtoten Mümmelpriestern geglotzt werden!

REDAKTEUR: Herr Schweiger, jetzt haben Sie mich aber komplett missverstanden. Ich bin immer für Experimente …

SCHWEIGER: Da kotz ich echt im Strahl! Den Zuschauern ist doch furzegal, wo das Ganze spielt! Solange da ein Til Schweiger durchs Bild läuft, kann das auch in Entenhausen spielen! Feierabend!

Schweiger ext seinen Campari und knallt das Glas auf den Tisch.

REDAKTEUR: Das hab ich den Kollegen von Anfang an gesagt. In ALLEN Konferenzen. SIE müssen sich wohlfühlen mit dem Stoff. Und Malibu wär ja wirklich mal was anderes …

SCHWEIGER: Siehste. Wie gesagt, es ist ja nicht alles scheiße. Man kann Teile des Buchs vielleicht sogar noch retten. Wenn man zum Beispiel den blöden Mord da am Anfang weglässt.

REDAKTEUR: Den Mord?!

SCHWEIGER: Ja, logo! Weg mit den alten Zöpfen! Wer sagt denn, dass in Krimis IMMER irgendein Verbrechen passieren muss? Hä? Wo steht das denn bitte geschrieben? Hm?

REDAKTEUR: Äh … Wüsste ich jetzt auch nicht auf Anhieb, wo das …

SCHWEIGER: Und dann findet der Kommissar natürlich raus, wer's war, ermittel, ermittel, ermittel, bla bla bla, und am Ende wird irgendwer verhaftet. Boah ey, Leute. Ausgelutscht hoch zehn! Ich sag nur: Erde an NDR! Wir haben 2013! Was ihr da verzapft, das hat doch mit 'nem modernen Feel-good-Movie rein gar nix zu tun!

REDAKTEUR: Nein … äh, beziehungsweise ja. Völlig richtig …

SCHWEIGER: Pass mal auf. Mir kommen hier gerade schon wieder ohne Ende die Ideen … Warum nicht mal völlig querdenken? In meinem ersten Fall … lerne ich als Kommissar eine Kindergärtnerin kennen, die mich erst total doof findet, weil ich voll der Macho bin … aber DANN arbeite ich bei ihr im Kindergarten mit, entdecke meine weiche Seite, und wir verlieben uns. Bamm! Das alles in so schönen sommerlichen Farben, bisschen Chart-Mucke druntergelegt, fertig ist der «Tatort»! Und Abspann!

REDAKTEUR: Aha … Ja … Gut, das wäre natürlich – also jetzt nur mal vom Plot her – schon ziemlich nah dran an «Keinohrhasen», nech?

SCHWEIGER: Ja und?

REDAKTEUR: War keine Kritik! Um Himmels willen! Ist mir nur aufgefallen.

SCHWEIGER: Was willste denn damit jetzt sagen? Darf man 'ne gute Geschichte nur noch exakt ein Mal verfilmen, oder wie?

REDAKTEUR: Was? Neiiin. Im Gegenteil ... Die meisten guten Geschichten sind ja Variationen von großen Klassikern.

Til Schweiger steht auf.

SCHWEIGER: Jaja, whatever, ich muss jetzt jedenfalls echt los.

REDAKTEUR: Oh, ach so ... Sie haben noch einen Anschlusstermin.

SCHWEIGER: Ne, Langeweile. Ich mach mal so ...

Schweiger klopft auf den Tisch und geht. Der Redakteur bleibt verdutzt zurück.

REDAKTEUR *(hinterherrufend):* Alles klar! Und vielen Dank für den Termin! Da sind wir doch schon ein paar gute Schritte weitergekommen ... find ich! Neuer Vorspann, Malibu, besseres Wetter ... und es geht nicht mehr um Verbrechen ... Alles notiert! Tschüs!

Der NDR-Mann weint tonlos.

Kurz erklärt: «Tatort»

● ●

Filme der Krimireihe «Tatort» erkennen auch neu zugezogene Ausländer sehr schnell. In diesen Krimis regnet es nämlich meistens, oder es ist Herbst, in jedem Fall ist es tendenziell dunkel. Und die Ermittler machen fast durchgehend ein sehr trauriges Gesicht. Dialoge werden gern gemurmelt. Oder geschrien. Was auch damit zusammenhängt, dass die Kommissare von heute immer ein seelisches Problem beziehungsweise dunkles Geheimnis mit sich herumschleppen (mindestens Alkoholismus, möglich sind aber auch lebensbedrohliche Krankheiten). Dieses Problem des leitenden (leidenden) Ermittlers füllt normalerweise rund achtzig Prozent der Handlung aus, sodass der eigentliche «Fall» zwangsläufig etwas in den Hintergrund rückt. Um auf den Medienseiten des deutschen Feuilletons gut beleumundet zu bleiben, bauen renommierte «Tatort»-Autoren zudem Aktuelles mit Gesprächswert ein. Deshalb kommen in deutschen Krimis gern Nazis, schwule Fußballer oder geheime Giftmülldeponien vor.

Leider ist die Expansion der Marke «Tatort» begrenzt, da inzwischen jedes Kaff sein eigenes Ermittler-Duo hat. Die eher schwachen Einschaltquoten von «Tatort Spiekeroog» deuten den Beginn der Krise an. Positiv zu bewerten ist hingegen die Verpflichtung von Til Schweiger, mit der sich die Reihe endlich auch Nicht-Schauspielern öffnet.

• •

44. THORSTEN SCHÄFER-GÜMBEL
Doppelname mal als Mann

Jaja, ich weiß. Über Namen macht man keine Witze, und niemand kann etwas für den seinen. Wer könnte davon eher ein Lied singen als Adolf Fick, ein Name, wie ihn sich die englische Boulevardpresse in ihrem Hass auf Deutsche nicht hätte besser ausdenken können. Dass Professor Fick die Kontaktlinse erfand, gießt zusätzlich Öl ins Zotenfeuer.

Bis hierhin reicht die Unschuldsvermutung, aber jetzt ist Schluss mit der Schonzeit: Wieso heißt ein erwachsener Großhirnbetreiber freiwillig Thorsten Schäfer-Gümbel? Gemeint ist das Backpfeifengesicht, das in Hessen für die suizidgefährdetste Partei Deutschlands immer noch in den Krieg zieht. Entweder, so dachte ich anfangs, hieß unser Thorsten früher nur Gümbel und hat sich durch Heirat immerhin ein moderates Schäfer erschlichen. Doch warum hat er dann nicht gleich den Gümbel an den Haken gehängt und nur den Schäfer vom Weibe übernommen, das alte Machoschwein? Seine ehemalige Führungsoffizierin IM Andrea hat es ihm doch vorgemacht, die hieß nämlich früher einfach Dill, nicht schlecht, aber auch nicht so prickelnd wie Ypsilanti, ihr vom ersten Ehemann abgegriffenes Markenzeichen.

Ganz anders als vermutet lief es bei unserem Thorsten, der hieß nämlich in Leben Punkt eins nur Schäfer. Und jetzt kommt das Unglaubliche: Durch Heirat mit dem Wesen Gümbel wurde er zum Doppelnamenmonster Schäfer-Gümbel. Wir kennen diese Irrwege der selbstverschuldeten Namensverhunzung noch aus den Siebzigern, hauptsächlich von komischen Frauen wie Wieczorek-Zeul, Engelen-Kefer oder der jüngst wieder aufgetauchten Leutheusser-Schnarrenberger. Schlimm genug, nun also erscheint uns der Chromosomenverräter Schäfer-Gümbel, die binomische Formel hat den Mann erreicht. Und ich dachte, wir seien allmählich alle zusammen emanzipiert. Da muss man doch bei einer geplanten Heirat mit seiner Liebsten ein offenes Wort reden können: «Hör mal zu, Schatz, du heißt Gümbel, das klingt wie diese Saugglocke, mit der man den Lokus freihustet, jetzt hast du die Chance, den Gümbel gegen einen neutralen Schäfer einzutauschen. Na, freust du dich?»

Da ein solches Gespräch bei unserem Thorsten anscheinend nicht stattgefunden hat, bleiben zwei Möglichkeiten: Entweder ist Frau Gümbel ein ganz harter Rochen oder unser Thorsten ein Riesenweichei. Ich vermute Letzteres, wenn ich mir seinen gepamperten Lebenslauf durch die politische

Scheinwelt so anschaue. Er kann sich einreihen in die Riege der anderen schwammigen Waschlappen des deutschen Politikernachwuchses: Ronald Pofalla, Hubertus Heil, Cem Özdemir. Die Amerikaner haben Barack Obama, wir Thorsten Schäfer-Gümbel. Gnade uns Gott.

Kurz erklärt: Deutsche Doppelnamen

• •

Seitdem der Ehefrau nicht mehr automatisch der Familienname des Mannes zugewiesen wird, ist noch niemand auf die Idee gekommen, doch mal wahlweise den Nachnamen der Frau anzunehmen. Nein, es entstand das deutsche Doppelnamen-Monster. Die Klassiker wurden schon erwähnt, Schäfer-Gümbel ist als Neuzugang sicher eine Bereicherung. Mein Liebling aber ist die ehemalige Leiterin der Klosterkammer Hannover: Sigrid Maier-Knapp-Herbst. Ist die Dame mit zwei Männern gleichzeitig verheiratet? Darf man das überhaupt? Mittlerweile ist die Doppelnamen-Manie wieder rückläufig, da auch bei Eheverpartnerungen jeder seinen alten Namen behalten darf. Wer also jetzt noch doppelt heißt, bei dem ist irgendwo eine Schraube locker. Meist lohnt es sich, etwas genauer hinzuschauen, wo.

• •

43. ANGELA MERKEL
Die eiserne Lady aus der Uckermark

Fünf Uhr früh im Kanzleramt, Angela Merkel ist spät dran heute Morgen, ein halbes Brötchen mit Stacheldrahtmarmelade und zwei kleine Schlucke aus der Essigpulle machen sie fit für den neuen Arbeitstag. Sie blickt zur Garderobe, was soll sie heute tragen in der kleinen Kabinettsrunde, den scharlachroten Splitterschutzblazer oder eher das leichte sommerliche Kettenhemd in Appelkorngrün? Sie greift zum roten Blazer, denn heute ist wieder Schlachtfest im Kabinett – eine von den Knalltüten ist reif, im Moment weiß sie zwar noch nicht welche, aber es sind ja auch noch ein paar Minuten Zeit bis zum Massaker.

Ihr Blick fällt auf das Lebkuchenherz mit der Aufschrift «Mutti ist die Beste», das hat ihr Horst Seehofer in aller Öffentlichkeit zum Muttertag überreicht und dabei in die Runde gefeixt, als sei es ihm gelungen, den eigenen Furz in Brand zu setzen. «Na warte, wir beide sprechen uns noch, für dich lasse ich mir eine besonders fiese Hinrichtung einfallen.»

Heute ist der Blutkanzlerin eher nach leichter Kost zumute: Vielleicht auch nur Manuela Schwesig zum Weinen bringen oder den nervigen Dobrindt ein bisschen triezen.

Nach dem kaltblütigen Mord an Norbert Röttgen war Angela Merkel noch am Abend so aufgedreht, dass sie sich vorm Fernseher eine ganze Flasche vom besten Rotweinessig reingeschraubt hat. Doch so kann es nicht weitergehen. Das Kabinett ist schließlich endlich, und schon bald wird sich keiner mehr für das Himmelfahrtskommando auf dem Fliegenden Uckermärker finden.

Apropos Holländer, heißt nicht auch der neue Doofmann in Paris so ähnlich? Letzte Woche nachmittags tauchte ein Typ bei ihr im Kanzleramt auf: riesige Schlafanzugjacke über dem Anzug, albernes Pelzschiffchen auf der Rübe und mit diesem typisch französischen Schnellfickerblick. «Das muss der Neue sein», hat Angela Merkel gedacht, «wer läuft denn sonst schon so rum wie eine Schießbudenfigur? Wenn man als Franzose nicht von Natur aus eine Witzfigur ist wie Zwergnase Sarkozy, dann zieht man sich jedenfalls bescheuert an –

siehe Obelix.» Aber es war gar nicht François Hollande – was für ein behämmerter Name, bei uns heißen die Präsidenten schließlich auch nicht Deutschmann, Dänemark oder so. Die spinnen halt, die Lurchifresser. Na ja, egal, es war Hamid Karzai, der zahme Paschtune aus Afghanistan.

Nach einer Viertelstunde hat sie den Fehler bemerkt, das Schweigen Karzais über diese Peinlichkeit kostete den deutschen Steuerzahler allerdings zwanzig weitere Mios Entwicklungshilfe für die Privatschatulle der korrupten Schlafanzugjacke. Aber weil Massa Mutti eine ehrliche Haut ist, hat sie das Geld noch am selben Tag wieder eingespart, das Pofalla an die Luft gesetzt und Peter Altmaier, den alten Ochsenfrosch, eingekauft, der macht es für die Hälfte und kam ablösefrei von der Ersatzbank.

Angela Merkel – Feierabend im Kanzleramt

Im Kanzleramt brannte noch Licht, Angela Merkel dachte nach. Alles, was sie tat, plante sie vorher bis in alle Einzelheiten, Spontaneität war ihr zuwider. Sir Isaac Newton hatte schließlich die Gravitationsgesetze auch nicht aus einer Laune heraus in den sonnigen Vormittag geschissen. Angela Merkel musste bei dem Wort «geschissen» lachen. Dummerweise unterschied sich die Politik eklatant von der Genauigkeit der Planetenbewegung, überall menschelte es so grauenhaft. Ständig musste man Rücksicht nehmen auf irgendwelche Befindlichkeiten.

Am schlimmsten war die sogenannte Schwesterpartei, die CSU, ein Haufen ungehobelter Gämsenrammler, wie sie insgeheim dachte. Drehte man dieser Bagage den Rücken zu, schrien sie sofort nach Betreuungsgeld. Europa war eine fast genauso große Zumutung: Dieser französische Giftzwerg mit den Schimpansenohren und der italienische Lustgreis waren zwar verschwunden, dafür wollten deren Nachfolger alle ihr deutsches Geld, genau wie diese unverschämten Griechen – allesamt stinkenfaul und anmaßend, machte Weintrinken eigentlich blöd? Oder die Polen, gerade mal ein paar Jahre in der EU und schon das Maul aufreißen. So was hätten die im Warschauer Pakt nie gewagt, damals hätt's aber eins vom Russen auf die Zwölf gegeben.

In der EU fehlte eindeutig der Chef, das war ihr Konstruktionsfehler. «Man kann zwar zusammen singen, aber nicht zusammen regieren», dachte Angela Merkel. Morgen würde das ganze Pack wieder zusammenkommen, um über den Euro-Rettungsschirm zu beraten. Hollande würde wieder Unsummen für seine Käsebauern haben wollen, Polen, Ungarn, Iren, Portugiesen, alle wollten sie mehr Geld. Und von wem? Von ihr, von Angela Merkel. Was war das schön, als der sabbernde Opa aus Italien noch an der Regierung gewesen war, der hatte nie Probleme gemacht. Wenn man unterm Tisch eine Ziege anpflockte, die ihm die Klöten leckte, war der alte Silvio Testosteroni selig und zufrieden.

Angela Merkel war gern vulgär in ihren Selbstgesprächen, wo denn auch sonst, überall musste man ja beherrscht und freundlich sein. Neulich hatte sie einem ihrer Personenschützer aufgetragen, ihr jeden Tag einen neuen versauten Witz zu erzählen – eine der wenigen Freuden, die sie sich gönnte: «Sagt die Prinzessin zum Frosch: Muss ich dich küssen, damit du ein Prinz wirst? Antwortet der Frosch: Nein, das ist mein Bruder, mir musst du einen blasen!» Angela Merkel konnte immer noch lachen über den von letzter Woche. Sie hatte versucht, ihn Hollande am Telefon zu erzählen, aber der Frosch war weiblich im Französischen, da funktionierte die Pointe nicht. Seitdem hielt der Lurchfresser sie für etwas bescheuert und würde höchstwahrscheinlich morgen noch mehr Geld für seine verschissenen Käsebauern verlangen.

Angela Merkel knipste das Licht aus im Kanzleramt und ließ sich in ihre Privatwohnung bringen. Morgen war der Terminkalender bis zum Bersten voll: EU-Gipfel, ein Telefonat mit Obama, kleine Kabinettsrunde, zweites Frühstück mit Pofalla und und und – ein richtig beschissener Tag in einem beschissenen Job. Aber um kurz nach acht würde der nette Personenschützer mit einem neuen versauten Witz zu ihr kommen. Hoffentlich diesmal nichts mit Fröschen, dann könnte sie ihn Hollande weitererzählen und so ein paar Milliarden aus dem EU-Topf retten.

Während der Fahrt schickte sie noch acht SMS an die, die sich am meisten darüber ärgern würden, und zog das erste Mal seit zwölf Stunden die Schuhe aus – das waren die wirklichen Probleme einer Kanzlerin, scheiß doch was auf Griechenland oder die Europäische Zentralbank. Aber da war sie schon im Wagen eingenickt und träumte von einem Frosch, den sie in ihrem Traum «Seehofer» nannte, was ein sehr schöner Name für einen Frosch war, wie sie fand.

Kurz erklärt: Euro-Rettungsschirm

• •

Was wäre die Politik doch ohne ihre Euphemismen! In jeder Saison wird ein neuer Karnevalsschlager in der Republik gesungen. Letztes Produkt dieser Narretei ist der «Euro-Rettungsschirm», behauptet er doch schon im Wort den bereits erfolgten Vollzug des eben erst Gewollten. Oder weniger textkritisch gesprochen: gequirlte Scheiße, warm gemacht und als Pudding verkauft.

Natürlich wird mit dem Schirm nicht der Euro gerettet, zumal er selber aus Euros besteht. Ein Regenschirm allerdings besteht nicht aus Regen – sieh mal einer an – und ein Fallschirm nicht aus Fallsucht. Ein Euro-Rettungsschirm sollte rein semantisch korrekt nachvollzogen also nicht aus Euro-Rettung bestehen, sondern aus irgendeinem Stoff, der uns vor dem Euro bewahrt, so wie der Regenschirm uns ja vor dem Regen schützt. Quod erat demonstrandum!

● ●

42. NINA HAGEN
Erste gesamtdeutsche Mega-Nervensäge

Gott und Jesus saßen wie jeden Montag auch an diesem 17. August 2009 in ihrer kleinen Kabinettsrunde zusammen. «Dieh Äitsch Dschie», wie man den Heiligen Geist intern nannte, war noch auf Auslandsreise bei den «Goten», wie man die Protestanten intern abfällig nannte. Trotzdem hatte er die aktuellen Zahlen hochgebeamt, und Jesus sah gerade die Liste der Neuzugänge und Abgänge durch. Erstmals seit langem wieder hatten die natürlichen Abgänge durch Tod die Austritte überholt.

Gott und Jesus wussten, dass die Statistik etwas geschönt war. Die Forschungsabteilung hatte sich einen neuen Erreger ausgedacht, und Gott hatte ihn sofort freigegeben. Dadurch waren Millionen Gläubige binnen Wochen abgekratzt und hatten die Zahl der Ausgetretenen überholt – keine schöne Sache, aber was machte man nicht alles für die Statistik. Jesus legte die Liste der Abgänge zur Seite und schaute sich die Neuzugänge an. Wie immer war diese Liste sehr kurz und enthielt außer den wehrlosen Täuflingen im Babyalter kaum nennens-

Nina hat sich den Dalai Lama für einen Abend gemietet – mal schauen, vielleicht wird mehr draus.

wertes Material, zumindest keine Steuerzahler. Aber wie sagte Gott doch immer: «Jede Seele zahlt», und so war man im Konzern dankbar für jeden Gestrandeten, der sich überhaupt für die Mitgliedschaft interessierte.

Gott hatte sogar schon überlegt, das islamische System zu übernehmen. Beim monotheistischen Mitbewerber ist man qua Geburt automatisch Mitglied und kann nie wieder austreten – dadurch steigt die Zahl der Gläubigen automatisch mit der Zahl der Geburten. Dieses unter Religionsstiftern abfällig «Karnickelsystem» genannte Prinzip hätte sich auch Carsten Maschmeyer ausdenken können, so eine Schweine- nummer war das – aber ungeheuer effektiv. Gott und Jesus mussten dagegen immer auf Erleuchtung warten oder das verdammte Erweckungserlebnis, bis mal endlich einer unter- schrieb. Jedes neue Mitglied kostete einen Werbeaufwand, dagegen war selbst der verschnarchte Bertelsmann-Buchclub ein Selbstläufer – man musste sich nur mal vorstellen: In je- dem Hotelzimmer weltweit lag das Parteiprogramm umsonst im Nachtschrank. Umso mehr freute man sich bei Heaven Incorporated, wenn berühmte Schauspieler oder Popstars für die gute alte Tante Christentum querschrieben und nicht alle zu Scientologen, Buddhisten oder sonst welchen Spinnern rüberwechselten.

Jeden Montag in der kleinen Runde scannte Jesus deshalb die Liste der Neuzugänge nach berühmten Namen durch, die man als Pressemitteilung rausgeben konnte. «Und», fragte Gott schon etwas ungeduldig, nachdem Sohnemann seit drei Stunden Seite um Seite ergebnislos umgeblättert hatte, «was gefunden?» Nach weiteren Minuten, die Gott wie Lesungen aus den Leviten erschienen, meldete Jesus endlich Vollzug: «Chef, ich hab was, eine Pop-Diva hat sich letzte Woche pro- testantisch taufen lassen.» – «Besser als in den weißen Frack geschissen», grummelte Gott vor sich hin.

Allgemein war bekannt, dass Gott die Protestanten für ein halbwildes Gesocks von Straßenkötern hielt. Schon die Juden hatten ihn damals genervt mit ihren dauernden Zweifeln an seiner Existenz, aber die Protestanten waren im Grunde viel schlimmer. Unter denen gab's ja sogar Pastoren, die öffentlich behaupteten, nicht an ihn zu glauben.

«Wird Zeit, die Schweinepriester schleunigst mal von der

Payroll zu nehmen», dachte Gott zum wohl einmillionsten Mal und schaute endlich erwartungsvoll zu Jesus rüber: «Wer ist die Frau? Sieht sie gut aus? Arsch, Titten, Gesicht? Kann man Bilder rausgeben, oder ist die mehr was für 'ne Textmeldung?»

«Sagen wir so», versuchte Jesus die Preisgabe des Namens noch etwas hinauszuzögern, «es ist nicht Lady Gaga und auch nicht Madonna.»

«Madonna, was bildet sich diese italienische Ami-Schlampe überhaupt ein, den Namen unserer lieben Frau in den Schmutz zu treten!» Gott war auf Krawall gebürstet, hoffentlich spielte er nicht wieder an den AKWs rum wie damals in Tschernobyl.

Jesus versuchte deshalb, den Alten zu besänftigen: «Mama mag die Musik von Madonna!»

«Los, raus mit der Sprache, wer ist die Neue?» Gott wurde immer ungeduldiger, außerdem war es längst Mittag, und der alte Mann brauchte sein Nickerchen.

«Es ist …» Jesus kauerte sich schüchtern zusammen. «Du kennst sie wahrscheinlich gar nicht, Paps …»

«Nenn mich nicht immer ‹Paps›, wir sind hier schließlich nicht auf der beschissenen Ponderosa.»

«Also gut, Heiliger Vater.»

«Wie oft soll ich dir noch sagen: Das ist der alte Spuckeopa da unten, ich bin DER ALLMÄCHTIGE! Du darfst mich aber gerne einfach ‹Vater› nennen.»

«Gut, Vater, die Neue heißt Nina Hagen und …»

Und weiter kam Jesus nicht, da hatte der Alte auch schon das schönste Exemplar seiner Abendmahlskelchsammlung an die Wand geschmissen. «Wer?! Wiederhol den Namen!»

«Nnnnnina Hahahahagen!»

«Diese durchgeknallte Irre? Die glaubt doch an Außerirdische!»

«Also an uns.»

«Werd nicht frech, Bengel, denk an den Schwarzen Freitag.»

«Es war Karfreitag, Vater.»

«Kann auch sein, jedenfalls kommt mir diese Esoterik-Schlampe nicht in den Verein. Was sind wir denn bei ihr eigentlich? Fünfzehnte Wahl, nach Buddha, Voodoo, Schamanen und Getreidekreisen? Ich glaub, ich spinne, wir sind doch nicht die Resterampe der Sinnsuchenden. Soll die Alte doch ins Dschungelcamp gehen statt in unsere Kirche, da gehört die hin.»

«Aber Paps!»

«...»

«... Vater, meinte ich, sie ist doch nur bei den Protestanten in Niedersachsen eingetreten, nicht in die Heilige Katholische Kirche.»

«Scheißegal, in der B-Auswahl wollen wir die Bekloppte auch nicht, ich sag's dir, mein Sohn, ich sehe die schon im Gottesdienst sitzen, wie sie an ihrer Mumu rumspielt.»

«Das eine Mal.»

«Niedersachsen, sagst du? Ruf sofort die Käßmann an, die soll die Schlampe rausschmeißen, am besten gleich verbrennen.»

«Vater, Verbrennen machen wir nicht mehr, und einfach jemanden anrufen da unten kann ich auch nicht ...»

«Per Eingebung, Erleuchtung ... tu doch nicht so beschränkt, jetzt rächt es sich, dass du nichts gelernt hast, du Penner.»

«Und außerdem ist Margot ...»

«Aha: MARGOT.»

«Ja, Margot, die ist nämlich Lutheranerin, und Nina Hagen ist bei den Reformierten eingetreten. Da ist Margot nicht zuständig.»

«Sondern wer?» Gott wurde dieses Spiel allmählich zu bunt.

«Keine Ahnung.»

«Dann sag Kamerad Pferdefuß Bescheid, er soll sie aus dem Verkehr ziehen.»

«Da war sie auch schon, der ist froh, dass sie jetzt bei uns anfangen will.»

«Und hast du einen Vorschlag? Schließlich musst du den Laden hier mal übernehmen, wenn ich nicht mehr bin.»

«Hahaha, schöner Scherz.» Jesus war diese eklige Koketterie des Alten mit seiner Endlichkeit seit zweitausend Jahren so was von leid.

«Hallo, hier spielt die Musik! Kannst ruhig mal mitdenken und nicht immer bloß rumhängen.»

Gott war, wenn er sich ärgerte, stets ungerecht zu Jesus. Was hieß hier «rumhängen» – wer hatte ihn denn aufgehängt? Also, bitte!

«Vater, wir können da nichts machen, bei uns gibt es ja diese Barmherzigkeit, wir müssen jeden Knallkopp aufnehmen.»

«Wer hat sich denn den Scheiß ausgedacht?»

«Das wart Ihr selber, Eure Unfehlbarkeit. Margot meint aber ... »

«Schon wieder Margot! Sag mal, warst du das eigentlich, der damals bei ihrer Sauftour auf dem Beifahrersitz gesessen hat?»

Jesus bekam eine rote Birne, und an den Händen und

Füßen zeigten sich seine Kreuzigungsmale, wie immer, wenn er sich ertappt fühlte.

Doch hier kam der alte Mann im Himmel mit den Zeiten durcheinander, aber so ist das, wenn man allmächtig ist, Raum und Zeit werden zu einem unentwirrbaren Kontinuum. Bis zur angesprochenen Trunkenheitsfahrt von Margot Käßmann sollte noch ein halbes Jahr ins Land gehen. Aber Jesus war gewarnt, der Alte hatte ihn auf dem Kieker.

«Am schlauesten wird es sein, ich nehme die Gestalt Gerhard Schröders an, darin vermutet mich keiner.»

Nina Hagen aber hat die Ablenkung des Alten den Arsch gerettet, sie darf weiter von Jesus schwärmen und ist sogar offizielles Mitglied im Verein.

41. OSKAR LAFONTAINE
Ein Bild aus alten, glücklicheren Tagen

Ein schöner Spätsommervormittag in einer verträumten Nebenstraße irgendwo im sogenannten Saarland. Es geht auf die Mittagszeit zu, Oskar Lafontaine sitzt am Frühstückstisch und erklärt dem kleinen Marcel das Prinzip des Deficit-Spending: «In Krisenzeiten nimmt der Staat bewusst eine höhere Verschuldung in Kauf, um durch seine Ausgaben den Konsum anzukurbeln. So läuft das, mein Sohn, und nicht, wie sich diese Korinthenkacker von der SPD das vorstellen.»

Marcel schmeißt dem großen Vordenker der Linken ein halbverdautes Stück Nutellabrot ins Gesicht: «Warum kommt Onkel Gerhard nicht mehr bei uns vorbei, Papa?»

Oskar Lafontaines Halsnarbe zuckt: «Der ist tot, mein Sohn, die ganze verdammte SPD ist tot.»

«Und warum hängen überall Plakate von denen?»

«Sieh mal: Jesus – der hängt doch auch überall an den Wegesrändern rum, und der ist auch tot.»

«Frau Musch-Burowka in Religion sagt aber immer, Jesus lebt. Papa, vielleicht lebt Onkel Gerhard auch noch und würde uns gern mal wieder besuchen.»

Oskar Lafontaine hat die Diskussion mit seinem Sohn gehörig satt: «Geh jetzt in dein Zimmer, Marcel! Wenn du brav bist, holen wir uns nachher eins von den SPD-Plakaten, und du kannst dann mit Mamas Luftgewehr Zielschießen üben.»

Marcel verduftet, und Oskar Lafontaine schreitet im Bademantel zu seinem Louis-seize-Schreibtisch. Das Buch muss fertig werden, endlich. Gerade jetzt, da er nach seinem Rücktritt als Großer Vorsitzender nicht mehr jeden Tag im Fernsehen ist. Nach «Die Wut wächst» hat sein Verlag damals nach neuem Futter geschrien. Fünf Stück hat er ruck, zuck zusammengehauen: «Die Wut wächst II», «Die Galle kocht I» bis «III» und «Der Hugo qualmt».

Besonders in «Der Hugo qualmt», seinem letzten Werk, hat Oskar Lafontaine eine Neuinterpretation aller Grundsätze gewagt, die unser Leben bis dahin bestimmt hatten. Gleich im ersten Kapitel leugnet er die Schwerkraft als letztendlich historisch falsch. In weiteren Kapiteln widerlegt er Newton, Einstein und Andrea Nahles. Das Buch kulminiert schließlich in einem neuen Weltentwurf, der auf dreihundert Seiten erklärt, warum die Erde nur durch höhere Tarifabschlüsse in der Metallindustrie zu retten ist.

Und während Oskar Lafontaine noch auf und ab schreitend an seinen letzten Erfolg zurückdenkt, betritt seine Gattin, Christa Müller, mit der «Bild»-Zeitung in der Hand den Salon: «Mausilein, was hast du für eine hervorragende Analyse der Regierungspolitik abgeliefert.» Stolz wedelt sie mit dem Artikel vor Oskar Lafontaines Kopf herum.

«Das ist nicht mein Artikel, das ist Beckenbauers Analyse des EM-Qualifikationsspiels, blöde Kuh.»

Das Leben zu zweit ist angespannter geworden in den letzten Jahren, seitdem Oskar den ganzen Tag im Bademantel durch die Wohnung schleicht und alle zwei Wochen ein neues Buch rausscheißt. Gott sei Dank wird nur ein Bruchteil davon veröffentlicht.

Christa Müller hat für heute den Kaffee schon wieder auf: «Du fettes Schwein, warum bringst du nicht wenigstens den Müll runter. Da, ein ganzer Sack zerrissener SPD-Parteibücher, die stinken allmählich, und heute ist Altpapierabholung.»

«Diese Parteibücher sind Dokumente des Widerstands gegen die verlogene Agenda-Politik. Parteifreunde aus aller Welt haben sie mir zugeschickt!» Oskar Lafontaine schreitet auf und ab, die rechte Hand im Bademantel versenkt.

«Laber doch keine Scheiße, du blöder, verbiesterter alter Schlappschwanz!» Christa Müller läuft zu Hochform auf. «Du selber hast die leeren Bücher aus der Zentrale in Saarbrücken geklaut, in nächtelanger Kleinarbeit mit fiktiven Namen vollgekrickelt und dann mit großer Geste zerrissen. Weißt du was? Du tust mir nur noch leid, du alter Stinkstiefel, und lass ja Marcel endlich in Ruhe mit dem scheiß Deficit-Spending-Gelaber, du Versager.»

An dieser Stelle verabschieden wir uns aus der verträumten Nebenstraße irgendwo im sogenannten Saarland. So viel kann aber verraten werden: Im Lauf des Tages ist es noch zu Handgreiflichkeiten gekommen und zum Ende der Ehe. Gegen Abend hat Oskar Lafontaine sein erstes interessantes Buch geschrieben: «Die Wut ist weg – Lebenserinnerungen eines alten Trottels».

40. DORIS SCHRÖDER-KÖPF
Schröder-Gerhards Frau

Es schellt an einer Haustür im Zooviertel von Hannover. Doris Schröder-Köpf dreht den Eisen Fenster-Knauf und blickt hinaus auf den Alten Garten-Weg. Niemand zu sehen. Hinterm Braunen Eichen-Stamm duckt sich ein Roter Garten-Schwanz und schimpft über den Späten Eindring-Ling. «Ich bibins, Schawatz», trompetet es plötzlich aus dem Unterholz. Es ist Gerhard Schröder-Köpf, der wieder mal den Hausschlüssel vergessen hat, besser gesagt hat er gar keinen, damit Schröder Doris-Köpf immer weiß, wann Schröder Gerhard-Köpf nach Hause kommt.

Seitdem sie Abgeordnete des niedersächsischen Landtags ist, der übrigens am Hinrich Wilhelm-Köpf-Platz 1 liegt, achtet sie peinlich darauf, nicht mit Gerhard Putin-Köpf gesehen zu werden – auch und gerade nicht in der eigenen Wohnung. Schröder Putin-Gerd hat ja auch längst eine eigene Wohnung in Berlin – nein, nicht mit Margot Käßmann-Gott, nein, nein, nein, das ist üble Nachrede, und jeder, der das behauptet, wird mit Andrea-Nahles-Autogramm-Abos nicht unter drei Jahren bestraft.

Die Arbeit am Hinrich Landtag-Köpf-Platz in Hannover gefällt Schrödis Bohrer-Kopf sehr gut. Es gibt Würstchen

Doris und Gerd werfen ihre Rentenbescheide in die gelbe Tonne: «Harrharrharr, scheiß was aufs Kleingeld – was, Dorriss?»

und jeden Donnerstag nur Gemüse mit Stroh. Donnerstag ist Doris Dingens-Köpfs Lieblingstag, denn da ist sie sicher, dass ihr Mann, Gerhard Schröder, sie nicht im Büro besuchen wird. Nichts hasst der alte Kupferstecher so sehr wie vegetarisches Essen. Schweine Sülze-Kalt oder Jäger Schnitzel-Groß – das sind «dem Gerd» seine Lieblingsgerichte. «Hmmm», grunzt er immer zufrieden, wenn der Duft aus einem der Nachbarhäuser herüberweht.

Gerhard Köpf hatte in der Hinsicht immer Pech mit seinen Frauen. Doris Schröder ist höchstwahrscheinlich schon seine vierte – genau weiß das niemand –, aber alle vier (oder wie viel auch immer) haben sich nur von Gemüse und Stroh ernährt und knabberten dazu höchstens mal an einer Nuss. Der Altkanzler liebt die Lange Curry-Wurst, dummerweise aber auch Doris Schröder-Köpf. Da fällt es ihm manchmal schwer, den richtigen Weg zu finden.

Diesen Abend aber ist Gerhard Köpf guter Dinge. In der Schönen Leine-Stadt hat er sich ein paar Gläser Pomerol reingepfiffen, dazu eine Montecristo weggeschmaucht – was kann einem Altkanzler Schöneres widerfahren. Jetzt noch 'ne halbe Stunde mit dem Ehegedöns kuscheln, und der Abend wäre perfekt. «Warum macht sie denn die verdammte Alte Eingangs-Tür nicht auf?», grummelt er. Doch Doris Schröder-Köpf hat in dieser Sekunde einen Entschluss gefasst: Sie wird ab jetzt allein durchs Schröder-Köpf'sche Leben schreiten, will weder Köpf noch Schröder sein, nur noch «die Doris», der neue leuchtende Stern am Firmament der Deutschen Sozial-Demokratie.

39. RONALD POFALLA

Großsäuger mit Tourette-Syndrom

Kaimane brechen aus ihrem Gehege aus. Wölfe werden in Braunschweigs Innenstadt gesichtet, ein Wels, so groß wie ein israelisches Atom-U-Boot, schwimmt die Elbe rauf bis Magdeburg. Was wäre das deutsche Medienloch nur ohne Sommertier? Wenn dann die Reichsacht über zwei knuddelige Wallabys aus Klötenhagen verhängt wird, macht die ganze Republik Jagd aufs Migrantenvieh. Und schon tobt das PR-Gewitter durch alle Zeitungen und Kanäle. Das weiß auch die Mutter aller Kanzlerinnen droben in ihrem Amtsstüberl, und sie beschließt, ihr ramponiertes Image etwas aufzuknuddeln. So liest man in allen Blättern: «Mutti ist das Pofalla ausgebüxt.»

Seit Wochen schon hat man nichts mehr von der bleichen Fledermaus aus dem Kanzleramt gesehen und gehört. Wo hat sich Ronald, das niederrheinische Riesenpofalla, versteckt? Da erscheint plötzlich ein Wesen namens «Altmaier» auf der Bühne, und ein Raunen geht durch die Journalistenschar: «Potztausend, das ist doch ... nur sechzig Kilo mehr Speck auf den Rippen und im Gesicht.» – «Das Pofalla aufgedunsen in der Asse gesichtet», schreibt «Bild» schon am drauffolgenden Tag. «Will der feiste Ausreißer sich dort selbst endlagern? Hat sich das Pofalla in das einjährige, unfruchtbare Hybridwesen – halb CDUler, halb Saarländer – verwandelt? Oder sollte es unter dem Verlierernamen ‹Röttgen› die NRW-Wahl sabotiert haben?»

Auch die Bevölkerung schaltet sich in die Suche nach

Merkels Riesenvampir ein. Einige wollen ihn bei Jogi Löw im Kader gesehen haben, als er einem israelischen Spieler zurief: «Ich kann deine Fresse nicht mehr sehen!» Den sich daran anschließenden diplomatischen Konflikt konnte Außendarsteller Westerwelle nur durch die sofortige Auslieferung von Günter Grass und zwei weiteren Atom-U-Booten verhindern. So viel ist bisher sicher: Don Ronaldo Pofalla, wie ihn seine Pfleger in der CDU nennen, ist noch auf freiem Fuß und könnte schon morgen jeden von uns anfallen.

Sollten Sie ihm begegnen, so beachten Sie folgende Hinweise: Pofallas sind an sich harmlose Hautflügler aus der Familie der Schleimscheißer. Obwohl diese Wesen noch nie länger beobachtet wurden, ist die Wissenschaft doch sicher, dass sie sich mehr oder weniger sexuell fortpflanzen. Aggressiv reagieren sie nur, wenn sie in die Enge getrieben werden, zum Beispiel im Kanzleramt. Vorsicht also: Treffen Sie auf den Pofalla, bieten Sie ihm kein Ministeramt an, es könnte mit schlecht verheilenden Bisswunden enden. Sachdienliche Hinweise über den Aufenthaltsort des Pofallas nimmt die CDU-Zentrale in Berlin oder jede Fledermaus-Auffangstation entgegen.

38. DAS ARD-TALK-QUINTETT
Laber Rhabarber

Freitag, 10.00 Uhr. Günther Jauch.

Redaktionskonferenz bei Günther Jauch. Der Superstar des ARD-Talks lauscht der Manöverkritik zur Sendung vom letzten Sonntag. Sein Redaktionsleiter erwähnt die phantastische Quote und meint dann scherzhaft: «Na gut, wenn wir mal ehrlich sind ... Nach so einem starken Münster-‹Tatort› könnten wir wahrscheinlich auch sechzig Minuten live auf irgendeine Straßenkreuzung in Haselünne schalten, und wir würden trotzdem phantastische Quoten holen.» Die Runde lacht herzlich. Günther Jauch lacht nicht. Er schaut den Redaktionsleiter mit kalten Augen an und macht sich eine Notiz. Der Redaktionsleiter schluckt.

Freitag, 10.01 Uhr. Reinhold Beckmann.

Reinhold Beckmann liegt auf dem Boden vor seinem Schreibtisch und spielt auf einer nicht angeschlossenen E-Gitarre «Smoke on the Water». Es geht ihm super. Draußen vor der Tür hustet jemand. Da sitzen seit einer halben Stunde seine dreiundzwanzig Mitarbeiter und warten auf den Beginn der Konferenz. Sollen sie doch warten. Reinhold Beckmann ist total schnurz, was das Establishment von ihm erwartet. Seit die faschistoiden Schweine von der ARD ihn auf den Donnerstag verbannt haben, können ihn sowieso alle mal kreuzweise. Aber mit Anlauf. Denn Reinhold Beckmann ist jetzt wieder zu seinen Wurzeln zurückgekehrt. Er ist ein freier Mann. Ein Rocker. Ein Outlaw.

«Reinhold, soll ich dir einen Pfefferminztee kochen? Einen richtigen?» Die Stimme seiner Sekretärin hinter der Tür.

«Du, Sabinchen, das wär total lieb, danke! Smooooooke on the waaater ... Da-da-daaa, Da-da-da-daaa!»

Anne Will sitzt in ihrem Büro und gibt einem Journalisten der «TV Spielfilm» ein Telefoninterview.

«Und sagen Sie mal, Frau Will, nagt das denn noch an Ihnen, dass Sie den Sonntagssendeplatz für den Kollegen Jauch räumen mussten? Das war doch am Anfang bestimmt ziemlich bitter, oder?»

DIE Frage schon wieder. Anne Will lacht in den Hörer. «Natürlich nicht. Wir sind inzwischen doch total happy mit dem Mittwoch.»

Anne Wills Standardantwort. Aber während der TV-Spielfilm-Lurch am anderen Ende der Leitung irgendwas hinterherbrabbelt, tauchen in ihrem Kopf schon wieder diese Bilder auf. Immer dieselbe Phantasie: Günther Jauch hat Joachim Gauck im Studio. Den Bundespräsi himself, die Numero uno, den Boss vom Schloss, den beliebtesten Zonen-Preacher aller Zeiten. Der aufgeblasene Jauch platzt fast vor Selbstzufriedenheit. Aber dieses Gefühl hält nicht lange an. Denn als der Gastgeber sich vom Stuhl erhebt, um den Präsidenten zu begrüßen, platzt doch tatsächlich seine Hose! Mit einem regelrechten Knall. Das Studiopublikum kreischt vor Begeisterung, während Jauch rot anläuft und sich die Hände schamhaft vor den bloßen Hintern hält. Joachim Gauck schüttelt angewidert den Kopf und ruft: «Herr Jauch, Sie sind eine Schande für die deutsche Talker-Zunft. Hiermit entziehe ich Ihnen die Talk-Lizenz. Für immer! Sie dürfen nie wieder irgendwem irgendeine Frage stellen! Nicht im Fernsehen und auch nicht privat!» Die Klatschaffen im Studio trampeln enthemmt mit den Füßen. Jauch versucht sich zu wehren: «Ich protestiere auf das Schärfste, Herr Bundespräsident! Dazu haben Sie gar nicht das Recht!» – «Aha! Auch noch frech werden!», donnert Gauck mit seiner sonorsten Pastorenstimme. «Dann haben Sie es so gewollt!» Ein Dutzend finster aussehende Schlägertypen stürmt das Studio und ringt den verblüfften Jauch zu Boden. Der Bundespräsident holt ein Glas Honig aus seinem Jackett. «Was wollen Sie denn mit dem Honig, Herr Präsident?», quietscht Jauch mit einem seltsamen Tremolo in der Stimme. Er sieht aus, als fange er jeden Moment an zu flennen. «Tja ... Was will ich mit dem Honig? Eine sehr gute Frage», antwortet Gauck grinsend und holt ein weiteres Einmachglas hervor. Darin wimmelt es von riesigen roten Ameisen. Jauchs schreckgeweitete Augen füllen sich mit Tränen, und ein diabolisches Lachen hallt durch das Studio: «Huhahahahahahahahahahahahahahaharrrrrrrrrrrrrrr ... »

Anne Will zuckt zusammen. Verdammt, sie hat sich schon wieder total in diesem doofen Tagtraum verloren. Hat sie etwa gerade laut und diabolisch gelacht?

Am anderen Ende der Leitung herrscht Stille. Dann fragt der TV-Spielfilm-Mann: «Äh, Frau Will, alles in Ordnung bei Ihnen?»

«Was? Ja klar ... alles prima. Wir hatten, glaube ich, gerade eine Störung in der Leitung. Wie war noch mal die Frage?»

Freitag, 10.30 Uhr. Frank Plasberg.

Auch die «Hart aber fair»-Crew konferiert, um das Thema für den kommenden Montag festzulegen. Vorher muss aber jeder Mitarbeiter dem Frank noch mal ganz offen und ungeschminkt sagen, was der Frank in der letzten Sendung BE-SONDERS gut gemacht hat. Ein Ritual, das vor kurzem eingeführt werden musste, nachdem der Programmbeirat der

ARD in einem internen Papier moniert hatte, Plasberg würde «nicht mehr so konsequent nachhaken wie früher». Das hatte gesessen. Der Frank versucht zwar, es sich nicht anmerken zu lassen, aber auch knallharte Journalisten haben Gefühle. Und jetzt müssen die Kollegen eben alle ein bisschen bei der Aufrichtung des verwundeten Egos mithelfen. Eine junge Redakteurin gibt gerade ihr Bestes, hat aber das Pech, dass sie als Letzte schleimen muss. Die Schleimer, die vorher dran waren, haben ihr schon die ganzen guten Sachen weggenommen.

«Äh ... ich fand die Krawatte vom Frank total gut ... zu dem Hemd ... Und das Licht war echt besonders gut diesmal ... für den Frank. Fand ich.»

Der Frank guckt enttäuscht.

Freitag, 11.00 Uhr. Reinhold Beckmann.

Reinhold Beckmann tanzt nackt vor dem offenen Fenster in seinem Büro und singt dabei «Hey Joe» von Hendrix. Er macht das verdammt gut. Das Husten und Räuspern aus dem Konferenzraum nebenan wird immer lauter. Da warten sie nun schon seit anderthalb Stunden auf ihn. «Entspannt euch mal, ihr Spießer, es ist doch nur Fernsehen!», brüllt der alte Rocker den Angestellten durch die geschlossene Tür zu. Mit einer trotzigen Bewegung wirft er seine inzwischen leider nur noch imaginären Haare aus der Stirn.

Konferenzen bringen eh nichts, das weiß Reinhold Beckmann als Künstler. Man muss sich einfach locker machen, dann kommt die Knalleridee irgendwann von ganz alleine. Abgesehen davon: Wozu der ganze Stress? Für den beschissenen Donnerstagssendeplatz? Am Arsch die Räuber! «Chillen und immer schön lang hängen lassen, Freunde», schreit der nackte Beckmann aus dem Fenster und streckt sich ausgiebig. Dann sieht er, wie unten vor dem Eingang seiner Produktionsfirma ein Polizeiwagen vorfährt. Plötzlich fällt ihm ein, dass im Gebäude gegenüber ja freitags immer Konfirmanden unterrichtet werden. Da haben wir's wieder. Deutschland und Rock 'n' Roll, das passt nicht zusammen.

Freitag, 11.20 Uhr. Sandra Maischberger.

Die Mitarbeiter der Sendung «Maischberger» warten auf Maischberger. Die Stimmung am Tisch ist gedrückt. Ein internes Papier des ARD-Programmbeirats hat kritisiert, «Maischberger» würde immer unpolitischer. Von zu vielen Sexthemen war auch die Rede. Zugegeben, letzte Woche hieß die Sendung «Sex im Alter – muss das sein?», und sie hatten wieder mal Alice Schwarzer zu Gast. Genau wie vor drei Wochen in der Sendung «Bumsrepublik Deutschland – Pimpern wir uns alle zu Tode?». Die Quote war der Hammer, und es gab auch jede Menge Presse. Kein Wunder: Wenn Rolf Eden in der laufenden Sendung wegen einer nicht abklingenden Dauererektion von einem Notarzt behandelt werden muss, bist du natürlich «Talk of the Town».

Sandra Maischberger erscheint und setzt sich grußlos auf ihren Platz. Sie hat den Bericht des Programmbeirats unter dem Arm und entsprechende Laune. «Okay, Ideen für nächste Woche?», fragt die Chefin ohne Vorreden in die Runde. Betretenes Schweigen. Der Druck ist mit Händen zu greifen. Dann fasst sich ein junger Mann mit Strickjacke ein Herz: «Du, Sandra, ich hab da was im ‹Stern› gelesen, über deutsche Rentner in Thailand, das hat mich echt ... »

«Ja, du, Olaf, du, da muss ich dich direkt mal unterbrechen

und eine kurze Zwischenfrage stellen: Hab ich mich eventuell in der Tür geirrt? Ist das hier möglicherweise gar nicht die Redaktion Maischberger? Hm? Sondern die Redaktion der VERDAMMTEN PRALINE?»

Totenstille in der Runde. Sandra wird sonst nie so laut. Sie knallt den Bericht des Beirats auf den Tisch. «Lest doch mal, was hier drinsteht! Wir müssen endlich wieder politischer werden! Lasst uns doch mal, was weiß ich ... 'ne Euro-Sendung machen. So 'ne richtig schöne, klassische Euro-Armageddon-wir-wollen-die-D-Mark-zurück-Sendung von der Stange. So wie die Illner das jede zweite Woche macht. Das können wir doch auch. Mit dem Henkel! Genau, ladet mir den Hans-Olaf Henkel ein!»

Und wieder traut sich nur der Strickjacken-Mann: «Du, Sandra, es ist noch nicht amtlich, aber ich glaube, der Hans-Olaf geht am Sonntag zum Jauch.»

Sandra Maischberger platzt nun endgültig der Kragen. «Zum Jauch! Natürlich! War ja klar! Na, prost Mahlzeit! Meine Fresse, ihr Penntüten, wacht endlich auf! Kapiert ihr denn nicht, was hier läuft? Fünf Talkshows sind eine zu viel! Die werden demnächst eine vom Schirm nehmen! Irgendwen erwischt's! Wir spielen hier ‹Reise nach Jerusalem›, und die Musik ist bald zu Ende!»

Die Mitarbeiter der Sendung «Maischberger» schauen nur noch auf ihre Schuhe. Die gleichnamige Journalistin ist nicht mehr zu bremsen. «Und fühlt euch bloß nicht zu sicher, das kann ich euch flüstern! Überlegt doch mal: Jauch schmeißen die nie raus, den haben die Idioten gerade erst geholt. Plasberg ist der Liebling des Feuilletons, Beckmann ist ein alter Mann, da stünden die Intendanten ja als total herzlos da. Und die Will gehört praktisch zwei bedrohten Minderheiten an. Als Frau und als … is ja auch egal. Was ich eigentlich sagen will: BRINGT MIR HANS-OLAF HENKEL!»

Freitag, 11.46 Uhr. Günther Jauch.

Das Team Jauch ist dabei, einen griffigen Titel für die Sendung vom Sonntag zu finden. Sicher ist, es wird wieder ein Gesundheitsthema. Die gesetzlichen Krankenkassen wollen angeblich keine künstlichen Kniegelenke mehr bezahlen. «So was ist immer eine Bank», weiß der Chef. «Kein Wunder. Habt ihr euch mal die Zusammensetzung unseres Stammpublikums angeguckt? An die siebzig Prozent sind schon vor Jahren gestorben, es hat ihnen nur noch keiner gesagt. Da kommst du an Gesundheitsthemen nicht vorbei.»

Für die Knie-Sendung einigt man sich schließlich auf die Überschrift: «Verreck doch, du arme Humpelsau – Neue Knie nur noch für die Reichen?» Eingeladen werden soll der Bruder vom Grönemeyer, der irgendeine Klinik leitet. «Wie heißt der noch?», fragt ein Redakteur. «Grönemeyer heißt der», sagt Jauch, und seine Mitarbeiter lachen sich pflichtgemäß kaputt. Außerdem sind noch der SPD-Gesundheits-Heini mit der Fliege und natürlich Hans-Olaf Henkel eingeladen. Der hat zwar keine Probleme mit dem Knie, kommt aber ohnehin jede zweite Woche.

Freitag, 11.50 Uhr. Anne Will.

«Wie wär's denn, wenn wir den Henkel einladen?», fragt Anne Will ihre Redaktion.

«Du, Anne, wollen wir uns nicht erst mal das Thema der Sendung überlegen?», fragt ihre Producerin zurück und erntet dafür einen verständnislosen Blick von Will. Ihr geht das heute alles viel zu langsam.

«Ja gut, von mir aus, legen wir halt erst das Thema fest. Aber wundert euch nicht, wenn der Henkel dann schon woanders zugesagt hat.»

Eine Redakteurin hat in der «Brigitte» gelesen, dass die Kassen demnächst Glasaugen nicht mehr voll erstatten wollen. Da könne man doch endlich mal den Frank Elstner einladen.

Ein Praktikant ruft: «Ja, genau, oder einen von den Piraten!» Alle schauen den jungen Mann an. «Ich mein ... wegen der Augenklappe.» Eisiges Schweigen. Die Gesichtsfarbe des Praktikanten tendiert Richtung Violett.

Als die Diskussion am Tisch endlich Fahrt aufnimmt und irgendjemand fragt, ob der Henkel «nicht auch ein Glasauge hat oder doch ein Toupet», verliert sich Anne Will wieder in einen ihrer Tagträume.

Günther Jauch hat eine Audienz beim Papst. Benedikt XVI. begrüßt Deutschlands beliebtesten Moderator. Die Fotografenmeute macht ihre Bilder, und Jauch verbeugt sich leicht, pseudodevot. Plötzlich verzieht er das Gesicht. Krämpfe in der Magen-Darm-Gegend. «Oh nein», denkt Jauch. «Warum hab ich ausgerechnet heute meine weiße Jeans angezogen! Ich muss sofort ...»

«Anne? ... Anne?»

Ihre blöde Producerin hat sie im spannendsten Moment in die Realität zurückgeholt.

«Was?», fragt sie unwirsch.

«Du, die Petra meinte gerade, wir könnten doch auch mal wieder die Miriam einladen.» Gemeint ist Anne Wills Lebensgefährtin, Professor Miriam Meckel.

«Geht nicht, die Miri ist gerade vierundzwanzig Stunden am Tag im Stress. Die schreibt ihr drittes Burn-out-Buch.»

Mit dieser knappen Auskunft wandern Wills Gedanken wieder zurück zu Jauch beim Papst. Sie lächelt beseelt.

Freitag, 12.10 Uhr. Günther Jauch.

Günther Jauch checkt seine Mails. Allen anderen ist das am Konferenztisch selbstredend verboten. Die Runde brainstormt noch zum Thema «hinkende Prominente» für die Knie-Sendung. Irgendwer meint, er habe mal gesehen, dass Claudia Roth ein Bein nachzieht. «Aber vielleicht lag das an dem Tag auch nur an ihren Schuhen. Ich recherchier da mal.»

«So, jetzt haltet mal alle kurz die Fresse!», ruft Jauch scherzhaft in die Runde. Bisschen Spaß muss ja auch sein. «Hier, ich lese gerade, die Trümmertruppe von Tante Will hat sich schon auf ein Thema festgelegt: Die wollen was über Glasaugen machen. Haben sie gerade eben gemailt.»

Jauch macht eine Kunstpause, um die Spannung zu erhöhen. «Finde ich ehrlich gesagt weit sexyer als eure komische Knie-Idee. Da würde ich doch mal vorschlagen, das mit den Glasaugen machen WIR.»

Jauchs Redaktionsleiter, der noch nicht ahnt, dass er dem freien Arbeitsmarkt schon in naher Zukunft wieder zur Verfügung stehen wird, versucht einen zaghaften Einwand: «Ja, aber, du, Günther … die hatten aber doch die Idee zuerst.»

«Na und? Wir SENDEN zuerst. Genauer gesagt, drei Tage vor Anne Will.»

Jauchs Mitarbeiter fangen an zu lachen. Sie glauben an einen weiteren wunderbar sarkastischen Scherz ihres Chefs. Jauch lacht nicht.

Frank Plasberg ist stocksauer. Er hat soeben erfahren, dass Hans-Olaf Henkel für nächsten Montag nicht zu kriegen ist.

«Wieso denn nicht?»

«Du, Frank, der hat leider schon beim Jauch zugesagt. Im Moment haben wir echt Probleme mit der Gäste-Akquise…»

«Bitte? Warum?»

«Aus unterschiedlichen Gründen, Frank … Ein Argument hören wir allerdings in letzter Zeit häufiger von den Pressesprechern der angefragten Politiker.»

«Und zwar?»

«Na ja, ich will das nicht überbewerten, Frank, aber wir hören schon ab und zu, dass die Polit…

«Na, jetzt bin ich aber mal gespannt.»

«… also, dass die Politiker das Gefühl…»

«Die sollen doch froh sein, dass sie sich bei mir ausquatschen dürfen!»

«… also, dass die Politiker zum Teil finden, dass du sie immer weniger ausr…»

«Ist doch 'ne unglaubliche Bühne, die wir den Trantüten da bieten.»

«… dass du sie immer weniger ausreden lässt und ihnen ständig ins Wort fällst.»

Frank Plasberg fällt die Kinnlade herunter.

«WAS mache ich?!»

«Du, Frank, ich geb das jetzt ja nur mal so ungefiltert wieder. Da finden halt manche, dass du deinen Gästen in letzter Zeit einen Hauch zu oft ins Wort f…»

«BULLSHIT! Da lach ich mich ja scheckig. Los, gucken

wir uns die letzten paar Sendungen mal an! Die Zeit nehmen wir uns jetzt. Faktencheck ist angesagt!»

Freitag, 12.30 Uhr. Reinhold Beckmann.

Nach nur drei Stunden Wartezeit begrüßt nun auch die Beckmann-Redaktion ihren Chef. Und es kommt noch besser: Er hat sich sogar was angezogen. Sein altes AC/DC-Glücks-T-Shirt. Ob sie ihm helfen soll, seine Hose zu finden, fragt jetzt seine Sekretärin.

«Lass gut sein, Sabine, für die Planung der gammeligen Donnerstagssendung müssen wir uns ja nun wirklich nicht piekfein machen. Ist ja nicht so, dass da irgendwer guckt. Montags, das war ein anderer Schnack. DAS war noch 'ne Sendung. Aber da wollten se uns ja nicht mehr haben, die Pisser.»

Die frustrierten Gesichter seiner Mitarbeiter sagen Reinhold Beckmann, dass er es diesmal übertrieben hat. Die treuen Seelen haben ja recht. Auch wenn der Donnerstag das Hinterletzte ist, muss man für diesen Kacktag trotzdem irgendwas planen.

«Wisst ihr was, Kinners», beeilt sich Beckmann, etwas Konstruktives beizutragen, «holt mir einfach wieder ein, zwei Dinosaurier ins Studio, den Schmidt oder den Scholl-Latour, je nachdem, wer noch atmet, und dann erzählen die was vom Krieg, dem ersten oder dem zweiten, is doch egal, das meiste wird eh vernuschelt, ich geb zwischendurch ein paar Stichworte, und dann kommt der Abspann, Feierabend!»

Reinhold Beckmann steht auf.

«Prima, hätten wir das doch auch geklärt. Tschö mit ö. Wenn was is, ich bin nebenan. Klebstoff schnüffeln.»

Auch Günther Jauch hat für heute die Nase voll. «Alles klar, Sendung steht. Wir klauen der Will die Augensache, der Henkel kommt, und ihr setzt noch irgendwelche anderen Pappkameraden drum rum … Aber nicht den Baring, der hat beim letzten Mal so streng gerochen.»

Günther Jauch erhebt sich. Plötzlich fliegt die Tür auf, und eine aufgelöste Sekretärin stürmt den Konferenzraum.

«Angela Merkel ist zurückgetreten! Die Meldung kommt eben rein.»

Die Nachricht schlägt ein wie eine Bombe.

«Was? Gibt's ja nicht! Hammer! Weiß man schon, warum?»

«Wahrscheinlich irgendwas mit ihrer Doktorarbeit.»

«Oder man hat doch 'ne Stasi-Akte gefunden.»

«Ja, oder sie hat einfach keinen Bock mehr.»

Am Tisch schreien jetzt alle durcheinander. Man hat nur noch zwei Tage Zeit bis zur Sendung des Jahres. Wen einladen? Erst mal bei allen alten Merkel-Feinden anfragen. Den Koch, den Merz, den Wulff, den Köhler und vor allem den Röttgen. Wegen der Ausgewogenheit müssen aber natürlich auch Merkel-Freunde her. Die Runde grübelt mehrere Minuten, kommt aber auf niemanden.

«Scheiß drauf, dann eben nur Feinde – plus Henkel natürlich», ruft der aufgeregte Redaktionsleiter.

Nur einer bleibt ganz ruhig: Günther Jauch. Erst nach langem Nachdenken meldet er sich zu Wort: «Hmmm … Ist natürlich keine schlechte Geschichte, der Merkel-Rücktritt. Keine Frage, könnte man machen … Trotzdem: Die Glasaugengeschichte hat auch was. Ist näher bei den Leuten.

Während diese Merkel-Sache ja auch ganz schnell was Trockenes kriegen kann. Was Journalistisches, um nicht zu sagen: Langweiliges. Insofern vielleicht doch mehr ein Thema für die Will. Oder was meint ihr?»

Günther Jauch macht an diesem Sonntag eine Sendung über Glasaugen, die sich nur noch Reiche leisten können. Er überlässt das Merkel-Thema großmütig den Kollegen, die nach ihm kommen. Aber weder Plasberg noch Maischberger oder Will greifen zu. Keiner der drei hat Lust, sich mit einem «abgelegten Jauch-Thema» die Quote zu versauen. Reinhold Beckmann allerdings stellt sich der Aktualität. Weil ihm eh alles egal ist. Und tatsächlich kommt sogar die Kanzlerin persönlich in seine Sendung, um die Motive für ihren Rücktritt zu erklären.

Die Einschaltquote liegt deutlich unter dem ARD-Schnitt. Reinhold Beckmann ist auch das egal.

37. CHRISTIAN WULFF
Als die Welt noch in Ordnung war

«Kannst du nicht mal Maschi fragen, warum er die blöde ‹Bild›-Zeitung nicht einfach aufkauft?» Bettina Wulff verstand die Welt nicht mehr, doch zum Glück hatte sie einen Gemahl, der sie ihr erklärte: «Du Dummerchen, die erscheint in einer Auflage von fast drei Millionen Exemplaren, die kann kein Mensch alle aufkaufen.» – «Selber Vollidiot!», entrüstete sich die zurechtgewiesene Gattin. «Nicht das beschissene Papier – alles! Mit Redaktion, Druckerei, Kai Diekmann und Tittenmodels, den ganzen Laden.»

Wie sollte Bundespräsident Christian Wulff seiner Ange-
trauten nur erklären, dass er keine reichen Freunde hatte, die
ihm so einen Gefallen tun konnten? Seit Jahren schon musste
er sich mit Emporkömmlingen und einstelligem Milliardärs-
pöbel rumschlagen – das ganze Leben eine einzige Demü-
tigung. Wie hatte er sich geschämt seinerzeit, auf dem Flug
nach Florida, als er gönnerhaft in die Businessclass upgegradet worden war. Upgegradet von kalter Scheiße zu warmer
Scheiße, vielen Dank auch. Bill Gates hatte eine eigene 747,
und Wladimir Putins Pferd stand eine Antonow zur ständigen
Verfügung.

Ein Zimmer in der Klinkerbutze haben sich die Wulffs genauso
eingerichtet wie damals in Bellevue. Manchmal stehen sie da abends
für eine Weile rum.

«Woran denkst du, Liebling?», versuchte Bettina den Gesprächsfaden wiederaufzunehmen. Doch wie häufig bei Frauen interessierten sie die düsteren Gedanken des Gatten herzlich wenig, der Satz war lediglich als Einleitung zur Preisgabe der eigenen gedacht: «Ich denke, wir sollten mal überlegen, wohin wir in den Urlaub fliegen – und», fügte sie bedrohlich hinzu, «das böse Wort ‹Harz› möchte ich in diesem Zusammenhang nicht noch einmal hören. Weißt du, ich habe mir auch überlegt, du kannst es dir nicht mehr leisten, in den Residenzen von Unternehmerfreunden zu relaxen.»

Bundespräsident Wulff freute sich über das politische Gespür seiner Frau – allerdings nicht lange. «Deshalb», fuhr Bettina fort, «wirst du jetzt Maschi oder Großi oder meinetwegen auch Ratzi um ein paar Mios anhauen, damit wir uns was Eigenes auf Tortuga oder Mauritius kaufen können.» – «So gut kenne ich Ratzi aber nicht», wendete Wulff ein, «und im Übrigen glaube ich nicht, dass er so viel flüssig hat.» – «Erzähl keinen Scheiß, der Alte schwimmt doch in Geld! Rauchen tut er nicht, Weiber hat er auch nicht: Wo bleibt er also damit?» Christian Wulff startete einen letzten Versuch. «Und wenn wir einfach mal hier im Garten vorm Schloss zelten? Das stelle ich mir total romantisch vor.» – «Du, die Idee ist großartig! Schatz, ich wusste, dass ich doch den Richtigen geheiratet habe.»

Wulff traute seinen Ohren nicht: Hatte seine Frau eben tatsächlich einem Campingurlaub im eigenen Garten zugestimmt? Die Begeisterung schien tatsächlich echt, denn sofort spann sie seinen Faden weiter. «Ich habe mich die ganze Zeit schon gefragt, was aus den schicken Zelten von Gaddafi geworden ist. Ruf du Westerwelle an, er soll die in Libyen auftreiben, ich kümmere mich um Air Berlin, dass die drei, vier

Airbusse runterschicken, um das Geraffel hierherzudüsen. Eine tolle Idee, Schatz, wir brauchen Platz für etwa vierhundert Abendgäste, die Berliner Philharmoniker zum Entree, danach die Scorpions, und was ist mit Rammstein, meinst du, die würden zum Dessert passen, Liebling?»

Doch Liebling war zu dem Zeitpunkt schon längst verschwunden. Aus einem Nebenzimmer rief er bei Ryanair an und fragte nach einem Neunzehn-Euro-Flug in ein Land ohne Auslieferungsabkommen mit der Bundesrepublik Deutschland.

36. JOGI LÖW
Joachim plus weißes Hemd gleich …

Noch knapp zwei Stunden bis zum entscheidenden Spiel. Joachim Löw geht zum Regal mit den dreihundert taillierten weißen Hemden, und nach mehreren prüfenden Blicken wählt er vierzig davon aus – neununddreißig für sich und eins für Hansi Flick. Bis zum Anpfiff wird er noch einige aus der Verpackung reißen und über den nackten Oberkörper streifen. Joachim Löw liebt das Gefühl von chemiegetränkter Baumwolle auf nackter Haut, Hansi Flick hasst es. Hansi würde lieber in Grünzeug und Stahlhelm in der Coaching-Zone auf und ab marschieren, aber das ist nicht das Deutschland, für das Joachim Löw stehen möchte.

Alle zwei Wochen ermittelt Joachim Löw seine aktuelle Bauch- und Schulterweite und mailt die Daten an eine kleine Oberhemden-Manufaktur im Kraichgau. Die stellt dann jeweils sechzig neue, auf den Millimeter exakt abgenähte Hemden für die nächste Periode her: mindestens drei für jeden Tag für ihn und eins für Hansi, wobei nur die Löw'schen Hemden exakt genäht sind, Hansi muss sich in die jeweilige Wochengröße reinfressen oder reinhungern. Nicht nur deswegen ist Kotrainer Hansi Flick oft etwas gereizt. Nachts, wenn Joachim nicht dabei ist, läuft er mit Schlafanzug und Stahlhelm durch seine Wohnung und zerreißt weiße Hemden, manchmal auch Pullunder mit V-Ausschnitt.

Nur noch eine Stunde bis zum entscheidenden Spiel, Joachim Löw steht am offenen Fenster der Trainertoilette und raucht hektisch eine Marlboro Light. «Wo sind die letzten vierzig Jahre geblieben?», denkt er. Damals hat er auch am Fenster einer Toilette gestanden und heimlich geraucht. Die Zigarette schmeckt nicht, zu heiß geraucht, wie damals im Breisgau, als der Direx dauernd die Scheißhäuser der Schule inspizierte. Joachim Löw zieht sein verqualmtes Oberhemd aus, spült es hinunter und nimmt ein frisches aus dem Karton mit dem Aufdruck «24. KW».

Den Tick mit den taillierten Oberhemden hat er zwar von Jürgen Klinsmann, aber er, Joachim Löw, hat ihn zur Perfektion entwickelt. Zuerst hat er immer nur in den Halbzeitpausen das Hemd gewechselt, doch bald konnte er vor den Kameras mehrerer Fernsehteams so schnell das Oberhemd tauschen, dass es nur in der Einzelbildschaltung der Nachbearbeitung entdeckt wurde. Alle fragten sich, wieso er immer so verbissen auf der Trainerbank saß. Ja, warum wohl? Er konzentrierte sich auf das Spiel, das er parallel auf seinem Smartphone mitverfolgte. Denn sobald etwas Außergewöhnliches passierte, ein besonders fieses Foul, eine gefährliche Ecke, irgendwas, bei dem in der Fernsehregie eine Wiederholung lief, wechselte Joachim Löw in Sekundenbruchteilen sein Oberhemd. Klettverschlüsse und die Potemkin'sche Knopfleiste steuerten das ihrige zum Erfolg des Manövers bei. Oft kam Hansi erst in der Halbzeit dazu, den Berg Althemden hinter den Trainersitzen wegzuräumen.

Noch zwei Minuten bis zum Anpfiff, Joachim Löw sitzt im Hemd x plus 11 des Tages am Rand des großen Fußballgottesdienstes, der gleich beginnt. Es ist ein Gefühl wie damals vor vierzig Jahren: Der kleine Jogi saß als Ministrant in der Schönauer Kirche im weißen Gewand auf der Bank und hoffte auf einen gnädigen Gott.

Kurz erklärt: Spitznamen

• •

Es gibt den «Nom de plume» (Erich Maria Remarque) und den «Nom de guerre» (Stalin), beide sucht man sich im Erwachsenenalter selber aus, um mehr zu scheinen, als man ist (Kramer, Dschughaschwili). Den Spitznamen bekommt man meist in der Kindheit und entweder von seinen Eltern (Püppi), was besonders peinlich ist und schleunigst abgelegt werden sollte, oder von seinen Spielkameraden (Hackfresse), was oft auch nicht besser ist, sich aber mit etwas Glück, wenn der Witz raus ist, über die Jahre von allein verliert. Hat man weniger Glück, hält sich der Spitzname bis ins Erwachsenenalter (Jogi Löw, Waldi Hartmann) oder wird einem vom Zentralorgan der Infantilisierung («Bild») als Erwachsener noch aufgedrückt (Klinsi, Poldi, Schweini). Dann hat man richtig Pech gehabt.

• •

35. SIGMAR GABRIEL
Als Super-Siggi noch träumen durfte

Sigmar Gabriel blätterte in seinem Neujahrsgeschenk von der Grünen-Fraktion, einem Maya-Kalender mit Pflanztipps für einjährige Staudengewächse. «Haha, sehr witzig», entfuhr es dem Parteivorsitzenden der Sozialdemokratie in Deutschland, «wenn die Welt sowieso untergeht, kann ich ja gleich Andrea Nahles zur Kanzlerkandidatin ausrufen.» Nach Meinung Sigmar Gabriels gehörte das kreischende Opossum schleunigst in die Eifel zurückgejagt, bevor die Schreckschraube noch aus Versehen Ministerin würde – in seinem Kabinett. Denn eins war Big Super-Siggi vollkommen klar: Der nächste Kanzler der Bundesrepublik Deutschland heißt Sigmar Fitzgerhard Gabriel. Und um Kanzler zu werden, musste er vorher Kanzlerkandidat der SPD sein, diese Logik sollte selbst dem verblödetsten Ortsvereinszausel bei der Mitgliederwahl einleuchten.

Eigentlich lief die Sache perfekt: Steinbrück hatte sich selbst aus dem Rennen geworfen, als er sich als Schweinchen Schlau neben Methusalix ablichten ließ, und Frank-Waltraut Steinmeier hatte er eh hinter sich. Was ihm mehr Sorge bereitete, war, dass die beiden Zählkandidaten zu früh das Handtuch werfen könnten und plötzlich ein ganz anderes Urviech aus dem Gebüsch hervorlugte: Hannelore Kraft, die Ministerpräsidentin aus der Lindenstraße. Big Mega-Siggi sah sie schon spiegeleierbratend in den Fußgängerzonen stehen, wie sie anderen Muttis Einmachtipps gab – einfach nur ekelerregend. Schon der Name «Hannelore» roch nach sozialer Gerechtig-

«Das Poster mit Florian Silbereisen war aus – den hier lass ich Ihnen
für die Hälfte, Chefin.»

SIGMAR GABRIEL **163**

keit und dieser ganzen sozialdemokratischen Bratwurstigkeit, die immer wieder als Seele der Partei beschworen wurde. Dem hatte der Gigant aus Goslar nichts entgegenzusetzen, er war keine Frau, kein Migrantenbengel und hieß nicht Hannelore – das einzig Positive war, dass er nicht promoviert hatte, dort also keine Leichenfunde zu vermuten waren.

Sein größtes Handicap war seine Herkunft: Siggi, The Artist Formerly Known As Popbeauftragter, kam aus Niedersachsen, dem politischen Sumpfland nördlich der Mittelgebirge. Hier, im unbesetzten Teil Germaniens, hatte sich das römische Recht nie komplett durchsetzen können, von ethischen Modeerscheinungen wie dem Christentum ganz zu schweigen. Im Gegenteil: Bischöfinnen preschten nachts hackebreit durch Innenstädte, und wer auf dem Beifahrersitz an ihnen rumhuldigte, wird wohl nie herauskommen. Und dann auch noch Wulff, katholischer Telefonpöbler aus Osnabrück, die Gegend gehörte blöderweise seit dem Dreißigjährigen Krieg auch zu Hannover. Irgendwie musste Sigmar The Brain den Niedersachsen-Geruch aus seiner Vita rausschütteln, sonst würde es nichts mit dem Kanzleramt.

Da erinnerte sich Siggi an seine Zeit bei der Sozialistischen Jugend, den Falken, und er griff nach der alten Wandergitarre, die seit Jahren in seinem Hauptstadtbüro hinterm Schreibtisch hing. Routiniert, als schmölzen Jahrzehnte zu einem Tag, fanden die flinken Finger des Vorsitzenden die richtigen Akkorde auf den Bündchen, und noch etliche Büros weiter erkannten alte Hitparaden-Hasen «Bamboleo» von den Gipsy Kings. Django Gabriel hatte einen Entschluss gefasst: Er wollte eine eigene Scheibe unter dem Titel «Die Musik der Siggi und Roma» herausbringen, dann würde ihn niemand mehr für einen korrupten und verlogenen Niedersachsen halten.

Sigmar Gabriel – Im Großhirn brennt noch Licht

Auf dem Rücksitz einer Ingolstädter Oberklasse-Limousine hockt ein Parteivorsitzender und schnarcht. Bei der Limousine handelt es sich um einen Audi A8 mit 250 PS, bei dem Parteivorsitzenden um einen SPD-Mann mit einem Arsch voller Probleme. Er kann sich das Nickerchen eigentlich gar nicht leisten.

Der Seeheimer Kreis hat auf seiner letzten Spargelfahrt ein Gegenpapier zu seinem Papier «Umverteilung für alle» verteilt. In Wahrheit ging es denen in ihrem Papier allerdings um die Durchsetzung ihres Kandidaten bei der Besetzung der Kommission. Das Papier «Gemeinsam für ein gemeinsames Europa» war auch so eine Schweinerei. Gut, daraufhin hat er sein Strategiepapier «Angriffsziel Soziale Gerechtigkeit» zwei Wochen früher an die Presse lanciert, bevor die anderen überhaupt gemerkt haben, dass er daran arbeitete. Die Fraktion hat getobt und ihrerseits mit einem Papier gedroht, aber solange das Willy-Brandt-Haus hinter ihm steht, können ihm die Pissetrinker mal den Hobel durchpusten.

Es geht darum, Themen zu besetzen, bevor sie ein Thema sind, um nichts anderes geht es in diesem Geschäft. Niemand weiß das so gut wie er, aber man muss die Partei auf den Weg dorthin mitnehmen, notfalls gegen ihren Willen.

In der Programmfindungskommission für das Grundwertepapier «Miteinander, Füreinander», aufgrund der feuchtfröhlichen Kommissionssitzungen auch «Übereinander, Ineinander» genannt, hat er bereits knallhart darauf hingewiesen, dass es ein Füreinander nur geben kann, wenn das Miteinander vorher geklärt ist. Frenetischer Beifall von allen Rängen, sogar die von der Gegenseite haben höflich applaudiert. Sein Redebeitrag hat eingeschlagen wie eine Bombe, selbst in Brüssel waren die Erschütterungen noch zu spüren. In der Fraktion herrschte dagegen eisiges Schweigen, heimlich arbeiteten einige Genossen längst eine Gegenposition aus, in der das Primat des Miteinander im Füreinander kritisch hinterfragt und damit das ganze Gebäude der sozialen Umverteilung für alle ad absurdum geführt wurde.

Blöde Arschmaden, verdammte, da müssen noch einige Köpfe rollen bis zum Parteitag. Wenn wenigstens der erweiterte Vorstand seinem Antrag auf Aussetzung der Forderung nach Entfristung der Verlängerung zugestimmt hätte. Aber nein, diese verblödeten Partei-Elsen haben ja keine Ahnung, was draußen im Lande überhaupt vor sich geht. Überhaupt: «Frau» – wenn er das schon hört, wird ihm regelrecht schlecht. Noch so ein Papier aus der Richtung, und er wird sich schwer überlegen, ob an der Landesliste nicht ein bisschen gefeilt werden muss. Schließlich ist noch nicht geklärt, ob die Migranten auf das Konto der Frauen oder das der Männer angerechnet werden. Ein Superschlauer hat in der Kommission neulich gesagt, es käme eben drauf an, welchen Geschlechts die Migranten wären. Oh Gott, wie naiv diese Trottel sind, es ist regelrecht zum Kotzen.

Manchmal will er einfach nur keine Menschen mehr sehen, schön zu Hause sitzen und in Ruhe an einem Papier feilen, ab und zu die «Bild» anrufen, ein Thema besetzen und fertig. Aber dafür ist jetzt keine Zeit. Sein Fahrer hat den Motor abgestellt, Sigmar Gabriel ist aufgewacht. Seitdem er Vorsitzender der Sozialdemokratischen Partei Deutschlands ist, kann er nur noch bei laufendem Motor in seinem Dienstwagen schlafen. Er braucht wenigstens im Schlaf das Gefühl, dass sich irgendetwas bewegt in seinem Leben.

Kurz erklärt: Positionspapier

● ●

Das Positionspapier ist weniger ein Auszug aus dem Kamasutra denn eine langweilige Schleimabsonderung aus dem Koma nostra des Politzirkus. Will man in einer Partei reüssieren, dann muss man zu allererst «Themen besetzen» und dazu «Positionen beziehen». Das alles macht man mit einem «Papier». Wer am häufigsten «Papiere» raushaut, mit dem muss sich der Rest der Partei die ganze Zeit rumschlagen, und er oder sie bleibt im Gespräch für «Positionen» in der Regierung, der Fraktion oder der Parteispitze. Somit dient das «Positionspapier» letztlich als Hakle Feucht für den Arsch, in den man just hineingekrochen ist, um sich für eine «Aufgabe» in Stellung zu bringen. Alles ziemlich ekelig.

● ●

34. HOLGER APFEL
Doch mit den Clowns kamen die Tränen

Auf Kabel eins läuft «Unsere kleine Farm». Eigentlich müsste Holger jetzt seine Rede für die Kundgebung morgen in Gera schreiben. Bis jetzt steht noch nicht so viel auf dem Zettel: «Liebe Kameraden und Kameradinnen …» Weiter ist er noch nicht gekommen. Kein schlechter Einstieg, aber insgesamt fließt es heute nicht so richtig. Irgendwas mit «Ausländern» und «in Heimatländer zurückführen» ist nie verkehrt, andererseits nicht besonders kreativ.

Auf Gera hat Holger ohnehin keinen Bock. Gerade im Osten erwarten die Kameraden, dass man sich so wahnsinnig männlich gibt. Er versucht bei solchen Gelegenheiten meistens, etwas tiefer zu sprechen als sonst, und davon kriegt er dann oft schlimme Kopfschmerzen. Außerdem hat Holger das Gefühl, dass sich speziell die Ossis heimlich über ihn lustig machen. Über sein Lispeln zum Beispiel. So ein besoffener Skin in Halle hat ihm mal auf die Schulter gehauen und ins Ohr gebrüllt: «Kamerad Apfel, ich höre bei dir doch einen ganz leichten SS-Fehler!» Bruhaha, da lacht der Plattenbaubewohner! Holger versucht ja schon, möglichst wenig Worte mit «S» in seine Reden einzubauen, aber an bestimmten S-Worten kommst du in seinem Job einfach nicht vorbei. An Worten wie «Muselmänner» zum Beispiel oder «Asylant».

Jedenfalls kann man die Rede sprachlich gar nicht einfach genug halten, wenn man vor den Kameraden in Gera spricht beziehungsweise brüllt. Möglichst wenige Nebensätze – damit die Zielgruppe folgen kann. «Am besten funktionieren im Grunde Geräusche», denkt Holger. Seine Augen wandern schon wieder zum Fernseher. Holger liebt «Unsere kleine Farm». Die Folge, die gerade läuft, hat er schon zigmal gesehen. Es ist die legendäre Episode, in der Mary, die große Schwester von Laura Ingalls Wilder, endgültig erblindet. Wie unfassbar tapfer die junge Frau das erträgt! Mary und ihr Mann haben sich jahrelang selbst aufopferungsvoll um blinde Kinder gekümmert – und jetzt das! Der Moment, in dem Mary nach der OP aufwacht, bricht Holger jedes Mal das Herz. Die Ingalls haben doch weiß Gott schon genug durchgemacht! Armut, Tornados, vernichtete Ernten.

Heiße Tränen laufen über Holger Apfels volle Wangen. Er lässt es zu. Heute ist sein freier Tag. Und deshalb beschließt er, sich in der Küche noch eine Tasse heißen Nesquick zu machen. Mit extra viel Marshmallows drin! Das beruhigt ihn eigentlich immer. Im Flur sieht er im Vorbeigehen seine eigene Reflexion im Spiegel. Einen leicht aufgeschwemmten, total verheulten Mann um die vierzig, in einem Frottee-Schlafanzug mit kleinen Raketen drauf. Wer genau hinsieht, erkennt, dass es kleine V2-Raketen sind. Hitlers Wunderwaffe.

Im gleichen Moment klingelt es an der Wohnungstür. Holger zuckt zusammen. Die Kakaotasse fällt ihm aus der Hand und knallt auf den Boden. Er rennt ins Wohnzimmer und macht hektisch den Fernseher aus. «Bin schon da», quiekt er, ärgert sich kurz über seine zu hohe Stimme und reißt die Tür auf. Im Hausflur steht ein telefonzellengroßer Kamerad aus dem NPD-Vorstand, der ihn wütend anstarrt.

«Kamerad Apfel, WAS muss ich da erfahren?»

«Oh lieber Gott», kreischt Apfel panisch, zum Glück nur in Gedanken. «Lass ihn NICHT durch die Tür gehört haben, dass ich ‹Unsere kleine Farm› gucke! Bitte! Bitte!»

«Kamerad Apfel, uns ist das Gerücht zugetragen worden ... dass auch du als V-Mann für den Verfassungsschutz arbeitest!»

«Gott sei Dank!», denkt Holger Apfel und atmet tief durch.

33. HANS-WERNER SINN
Beim Barte des Untergangspropheten

«Und Action!», ruft der Regisseur. Die Kamera läuft. Der Schauspieler, der Käpt'n Iglo spielt, wirft sich in Pose und reckt den Teller mit den panierten Fischabfällen in die Höhe. Ein paar Kinder in Piratenkostümen greifen ihn mit Holzschwertern an. Iglo muss den Schlägen ausweichen und gleichzeitig seinen Text aufsagen. «Harrharrharr», ruft er den Rotznasen entgegen. «Harrharr ... Ihr wollt wohl all mein Gold rauben, ihr kleinen ... Auuu!» Einer der Piraten hat ihm sein Schwert volle Möhre aufs Knie gezimmert. Es tut höllisch weh. «Au, was soll denn das!», schreit Iglo den Täter an, einen rothaarigen Jungen von vielleicht zehn Jahren, der jetzt auch noch schadenfroh grinst. Mit einem genervten «Cut!» unterbricht der Regisseur die Szene und nimmt den Käpt'n beiseite.

«Käpt'n, was'n los? Woran hakt's diesmal? Ist doch echt kein Hexenwerk, die Nummer hier. Den Pappteller mit den Fischpimmeln hochhalten, den Schwertern ausweichen und rufen ‹Harrharr, ihr wollt wohl all mein Gold rauben, ihr kleinen Halunken!› – Ende. Mehr isses nich. Dafür muss man doch jetzt wirklich kein De Niro im engeren Sinne sein.»

Der ältere Herr in der albernen Kapitänsuniform versucht sich zu rechtfertigen: «Aber der verhaltensgestörte Rothaarige hat mir sein Schwert aufs Knie gedonnert! Und ganz ehrlich gesagt, die Szene macht für mich auch dramaturgisch gar keinen Sinn. Wieso sind die Piraten Kinder? Und wenn das Piraten sind, warum lassen die sich mit Fischstäbchen abspeisen? Das ist doch ein total unlukratives Geschäftsmodell. Jetzt mal rein ökonomisch betrachtet.»

Der Regisseur reibt sich die Augen und murmelt mit zusammengebissenen Zähnen vor sich hin. Iglo versteht nur Bruchstücke. Irgendwas mit «verfickte Schauspieleragentur» und «schickt mir hier einen Mongo nach dem andern» und «alle umbringen». Anschließend sammelt der Regisseur sich kurz und sagt: «Pass auf, Sportsfreund, fünf Minuten Pause, dann versuchst du mal was ganz Verrücktes und tust einfach nur das, WAS IM BESCHISSENEN DREHBUCH STEHT!» Das Gebrüll weht Iglo fast die Mütze vom Kopf.

Hans-Werner Sinn erläutert mit Hilfe eines Tafelbildes
den Sinn des Lebens.

Drei Minuten später am Cateringtisch schnappt ihm der rothaarige Junge die letzte Zimtschnecke weg. Was für ein Tag. Die Maskenbildnerin kommt und will seinen Bart «nachkleben».

«Nicht nötig», klärt Iglo sie auf. «Der ist nicht angeklebt, der ist echt.»

Die Frau schaut ungläubig, als könne sie nicht fassen, dass jemand freiwillig mit so einer Kinnbehaarung durchs Leben geht.

«Sagen Sie mal, kenn ich Sie nicht von irgendwoher?», fragt die Maskenbildnerin Iglo jetzt. Ab und zu passiert es noch, dass ihn jemand erkennt. Von früher, als er sein Geld noch weniger würdelos verdienen durfte.

«Weiß nicht, ich glaub nicht», sagt er hastig und zieht sich Richtung Dixi-Klo zurück.

Inzwischen hat er die blau umwandete Chemie-Kloake zu seinem persönlichen Refugium gemacht. Hier kann er sich immer wieder kurz von all den Demütigungen des Drehtags erholen. «Wenigstens mal durchatmen», denkt Iglo, was angesichts des infernalischen Dixi-Gestanks ein sehr bizarrer Gedanke ist. Andererseits auch nicht bizarrer als ein erwachsener Mann, der zur Deckung seines Lebensunterhalts mit Kindern um Fischstäbchen kämpft. Insbesondere wenn der Mann einmal einer der führenden deutschen Wirtschaftsexperten war.

Aber was soll man machen? Wirtschaftsexperten werden eben nicht mehr gebraucht in diesem undankbaren Land. Sie gelten offiziell als Witzfiguren, als Blödmannsgehilfen vom Dienst. Und warum? Nur weil sie mit ihren Prognosen zur Euro-Krise damals etwas danebengelegen haben. Auch er mit seinen apokalyptischen Visionen und quasi täglich wechselnden Euro-Rettungsideen. Spätestens 2013 hat die deutsche Öffentlichkeit leider kapiert, dass die Volkswirtschaft keine Wissenschaft ist. «Natürlich haben wir einfach nur Ratschläge gegeben! Was denn sonst?», denkt Iglo verbittert. «Kann ich vielleicht hellsehen oder zaubern? Bin ich Gandalf, oder was?» Abgesehen davon: Wenn einen die Leute ständig um Rat fragen, dann antwortet man halt irgendwas. Selber schuld, wenn sie ihm jeden Mumpitz geglaubt haben.

Die goldenen Zeiten, sie kommen nicht mehr zurück.

Nichts mehr mit schön im Warmen sitzen bei den Illners und Plasbergs dieser Welt. Kein gepflegtes Griechenland-Bashing mehr in der «Bild». Auch damit hat der Käpt'n sich damals die eine oder andere «Drachme» dazuverdient. Kommt ihm vor, als wär's erst gestern gewesen. Und heute? Heute sitzt er im Jobcenter und wird von seinem Sachbearbeiter verhöhnt: «Tja, Herr Sinn, Sie sind jetzt im kritischen Alter. Zu alt für die Drückerkolonne, zu hässlich, um auf den Strich zu gehen.» Sollte wohl witzig sein.

Im Grunde muss er ja noch froh sein, dass ihm die Leiharbeitsfirma für Kleindarsteller diesen Job hier vermittelt hat. Andere Wirtschaftsexperten hat es noch viel härter getroffen. Der Bofinger zum Beispiel schlägt sich angeblich als Leichenwäscher durch und der alte Gerke, wie er gehört hat, in einem Uranbergwerk in Weißrussland. So ist das halt heute: Wenn man einmal aus dem Arbeitsmarkt rausgerutscht ist, kommt man so schnell nicht wieder rein. Da spielst du ratzfatz Käpt'n Iglo für sechs fuffzig die Stunde.

Mittlerweile denkt Hans-Werner Sinn, dass sein jahrelanger Kreuzzug für die Flexibilisierung des Arbeitsmarktes vielleicht doch keine so gute Idee war. Wie oft hat er in Talkshows vor «maßlosen Lohnerhöhungen» gewarnt oder gemeint, dass «fünf Euro die Stunde für eine Friseurin doch besser sind als gar keine Arbeit».

Draußen vor dem Dixi-Klo hört er den Regisseur brüllen. «Wo bleibt der beknackte Iglo? Uns rennt hier die Zeit davon! Wo ist diese dämliche Gesichtsfotze schon wieder abgeblieben?!»

«Das Leben ist echt ein Arschloch», denkt Hans-Werner Sinn.

32. HORST KÖHLER
Trendsetter im Präsi-Abkacken

«Hoahst, guckst du mal, ob noch gelbe Müllbeutel da sind?»
Das Leben als Ex-Bupräser hatte noch weniger Niveau als das
Amt selbst. Aus der First Lady war wieder ein ganz normales
Säugetier geworden, das täglich in Schränken und Schubladen
rumwühlte, und auch er selbst, Horst I., war wieder zu einem
unscheinbaren Allerwelts-Vollhorst geworden, wie sie zu
Hunderten in deutschen Parkanlagen rumlungerten.

Pressekonferenz in Bellevue: Eine unbequeme Frage noch und Horst Köhler
würde den Schießbefehl geben.

Wenn er es sich jetzt so recht überlegte, war er damals nicht ganz richtig in der Birne gewesen, als er den Job in Bellevue wegen ein bisschen Medienkritik hingeschmissen hatte. Was hatte er schon groß gesagt? «Freie Handelswege zur Not frei schießen» – oder so ähnlich. Wohlgemerkt: Er hatte das nur GESAGT, Oberst Klein hatte an die hundert afghanische Zivilisten durch die U. S. Army ummähen lassen, ja und was war der heute? Brigadegeneral! Er selbst war nur ein alter Sack, dem neulich erst der Riva-Verlag zweihundert Euro Vorschuss für seine Memoiren angeboten hatte. Schöner Mist.

«Hoahst, was ist jetzt mit den Müllbeuteln?» Nicht mal der Gescheitertste aller Bundespräsidenten war er, seitdem Wulff ihm den Schneid abgekauft hatte. Laut einer Umfrage der «Bild»-Zeitung hielten neunzig Prozent der Bundesbürger Horst Köhler für den ehemaligen

Fußballgott von Borussia Dortmund. «Hoahst!» – «Jaja, ich bring dir die verdammten Müllbeutel ja schon.» Die alte Zicke nervte ihn allmählich, wie das eben so ist, wenn man den größten Teil seiner Lebenszeit mit ein und derselben Frau verplempert hat. «Hoahst, denkst du auch an deine Männergruppe heute Abend?»

Stimmte ja, heute war erster Dienstag im Monat, da war ja das sogenannte Klappstuhl-Treffen. Versager und Verpisser aus allen Parteien trafen sich zu einer geselligen Sauferei in der rheinland-pfälzischen Landesvertretung. Kurt Beck hatte die Runde nach seinem Abkacken als Sozen-Fürst einst ins Leben gerufen. Mit dabei waren von der SPD außer ihm Matthias Platzeck, Thorsten Schiefer-Pömpel oder wie der hieß und – hört, hört – auch Münte und Oskar. Die CDU rückte immer mit einem ganzen Bus voll Flitzpiepen an, von Boetticher, Merz, Rüttgers, Röttgen und und und … nur die FDP kam anfangs immer durch die Hintertür, als deren Klappstühle alle noch in Amt und Würden waren. Horst Köhler ging gerne zu den Treffen, es gab leckeren Pfälzer Wein, dazu Ferkel-Fötzle, eine Spezialität aus dem Buschland, in dem Kurt Beck aufgewachsen ist, und Edmund Stoiber erzählte immer dreckige Witze, die ihm keiner zugetraut hätte.

«Hoahst, Telefon! Angela Merkel am Apparat!» – «Soll später noch mal anrufen! Sag ihr, ich hab Dünnpfiff.» So kam es, dass Horst Köhler nicht UNO-Generalsekretär wurde.

Was aber noch viel schlimmer war: Angela Merkel erzählte allen, dass sie ihn deswegen angerufen hatte, Sparkassen-Hotte aber leider die Scheißerei vorgeschützt hat. Alle wussten, welch ungeheure Chance Horst Köhler zum zweiten Mal vergeigt hatte, nur einer nicht – das würde ihm Angela Merkel persönlich bei nächster Gelegenheit aufs Butterbrot schmieren, denn eine Angela Merkel verscheißert man nicht – niemals und schon gar nicht ein zweites Mal.

Kurz erklärt: Würde des Amtes

Woran denkt man nur bei diesem Begriff? An einen Widerspruch in sich? Ein Straßenverkehrsamt, auch Kfz-Zulassungsstelle genannt, strahlt bestenfalls die Würde einer Teppichbodenverlegefirma aus, von den Würden der Jobcenter und Sozialämter ganz zu schweigen. Seltsamerweise tauchte diese rätselhafte Vokabel an einer Stelle auf, an der man sie gar nicht vermutete:

im Bundespräsidialamt. Es war wohl Hotte Köhler, der sie zuerst im Munde führte. Er wollte damit sagen, dass selbige «beschädigt» würde, wenn man am jeweiligen Amtsinhaber rumkrittelte. Dass er, Hotte Köhler, sie womöglich am ehesten beschädigen könnte, weil er schließlich dieses Amt «bekleidete», darauf kam unser kleines Sensibelchen nicht. Das große Verdienst seines Nachfolgers Christian Wulff ist es, diese Verdrehung wieder zurechtgerückt zu haben: Es kann nur einen geben, der die «Würde des Amtes» beschädigen kann, und das ist der Bundespräsident selber – und siehe, er hat es auch geschafft.

●●

31. ANTON SCHLECKER
Millionen verbraten für hässliche Discounthöhlen

Es ist nicht alles schlecht am Kapitalismus, denn Anton Schlecker ist pleite! Na bitte! Warum nicht gleich so. Die Selbstreinigungskraft des vielgescholtenen Marktes funktioniert manchmal eben doch. Da überzieht ein Irrer von der Schwäbischen Alb jahrzehntelang ganz Deutschland mit seinen gruseligen Drogenhöhlen, versklavt über dreißigtausend Mitarbeiterinnen zum Teil in outgesourcten Zeitarbeitskolonnen und hofft, damit durchzukommen. Doch kein Protest der Gewerkschaft, keine Klage einer Beschäftigten hat dieses Imperium zu Fall gebracht, sondern der Kunde. Der wollte es sich einfach nicht länger bieten lassen, seinen Hygienebedarf in diesen Depri-Verschlägen zu decken.

Im gleißenden Licht der Neonröhren schlichen mäßig entlohnte Teilzeit-Lurche zwischen den Regalen rum, in ständiger Furcht, auf die Toilette zu müssen. Bei nur einer Mitarbeiterin im Lokal hätte ein Kunde einspringen dürfen für die Aufsicht. Zahlreich waren die Geschichten, die sich um die Arbeitsbedingungen im Schlecker'schen Drogerie-Gulag rankten: Zum Telefonieren mit der Zentrale sollten die Beschäftigten ins Nachbargeschäft gehen, abgelaufene Flüssigartikel mussten in die Toilette entleert werden, um Entsorgungskosten zu sparen. Was immer daran der Wahrheit entsprach, geglaubt hat es jeder, der schon mal eine Filiale betreten hat. Schlecker – das war ein Stück gelebtes Nostalgie-Osteuropa mitten in Deutschland. So stellt sich der Deutsche ein Ladengeschäft in Irkutsk vor, vielleicht mit ein paar weniger Artikeln, dafür mit besserer Stimmung.

Schlecker ist pleite, na bitte. Tausende Mitarbeiterinnen sehen nach Jahren auch unter der Woche wieder das Licht der Sonne und können sich auf einen menschenwürdigen Arbeitsplatz freuen. Das Schöne ist: Die Pleite kam zur rechten Zeit, Deutschland steht wirtschaftlich so gut da wie seit Jahrzehnten nicht mehr, es gibt nahezu Vollbeschäftigung und eine Million offene Stellen.

Zwei Fragen gibt es eigentlich am Schluss nur noch zu klären: Wie schafft man es, ein Vermögen von zwei Milliarden Euro durchzubringen, nicht mit Luxusyachten, Weibern und Privatjets – nein, mit den potthässlichsten Discounthöhlen aller Zeiten? Und die zweite Frage: Wieso konnte sich dieses Imperium des Schreckens überhaupt so lange halten? Es war die enorme Verbreitung in der Fläche, selbst dort, wo die lokale Kaufkraft bestenfalls die Ansiedlung eines Bauchladens gerechtfertigt hätte, fraßen sich die Schlecker-Metastasen ins Weichbild der Städte. Und wer kaufte dort zu den nicht mal besonders günstigen Preisen ein: alte Leute, immobile Bewohner, eine insgesamt irgendwie gehandicapte Kundschaft, die sich einen Ausflug in weiter entfernte Geschäfte nicht leisten konnte.

Doch nun ist Anton Schlecker pleite, und es gibt eine noch bessere Nachricht: Die Kinder wollen Papa angeblich wegen der entgangenen Erbschaft verklagen, und auch die Staatsanwaltschaft soll hinter den versteckten Millionen her sein. Hurra!

Kurz erklärt: Familienunternehmen

• •

Die Familie ist der Hort des größten Risikos, Opfer von Gewalt zu werden, das unterstreicht schon der Begriff «Familienbande». In der Wirtschaft entspricht dem der Begriff «Familienunternehmen». Dieses Modell geht von der pseudo-Mendel'schen Fiktion aus, dass sich unternehmerische Fähigkeiten genetisch auf die F1-Generation übertragen – und zwar dominant. Die Wirklichkeit sieht leider völlig anders aus: Die Blagen vervögeln und versaufen Papas Firma und stürzen Tausende von Mitarbeitern ins Elend. Um diesem vorhersehbaren Fiasko zu entgehen, gründen Unternehmer heute Stiftungen oder vererben den ganzen Krempel lieber der angeheirateten Kammerzofe, dem Kindermädchen oder der Sekretärin (Springer, Piëch, Mohn).

• •

30. ANDREA NAHLES
Dick, gläubig, links

«Na, darf der Kleine ein Stück Fleischwurst?» Andrea Nahles sprach diesen Satz fast ehrfürchtig vor sich hin. So hätte ihre Zukunft auch aussehen können, als Fleischfachverkäuferin in Kretz in der Pellenz am Krufter Bach, da, wo Rheinland-Pfalz am schönsten ist. Doch jetzt saß sie in der Küche ihrer Berliner Wohnung und wartete auf den allmorgendlichen Anschiss von Super-Siggi, ihrem Führungsoffizier.

Am Donnerstagabend nach dem Treffen der Weight-Watchers-Gruppe im Deutschen Bundestag waren sie und die Grünen-Claudi noch auf ein Spar-Menü im Borchardt gewesen und hatten dort Joschka Fischer getroffen, dem gerade wieder mal die Alte weggelaufen war. Der Abend zog sich in die Länge, und während Joschka den marokkanischen Spülkellner angrub, brüstete sich die Claudi vor ihr, am nächsten Morgen im Sat.1-Frühstücksfernsehen den Rücktritt von Angela Merkel zu fordern. Okay, das war ungefähr so brisant, wie frühmorgens die Sonne anzuschreien, sie solle gefälligst aufgehen. Trotzdem, die Claudi ließ es irgendwie nach einer Heldentat aussehen, und Andrea schwor sich, ihr zuvorzukommen.

Rasch verabschiedete sie sich von den beiden drallen Grünen und torkelte zum Droschkenstand. Noch im Taxi telefonierte sie mit einer Journalistin vom Deutschlandradio, die sie von der Weight-Watchers-Gruppe der rheinland-pfälzischen Landesvertretung kannte, und forderte neben drei anderen Rücktritten auch den von Angela Merkel. Zufrieden mit ihrer strategischen Meisterleistung, haute sich Andrea Nahles gegen zwei Uhr früh aufs Lager und träumte von Cervelatwürsten, riesigen Lyoner Kringeln und Saumägen, so fett und prall wie schwangere Bisamratten.

Was sie allerdings nicht wusste, war, dass ihr Führungsoffizier das Telefonat natürlich abgehört hatte und seinerseits die besagte Journalistin kannte, aus der privaten Weight-Watchers-Gruppe «Schwarzer September», benannt nach dem 12. September, dem Geburtstag Sigmar Gabriels, berüch-

Bei einem Besuch in Cottbus erklärt Andrea Nahles den ostdeutschen
Genossen, was eine Banane ist – ein Scherz, der nicht gut ankam.

tigt für seine Fressorgien. «Hör mal zu, Ann-Britt», flötete Super-Siggi in sein iPhone, «du zögerst das Geseiere von Andrea bis zum Mittag raus, und wir vergessen die Sache mit deiner Befristung.»

Kurz vor zwölf Uhr mittags erwachte Andrea Nahles aus ihrem verkaterten Dämmerzustand. Wo früher mal eine Zunge gewesen war, lebte jetzt eine Art pelziges Meerschweinchen in ihrer Mundhöhle. Andrea Nahles war extrem scheiße drauf, doch dann erinnerte sie sich an den Triumph, den sie in der vergangenen Nacht vorbereitet hatte. Sie schaltete das Küchenradio ein, fünfte Stationstaste, Deutschlandradio: «… trat um elf Uhr vor die Presse und gab ihren Rücktritt bekannt», kam es aus dem Rundfunkgerät. «Ob sie's wohl noch mal bringen, als Wiederholung in den Mittagsnachrichten?», gluckste Andrea wohlig in ihr Triple-Kinn.

Heute würde ihr Führungsoffizier Super-Siggi am Telefon vor ihr kriechen, haha, denn sie hatte Merkel gestürzt. Jetzt war alles drin, sogar eine Kanzlerkandidatin Andrea Nahles. Da klingelte auch schon ihr Tchibo-Smartphone. Die Nummer kannte sie auswendig. Vorzimmer Parteivorsitzender. Noch wusste sie nicht, dass dreißig Sekunden später die Aussicht auf einen Job als Fleischfachverkäuferin bittere Realität werden sollte.

Kurz erklärt: Fleischfachverkäuferin

• •

Die Fleischfachverkäuferin gilt als einer der Prototypen deutscher Weiblichkeit und hat die weitaus ältere «Landpomeranze» als Inbegriff geschmälerter Erotik abgelöst. Selbstredend hat der pejorative Gebrauch der Berufsbezeichnung wenig mit dem tatsächlichen Erscheinungsbild der Fachkräfte zu tun. Diese sind in der Regel natürlich nicht übergewichtig, haben keinen

schweinchenrosanen Teint und auch keine Wurstfinger, die, von der Fleisch-
masse farblich ununterscheidbar, den ganzen Tag in Mett halb und halb
wühlen. Warum gerade dieser Berufsstand und nicht beispielsweise der einer
SPD-Generalsekretärin zu einem Hämewort geworden ist, können sich die
Autoren nur mit der unterschiedlich großen Verbreitung beider erklären.

• •

29. BUSHIDO
Nutte Bounce

*Auszüge aus Frank Schirrmachers Laudatio anlässlich der
Verleihung des Friedenspreises des Deutschen Buchhandels an
Bushido*

(…) «Nutte Bounce», meine Damen und Herren, liebe Gäste, sehr geehrter Herr Bundespräsident, «Nutte Bounce»: So
heißt einer der erfolgreichsten frühen Titel Bushidos, und er
steht gleichsam prototypisch für die Rezeption seines künst-
lerischen Wirkens. Für das im Grunde absichtliche und, ja,
ich behaupte bisweilen sogar böswillige Missverstehen der
Intentionen eines begnadeten Texters.

«Nutte Bounce», da sind wir uns heutzutage längst ei-
nig, das ist die bislang wohl kühnste Auseinandersetzung mit
dem Phänomen der gewerbsmäßigen Prostitution, die wir im
deutschsprachigen Raum erleben durften. Aus heutiger Sicht
ist es umso bizarrer, welch ein Schwall von Kritik und Häme
nach dem Erscheinen von «Nutte Bounce» über dich, lieber Bushido, hereingebrochen ist. Und das, obwohl du doch
schon im ersten darauffolgenden Interview unmissverständ-

lich klargestellt hast, dass – und ich zitiere dich hier wörtlich – «der Song nicht Frauen im Allgemeinen angreift, sondern nur echte Schlampen», Zitat Ende.

Was aber lehrt uns nun der Fall «Nutte Bounce»? Er lehrt uns einmal mehr, dass echte Kunst in ihren Anfängen immer irritiert. Irritieren muss. Diese Erfahrung, Bushido, verbindet dich mit den Pionieren der Zwölftonmusik wie mit denen der abstrakten Malerei – und ich sehe da unten im Publikum den lieben Gerhard Richter zustimmend nicken, meine Damen und Herren.

(…) Ein schneller Blick auf die Uhr verrät mir, dass ich mich ein wenig sputen muss. Daher kann ich auf deine stilbildende Zeit mit «Aggro Berlin» oder deine mehr als fruchtbare Zusammenarbeit mit «King Orgasmus One» leider nicht mehr in gebührender Breite eingehen. Sieh mir das bitte nach, lieber Bushi. Lassen Sie mich, verehrte Zuhörer, Exzellenzen, zum guten Schluss nur noch von meiner ersten Begegnung mit dem Preisträger, meinem – ja, ich darf wohl sagen: Freund – Bushido erzählen.

Der Ort: Berlin. Der Anlass: eine Podiumsdiskussion zum Thema Jugendgewalt. Am Rande ebendieser Diskussion habe ich den jungen Bushido ganz unverblümt gefragt: «Sagen Sie, Herr Bushido», damals siezten wir uns noch, «Ihre Texte – sind die nicht doch in Teilen gewaltverherrlichend und schwulenfeindlich?»

Werte Zuhörer: Wissen Sie, was er mir darauf geantwortet hat?

«Was willst du, du hässliche Schwuchtel?! Ich polier dir gleich deine saublöde Fresse!»

Und in genau dieser Sekunde, meine Damen und Herren, da wusste ich, dass ich einen Künstler vor mir habe. Eine Tat-

«Ey Scheiße, Alter, ist das geil! Ist das der beschissene Oscar oder der
verfickte Literaturnobelpreis?»

sache, die wir heute getrost als Allgemeinwissen verbuchen
können. Auch wenn die Älteren im Saal sich noch schmunzelnd an die hysterische Aufregung rund um die Verleihung
des «Integrations-Bambis» an Bushido erinnern – spätestens
seine Auszeichnung mit dem Ingeborg-Bachmann-Preis hat
dann ja wenig später das überfällige Umdenken eingeläutet.

Jetzt also auch noch der Friedenspreis des Deutschen
Buchhandels für deinen Trophäenschrank, mein lieber Bushi-

do. Und sollte es da draußen im Land trotz allem noch zwei, drei Unverbesserliche geben, die sich fragen, warum zum Teufel du heute diesen Preis bekommst, lass mich ihnen mit deinem Werk antworten.

Ich zitiere aus dem «Staatsfeind Nr. 1» …

Kurz erklärt: Deutscher Rap

• •

Warum ist die deutsche Rap- und Hip-Hop-Szene so ein herausragender Irrtum der Musikgeschichte? Zum einen natürlich wegen der unbestreitbaren Uncoolness der deutschen Sprache. (Dies kann jeder bestätigen, der schon mal versucht hat, irgendwen als «Mutterficker» zu beschimpfen. Klingt einfach ekelhaft.) Hinzu kommt aber auch die fehlende Street Credibility unserer Rapper. Wer ernsthaft glaubt, wegen ein paar Vorstrafen für Schubsereien vor der Disco oder abgetretener Außenspiegel als Gangster zu gelten, dem ist leider nicht zu helfen. Während die fleißigen US-Kollegen in jeder freien Minute mit vollautomatischen Waffen aus dem Cabrio ballern, schließen deutsche Rapper reihenweise Bausparverträge ab oder leben in Doppelhaushälften. Die Möchtegern-Rivalen Bushido und Sido sind inzwischen «Freunde» (!) und verdienen ihr Geld mit Immobilien. Man würde sich am liebsten von morgens bis abends beim toten Tupac entschuldigen für solche Pfeifen.

• •

28. KLAUS WOWEREIT
Noch entgleister als die S-Bahn

Sonnabendvormittag in Berlin, Klaus Wowereit sitzt mit seinem iPad auf dem Schoß in einem Charlottenburger Café. Er hat gerade seine Lieblingsseite aufgerufen: Wewewe Klaus

Minus Wowereit Punkt De Eh, eine Hammerseite! Ganz oben steht gleich ein Bild von Klaus Wowereit und dadrunter ganz viel, was Klaus Wowereit alles so meint und findet, hauptsächlich zu Berlin, aber auch zu Deutschland und so.

Klaus Wowereit nippt am zweiten Latte des Tages. Eine rumänische Bettlerin spielt auf einer Karpaten-Zimbel Weisen aus dem Land ihrer toten Väter. Dazu tanzt ein kleiner Waschbär einen traurigen Csárdás. Klaus Wowereit verliebt sich in diesem Moment aufs Neue in seine Stadt. Im Hintergrund hört man eine S-Bahn entgleisen, soll noch einer sagen,

Statt mit dem schwarzen Präsidenten spricht Klaus Wowereit mit dem weißen Porzellanbären: Geht's noch?

die fahren gar nicht mehr – alles Propaganda. Drei Transferleistungsträger schlurfen, noch müde von der durchzechten Nacht, vorüber. «Ey Wowi, jibste eenen aus, icke wähl dir ooch.» Klaus Wowereit wirft ihnen ein halbverzehrtes Parmaschinken-Croissant rüber. Das ist sein Berlin. Hautnah. Konsequent. Ehrlich. In den Schlaglöchern auf der Chaussee, noch randvoll vom Regen des frühen Morgens, badet eine Ratte ihre Jungen. Auch ihr wirft Klaus Wowereit ein Parmaschinken-Croissant hin.

Er will Regierender Bürgermeister für alle Berliner sein. «Regierender Bürgermeister», dieser Ausdruck ist allerdings der Witz des Jahrhunderts. Ausgerechnet das Oberhaupt der unregierbarsten Stadt Deutschlands heißt so. Klaus Wowereit ist es nur recht, denn er hat zum Regieren eh keine Lust. Wo keine Lösung ist, da droht auch keine Arbeit.

Er bestellt noch einen Latte, dazu etwas Konfekt. In der Straße vor dem Café baut ein Filmteam seine Gerätschaften auf, irgendeine Nazi-Klamotte, die zu neunundneunzig Prozent in Tschechien gedreht wird. Aber wegen der Filmförderung … na ja, ist ja auch egal. Ein tiefergelegter Fünfer-BMW rast in die Filmcrew hinein, der Fahrerin ist die Burka über die Augen gerutscht. Das ist sein Berlin, immer in Bewegung, nie langweilig! Ein uralter Mann torkelt aus der Paris Bar, vor gefühlten fünfzig Jahren hat er mal die ZDF-Drehscheibe moderiert, daran glaubt Klaus Wowereit sich jedenfalls zu erinnern.

Sein Berlin ist aber auch eine junge Stadt, ein Magnet für die Jugend der Welt. Klaus Wowereit findet es ganz toll, dass sich auch eine Gruppe behinderter junger Schwarzafrikaner an dem Günter-Pfitzmann-Look-alike-Casting auf dem ehemaligen Flughafen Tempelhof beteiligt hat. Das war seine Idee: einen Flughafen in eine Event-Location umzuwan deln. Tempo dreißig bei der S-Bahn war auch seine Idee, da schäumten die Grünen vor Neid. Sein Berlin! Das war sein Werk! Und wie genial war es erst, den vergeigten Großflughafen in ein anderes Bundesland zu legen, darauf musste man erst mal kommen. Er wird Platzeck den ganzen Mist in die Schuhe schieben und in aller Ruhe weiterregieren.

Wowiwostok, das Schaufenster des Ostens, war und ist sein Projekt. Klaus Wowereit winkt die illegale nigerianische Servierkraft heran und steckt ihr einen Fünfzigeuroschein in die Gesäßtasche. Wenn Gabriel heute Nachmittag anruft, um ihn jetzt doch noch zu fragen, ob er Kanzlerkandidat der SPD werden will, dann würde ER, Klaus Wowereit, antworten: «Schieb sie dir sonst wohin, deine Kanzlerschaft, Siggi, ich bin immer noch Klaus Wowereit.»

27. OLAF GLAESEKER
Verantwortlich für die Ansiedlung des Wulffs in Deutschland

Protokoll einer Aussage für die Zentralstelle für Korruptionsstrafsachen z. Hd. des zuständigen Oberstaatsanwalts

Mein Name ist Olaf Glaeseker, und ich gebe hiermit im vollen Teilbesitz meiner geistigen Kräfte folgende Aussage zu Protokoll: Ich kenne keinen Christian Wulff, ein Mann dieses Namens ist mir völlig unbekannt. Ich bestreite weiterhin, jemals einem Mann dieses Namens bewusst begegnet zu sein. Fotos, die scheinbar das Gegenteil beweisen, sind entweder plumpe Fälschungen oder Zufälle. Da ich bei Flugreisen stets einen

«Moment, Christian, ich habe den Staatsanwalt auf der anderen Leitung, wir sehen uns dann bei Maschi auf Malle.»

Einzelsitz am Gang wähle (meine Gattin hat Flugangst und begleitet mich nicht), kann es durchaus sein, dass ein Passagier namens Christian Wulff zufällig neben mir Platz genommen hat. Nicht auszuschließen ist auch, dass besagter Wulff absichtlich meine Nähe gesucht hat, um mit mir gemeinsam auf Fotos zu erscheinen (siehe dazu auch den Film «Zelig» von Woody Allen).

Ich bestreite nicht, als Beamter in der niedersächsischen Staatskanzlei und später im Bundespräsidialamt gearbeitet zu haben. Dass es sich bei dem dortigen Ministerpräsidenten und später auch Bundespräsidenten um den besagten Mann auf den Fotos handelte, ist mir erst durch die Presse bekanntgeworden.

Weiterhin bestreite ich, mit einem gleichnamigen und mir täuschend ähnlich sehenden Mann namens Olaf Glaeseker in allen mir vorgeworfenen Fällen identisch zu sein. Ich habe weder umsonst Urlaub in spanischen Fincas bei einem mir unbekannten Manfred Schmidt gemacht noch für eine Sause namens «Nord-Süd-Dialog» Spendengelder eingesammelt. Meines Wissens handelt es sich beim Nord-Süd-Dialog um eine Veranstaltungsreihe des Entwicklungshilfeministeriums unter der Festspielleitung von Dirk Niebel. Ich könnte mir durchaus vorstellen, dass besagter Niebel unter meinem Namen sämtliche mir vorgeworfenen Taten vollbracht hat, zumal er mir täuschend ähnlich sieht.

Und zuletzt bestreite ich hiermit auch, dass ich diese Aussage im Vorfeld auf den Anrufbeantworter eines mir unbekannten Christian Wulff gesprochen habe. Ein diesbezüglicher Mitschnitt, der in der morgigen «Bild»-Zeitung erscheint, muss – obwohl er den exakt gleichen Wortlaut hat – als Fälschung mit rein zufällig hundertprozentiger Übereinstimmung gewertet werden.

Gez. Olaf Glaeseker (nach Diktat verreist)
Steinhude am Meer, 21. August 2012

Kurz erklärt: Sause

• •

Auf den Putz hauen kann man auf vielerlei Weise, richtig schön wird's aber erst, wenn's ein anderer bezahlt und/oder auch mit Nutten. Diese Partys nennt man – wenn's rauskommt – «Sause». VW-Betriebsräte nageln sich durch die Nachtclubs von Rio, oder Ergo-Mitarbeiter (ehedem: Hamburg-Ranschleimer) vögeln auf Betriebskosten alles, was nicht bei drei hinterm Kaviar-Büfett verschwunden ist. Eher harmlos, weil nicht gevögelt wurde (Günther Oettinger hat die ganze Zeit zugeguckt), war der Nord-Süd-Dialog, eine Party mit Niedersachsen und Baden-Württembergern. Zur «Sause» wurde sie trotz Knatterfreiheit, weil in ihr Privatwirtschaftliches und Staatliches womöglich ungesetzlich vermischt wurden. Wie frivol ist das denn? Dafür lassen wir alle doch gerne ein Dutzend halbnackte Tänzerinnen links liegen.

26. JOSEF ACKERMANN
Opa ante Portas

«Schon toll, wer sich noch alles an mich erinnert.» Josef Ackermann scrollt durch die Gratulations-E-Mails aus aller Welt. Man hat ihn nicht vergessen. Diese Momente allein am PC sind heute seine Geburtstagsparty. Er hat kurz überlegt, ob er ein richtiges Fest ausrichten soll, hat es dann aber doch gelassen. Es ist einfach nicht mehr dasselbe, seit er für solche Festivitäten selber bezahlen muss.

Der einstmals mächtigste Banker der Welt erinnert sich wehmütig an vergangene Zeiten. Zum Beispiel an die magische Nacht im Kanzleramt, die ihm Angie damals geschmissen hat. Angie, das alte Party Animal!

Gut, wenn man es ganz korinthenkackermäßig genau nimmt, war es natürlich nicht Angie, sondern der deutsche Steuerzahler, der die Nacht geschmissen hat. Total hysterische Schlagzeilen damals. Die Deutschen und ihre Neidkultur. Traurig. Dabei ging es nur um Peanuts, äh … um einen sehr niedrigen Betrag.

Josef Ackermann denkt gern an die Party im Kanzleramt zurück. Trotz der hartnäckigen Lücken in seiner Erinnerung. Zum Teil sind da nur noch Bilder: zum Beispiel von Brüderle, wie er in Feinrippunterhose am Kronleuchter schwingt und «Guck mal, Jupp, ich kann Aufschwung!» brüllt. Ist das alles

«Vögli, wenns mögli», antwortete Josef Ackermann auf die Frage: «Was machst du nach der Sitzung?»

wirklich so passiert? Alter Verwalter, haben sie etwa wirklich dem pennenden Schäuble die Reifen zerstochen?

Josef Ackermann kichert vor sich hin. Und entdeckt wie aufs Stichwort die Gratulations-Mail des obersten deutschen Kassenwarts. Erwartungsgemäß hat Schäuble, der alte Erbsenzähler, nebenbei gleich wieder ein paar Fragen zur Euro-Rettung. Ohne seine Expertise sind die Hansel da in Berlin nach wie vor aufgeschmissen.

Zum Glück lassen sie sich beraten. Josef Ackermann ist stolz darauf, dass ER es war, der Merkel anno dunnemals erklärt hat, warum man das mit der Bankenregulierung nicht wirklich durchziehen darf. «Natürlich kommst du an ein bisschen ‹Es kann nicht sein, dass nur der kleine Sparer die Kosten der Krise trägt›-Rhetorik nicht ganz vorbei», hat er ihr damals geduldig erklärt, während die Kanzlerin versonnen an ihrer XXL-Toblerone knabberte, die er ihr aus dem Duty-free-Shop mitgebracht hatte. Über Bankenregulierung zu REDEN ist schließlich total okay. Politiker wollen ja wiedergewählt werden. Und der «kleine Mann» hat nun mal einen echten Igel in der Tasche, wenn's ums Bankenretten geht.

Mit den Gedanken zurück in der Gegenwart, fällt Ackermann ein, dass er an diesem Vormittag noch ein paar mehr Mails lesen muss. Deshalb beantwortet er die von Schäuble nur in Stichworten: «Ruhig noch mehr billiges Geld in marode Banken pumpen. Ist nie verkehrt. Griechen und Portugiesen raus, Iren drinlassen!» ... Oder doch umgekehrt? Der Pensionär kommt kurz ins Grübeln.

Seine Familie behauptet ja, er baue ein bisschen ab, seit er nicht mehr bei der Deutschen Bank ist. So ein Nonsens. Gut, neulich hat er an seinem Rechner mal versehentlich irgendwas Sechsstelliges in den Sand gesetzt. Er dachte, er hätte brasilianische Wertpapiere abgestoßen, tatsächlich hatte er aber offenbar mit unterschiedlich großen Vögeln und so einer Art Steinschleuder auf Schweine geschossen. Angeblich ein Computerspiel. Shit happens, und im Prinzip hätte der knickrige deutsche Steuerzahler auch diesen Verlust ausgleichen müssen. Josef Ackermann ist seiner eigenen Auffassung nach schließlich systemrelevant. Systemrelevanter jedenfalls als dieser kleine Inder, den sie in Frankfurt als seinen Nachfolger ausgewürfelt haben. Wie hieß der jetzt wieder? Apu irgendwas. Ach ne, Quatsch, das war ja der Inder bei den «Simpsons».

Nach dem kleinen «Angry Birds»-Lapsus hat seine unverschämte Familie tatsächlich ernsthaft überlegt, ihm das Internet abzustellen. Geht natürlich nicht. Wenn der Euro morgen richtig abschmiert und die Bundesregierung ihre SOS-Mails schickt, wer soll's denn dann bitte richten? Ja, wer denn? «Die Politiker vielleicht?», fragt sich Ackermann jetzt laut und rhetorisch. Er lacht sich kaputt. «Jeder Schimpanse hat mehr Ahnung von Volkswirtschaft als dieser Pfeifenverein!»

Eine weitere Mail trifft ein. Von einem echten nigerianischen Prinzen. Interessant. Der Mann hat eine Investmentidee, mit der man sein Kapital VERZEHNFACHEN kann. Josef Ackermann ist sofort wie elektrisiert. Ein altes Zirkuspferd verlernt eben nie seine Tricks.

Kurz erklärt: Banken

• •

Die Bank war ursprünglich mal eine pfiffige Idee. Banken leihen Privatkunden oder Unternehmern Geld und ermöglichen so Investitionen und Firmengründungen. Aus heutiger Sicht kaum vorstellbar, aber Banken waren einst noch gar nicht das inoperable Geschwür am Rektum des Marktes, sondern hatten eine regelrechte Funktion im Wirtschaftskreislauf. Sogar eine dienende. Was aber hat diese Idylle zerstört?

Wie es aussieht, die Tatsache, dass irgendwann in den neunziger Jahren nur noch sehr böse Menschen Banker geworden sind. Aber richtig böse. Böse im Sinne von «Ich find's wahnsinnig witzig, mit euren Ersparnissen zu zocken, und wenn's schiefgeht, von euren Steuergeldern gerettet zu werden, und wenn's euch nicht passt, dann heult doch». Böse halt.

Warum ausgerechnet dieser an sich mal ehrbare Beruf plötzlich nur noch Arschlöcher angezogen hat, bleibt ein großes Rätsel. Andererseits weiß ja auch keiner, warum so viele Männer, die privat gerne Lady Gaga hören, später Flugbegleiter werden.

Vorschläge, wie man Banker irgendwann mal wieder von bösen Geldverbrennungsmaschinen zu nützlichen Mitgliedern der Gesellschaft machen könnte, gibt es unterdessen viele. Man könnte zum Beispiel per Gesetz Geschäftsbanken von Investmentbanken trennen. Ist aber relativ kompliziert. Einfacher wäre die Sache mit dem Holzpflock ins Herz.

● ●

25. DIRK NIEBEL
Haben Sie Vorurteile gegen Politiker? Nein?
Dann lesen Sie bitte hier weiter

«Man kann was werden, ohne was zu sein, denn sonst müsste man ja nichts mehr werden.» Dirk Niebel las diesen Spruch auf dem Kalenderblatt und verstand ihn nicht. Machte aber auch nichts, denn Dirk Niebel war ja schon Bundesminister und in der FDP, da konnte ihn Mutti nicht einfach rausschmeißen.

Vorhin hatte ein alter Kumpel, den er noch von früher her

kannte, aus Afghanistan angerufen. «Ey, Furzi, wie geht's, alles in deutscher Hand?», hatte der ihn am Telefon begrüßt. An sich fand Dirk Niebel es nicht mehr so witzig, wenn man ihn mit seinem Spitznamen aus der Bundeswehrzeit ansprach. «Sag mal, stimmt das, Furzi, was sie alle schreiben: Du hast in Kabul einen Teppich geklaut? Du bist ein Held, da sollen sich die Weicheier vom Verteidigungsministerium mal ein Beispiel dran nehmen! Wen hattest du denn dadrin eingewickelt? Einen Taliban-Überläufer? Ein echtes Husarenstück, das macht dir keiner nach, Furzi!» Dirk Niebel war das Gespräch allmählich zu vertraulich geworden, natürlich hatte

«Nicht die Stange krumm biegen, Dirk – das Gewicht anheben, du Trottel!»
Der Trainer war stinksauer.

der Verfassungsschutz mitgehört, dies war schließlich keine sichere Leitung.

Ursprünglich hatte er, als er noch der Kettenhund von Guido war, vorgeschlagen, das Entwicklungshilfeministerium dichtzumachen, und das im Grunde nur, um die alte Hexe Heidi Wieczorek endlich auszuräuchern. Doch dann kam alles anders: Er, der Arbeitsamtverwaltungswirt und Hauptmann der Reserve, Mittelschüler und Mützenträger, wurde zum Chef just eben jenes Ladens ernannt, den er abschaffen wollte, des Bundesministeriums für wirtschaftliche Zusammenarbeit. Na ja, so blöd konnte man ja nun wirklich nicht sein und sich selbst den fliegenden Teppich unterm Hintern wegreißen.

Im «BuMiWiZuse», wie das ehemalige Bimbo-Ministerium im Berliner Jargon genannt wurde, fühlte sich Dirk Niebel pudelwohl. Von einem Kontinent zum andern pesen, niedlichen schwatten Rangen das Kraushaar tätscheln und Mutti Merkel fern in Dschörmeni eine alte Frau sein lassen, das war 'ne Wucht. Anders als die beiden Halbschwuchteln Rösler und Lindner stand er nicht im Rampenlicht, musste nicht wie Guido mit seinem Freund auf bekloppten Hengstparaden abhängen, Niebels Ehegespons war sogar eine Frau – noch besser.

Big Furzi hatte es geschafft, vom einfachen Hamburger Fischbrötchenfresser zum Minister. Und damit an der Heimatfront weiter Frieden herrschte bei all den vielen Auslandsreisen, hatte sich Dirk Niebel gedacht: «Ach Scheiße, bringe ich der Regierung zu Hause doch einen schönen Teppich mit, zollfrei, als Beiladung im BND-Flieger, kostet nicht die Welt.» Es hätte alles klappen können, aber irgendein Kameradenschwein aus dem Kabinett hatte gepetzt.

Doch Furzi hatte das vorhergesehen und tatsächlich was in den Teppich eingewickelt. «Na wartet», dachte sich Dirk Niebel, «euch lasse ich alle hochgehen.» Er wickelte den extra verpackten Zünder aus dem Ölpapier und wählte eine Nummer im Kanzleramt.

24. BORIS BECKER
Früh berühmt, früh verblüht

Wen die Götter hassen, den lassen sie den eigenen Ruhm jahrzehntelang überleben. Gemeint ist nicht Leni Riefenstahl, sondern Boris Becker. Mit siebzehn ein Gott, mit zweiundzwanzig ein Genie, mit fünfundzwanzig immer noch der Größte und mit über vierzig ein Vollhorst.

Ri-ra-runkel, in der Besenkammer ist es dunkel, anders ist die Nummer damals in London wohl kaum zu erklären. Millionen deutscher Männer fragten sich, was die ganze Prominenz denn wert sei, wenn man dermaßen hässliche Frauen rammeln musste – oder was war das Problem, hatte Mama Becker vergessen, dem pubertierenden Bobbele das Onanieren beizubringen?

So hässlich der Vogel aus dem Putzmittelkabuff auch war, das Schicksal hielt für unseren Boris noch eine weitere Pointe bereit: Der Besenritt blieb nicht ohne Folge, und doppelt blöd fürs Töchterchen – vom Aussehen ganz der Papa. Von nun an ging's bergab mit dem Leimener, was immer er anfing, das Pech klebte an seinen Händen. Ob Autohaus oder Sportrechtehandel, ja nicht mal anständig Steuerhinterziehen konnte er, unser Bobbele. Privat ging erst die Ehe mit Babs in die Brüche, dann folgten Affären und Trennungen, unvergessen auch sein Auftritt für einen amerikanischen Internetverein («Isch bin drin»).

Endlich schien es, unser Tennisheld aus dem vergangenen Jahrtausend habe sich gefangen: An der Seite einer dünnhäu-

«Ey, Scheiße, hallo, welscher nimmd denn jetz als Näschstes die Faggel, wo isch tapei hab?»

tigen Schmuckdesignerin wollte er's noch mal mit dem Ehestand versuchen. Doch kurz nach der Verlobung war schon wieder Schluss, Heirat geplatzt, aus die Maus.

«Was tun», denkt sich da der Held von gestern, «um nicht als Pflaume dazustehen?» Das Mobilsprechgerät noch vom Schlussmachen mit Sandy in der Hand, blättert er ziellos im dortigen Nummernverzeichnis: Hoppala, wen haben wir denn da? Lilly Dingenskirchen, die Besprungene vor der Letztgebumsten, vielleicht wär da noch was zu löten. Ein Anruf später ist die Sache geritzt, zwei Anrufe später steht fest: Bobbele springt bei Kumpel Gottschalk durch den Feuerreif und gibt dabei den Heiratstermin mit der alten Neuen, neuen Alten, egal, mit irgendwas bekannt. Gerade noch mal die Kurve gekriegt und sich zum Herren der Nachrichtenlage gemacht.

Doch oh weh, was wird aus unserm Boris, wenn auch dieses Ereignis längst vergessen ist und er wieder nichts mit sich anzufangen weiß? Schade, dass Madame Tussauds keine echten Exponate zwischen die Wachsfiguren stellt, Boris Becker würde dort endlich seinen Frieden finden.

Kurz erklärt: Tennisheld

● ●

Wer schlau ist, wird Papst, Bluesmusiker oder ZDF-Zuschauer. Denn die werden auch im Greisenalter noch für voll genommen. Selbst als Rockstar kann man heute bis weit übers Rentenalter eine gewisse Restwürde bewahren. Und sogar einige Fußballkarrieren münden nach ihrem Ende in ein normales Dasein. Allein der Tennisheld bleibt bis auf wenige Ausnahmen für den größten Teil seines Lebens ein trauriger Held von gestern.

● ●

23. KARL-THEODOR ZU GUTTENBERG
Ministry of Silly Walks

Sechs Uhr früh im Feldlager Kunduz / Afghanistan. Der Standort-Muezzin ruft die einheimischen Auxiliartruppen zum Frühgebet. Mit zusammengekniffenen Augen blickt der wachhabende StUffz in den Morgenhimmel. Auf drei Uhr nähert sich eine Transall. Wahrscheinlich der Versorgungsflieger aus Kabul. Seit vier Wochen haben sie kein dreilagiges Toilettenpapier mehr im Lager, nur noch das zweilagige für die Mannschaftsdienstgrade, die Stimmung unter den Uffzen ist dem Bersten nah. Außerdem fehlen Müllbeutel für das duale System. Laut Afghanistan-Mandat des Parlaments ist Mülltrennung oberstes Gebot bei den Einsatzkräften. Eine Delegation der Grünen hat eigens zu deren Kontrolle vor sechs Wochen alle Feldlager bereist.

Das Dröhnen der beiden Rolls-Royce-Tyne-Mk22-Turboprop-Triebwerke wird lauter, der wachhabende StUffz nimmt sein Fernglas zur Hand. Er freut sich auf die Lieferung aus Kunduz, vielleicht ist ein Brief von Mutter im Gepäck. Der letzte, den er ihr geschrieben hat, wurde von einem Mitarbeiter des Abschirmdienstes geöffnet, und alle darin enthaltenen Rechtschreibfehler waren angestrichen worden. Das hat ihm Mutter am Feldtelefon erzählt, es war so demütigend.

Der StUffz blickt jetzt hoch zur Transall. Was ist das? Da steht jemand in der geöffneten Heckklappe des Transportflugzeugs und lässt sich fotografieren. Nein, nicht der schon wieder. Aus der Traum vom dreilagigen Toilettenpapier, kein Brief von Mutter, keine neue Lebensgeister weckenden Magazine. Sofort bricht im Lager der Alarm aus. Manch einer wünscht sich mittlerweile, die Taliban kämen zu Besuch statt K. T. zu Guttenberg, auf die dürfte man wenigstens schießen. Wenn der oberste Chef einschwebt, alle zehn Tage etwa, verwandelt sich das Feldlager in die «Kunduz Fashion Week», wie die Soldaten hinter vorgehaltener Hand spotten.

Mittlerweile ist die Transall gelandet, ein Wolf von der Fahrbereitschaft rast zur Maschine, um den Minister abzuholen. Doch er ist nicht allein. Neben ihm steht Stephanie Freiin zu Guttenberg dekorativ in der Tür der Transall, die beige Chinohose keck in die Schäfte der Desert Boots gesteckt, zur

Mazār-i-Scharif, und das Haar sitzt perfekt.

leichten sommerlichen Splitterschutzweste trägt sie das Haar nach oben gesteckt, gehalten nur durch die Dolce-&-Gabbana-Brille aus der aktuellen Eyewear-Kollektion. Auch ihr Gatte ist in den Ausgehdress eines eleganten NGO-Vorsitzenden gewandet: beige Gabardine-Beinkleider, dazu einen Camouflage-Sweater lässig über die Schultern geworfen und die Stahlhelm-Plastikattrappe am langen Arm tätschelnd.

Dieses Foto von Ken und Barbie in Afghanistan wird am nächsten Tag die ersten Seiten der bundesdeutschen Tageszeitungen beherrschen. Eigentlich können beide jetzt schon wieder abfliegen, denn die Bilder sind im Kasten: Mission erfüllt. Doch anstandshalber sollte K. T. mindestens einen Tag dableiben, vielleicht ergäben sich noch ein paar Bilder mit Soldaten hinter Sandsäcken oder so. Außerdem hat K. T. Gastgeschenke für die Einsatzkräfte im Gepäck: achthundert Reclam-Hefte Thukydides' «Geschichte des Peloponnesischen Krieges». Er selbst hat das Werk im griechischen Original verschlungen und zitiert seiner Gemahlin noch heute gern nach vollzogenem Beischlaf die schönsten Stellen.

Die Hitze beginnt schon zu dieser Stunde unerträglich zu werden, Stephanie quengelt einen herumstehenden Gefreiten an: «Ich will ein Eis, Stracciatella und Amarena ohne Sahne.» Unter den Achseln des adligen Oberbefehlshabers bilden sich die ersten Schweißränder. «Um Himmels willen, wenn das die Presse mitkriegt.» Zu Guttenberg wird kreidebleich. «Sofort fertigmachen zum Start!», brüllt er nach vorne in die Pilotenkanzel. «Wir fliegen nach Hause, duschen.» – «Au ja, duschen!», hört man auch Stephanie Freiin zu Guttenbergs Stimme im Getöse der Rolls-Royce-Turboprops langsam untergehen. Der mitfliegende Unteroffizier kann gerade noch die achthundert Thukydides-Bände durch die bereits halbgeschlossene Ladeluke werfen, da hat die Transall auch schon kehrtgemacht und rollt wieder in Richtung Startpiste.

Mit gerunzelter Stirn blickt der wachhabende StUffz auf Hunderte von gelben Toilettenpapier-Abrissblöcken. «Verdammter Mist, taktisches Scheißpapier, das Bedrucken hätten sie sich wenigstens sparen können.»

Karl-Theodor zu Guttenberg legt den Zeitungsartikel zurück in die Klarsichtmappe. «Kaputtgeschrieben haben sie mich, ja, kaputtgeschrieben, die Pinscher von der Hauptstadtpresse», schreit er den daran vollkommen unschuldigen Weimaraner-Rüden an, der sich devot an seinen Knien reibt – oder ist es Stephanie? Egal, K. T. ist jetzt nicht nach Kuscheln zumute, er wird wiederkommen, und zwar noch größer und erhabener, als er gegangen ist. Nur jammerschade, dass die Truppe ihm nicht mehr gehorcht. «Burg Guttenberg ist nicht St. Helena, ihr elenden Heloten und Hypokriten», brüllt er seinen Weimaraner an, oder ist es Stephanie? Egal, denn beide verstehen kein Griechisch.

Karl-Theodor zu Guttenberg – Vorerst immer noch gescheitert

Halifax, Kanada, ein deutscher Dissertationsfälscher sitzt im Morgenmantel bei seiner zweiten Tasse Pure Ethiopian Coffee. Aus dem Paisley-Muster des reinseidenen Morgenmantels heraus streut eine dezent behaarte Hand den zertifizierten Rohrzucker in die Kaffeetasse. Die andere hält die Druckfahnen des soeben eingetroffenen Schundromans «Vorerst gescheitert». Darin erzählt der Autor – um selbigen handelt es sich übrigens hier am Frühstückstisch – von einem blutjungen Adelsspross aus Franken, den es in die weite Welt der Politik hinausträgt. Wie einst Odysseus auf seiner Heimfahrt aus Troja muss auch dieser Held härteste Prüfungen bestehen, zwischen Scylla und Merkel hindurchnavigieren und erliegt doch letztlich dem Zauber der akademischen Circe. «Verdammte Scheiße, ist das gut, Stephi», brüllt es aus dem seidenen Morgenmantel ins Vestibül zur blonden Gemahlin hinüber, «Kay-Tee is back in town!»

Minutiös hat Kay-Tee in den letzten Monaten alles vorbereitet: die freche Margarinefrisur gegen einen dezenten Finanzoptimiererschnitt ausgetauscht und die Schlaumeierbrille mit dem Fensterglas weggeworfen. Nun sieht er nicht mehr aus wie ein Klemmi in englischen Internatsfilmen, sondern eher wie diese Allerwelts-Markus-Lanz-Kerner-Pilawas, talkshowkompatibel und allemal gut für eine vertrauenerweckende Wurstreklame.

Kay-Tee blättert ein wenig in den Fahnen seines Buches. Der blöde Verlag hat das Autorenfoto mit der Augenklappe abgelehnt. Dabei sieht er damit verdammt noch mal genauso aus wie Tom Cruise als Stauffenberg – eine Assoziation, die ihm die Herzen der wertkonservativen Scientologen in der CSU geöffnet hätte – immerhin keine unbedeutende Minderheit. Das CSU-Dschungelcamp am 16. Januar in Wildbad Kreuth wird er sich noch nicht antun. Doch auch so hat er sein Comeback fest im Griff. Zuerst ein glanzvolles Entree in Aachen bei der Preisverleihung gegen den tierischen Ernst, dann ein Gastauftritt in Tine Wittlers Sendung «Die warzenübersäte Oma mit den Pickelkatzen», immerhin sechzehn Prozent prognostizierter Marktanteil. Das wird ihm die Sympathien der wertkonservativen Hartz-IV-Menschen sichern. Und schließlich der Höhepunkt der Frühjahrsoffensive: die

Wiedererlangung des Doktortitels mit seinem neuen Buch an der Fern-Uni Rattenroda im Thüringischen. Dort haben die zu Guttenbergs noch einige Mergelgruben aus der Weimarer Zeit, und der Rektor ist der Enkel eines braven alten Vorarbeiters.

Diesmal allerdings hat er sich jede Zeile selbst ausgedacht. «Harrharr», grummelt es im Rachen des vorerst gescheiterten Franken, «daran wird sich die Plagiats-Software die Zähne ausbeißen.» Und genüsslich liest Kay-Tee Edler zu Guttenberg die ersten Zeilen seines Manuskripts: «Als Kay-Tee eines Morgens aus unruhigen Träumen erwachte, fand er sich in seinem Bett zu einem ungeheuren Ungeziefer verwandelt.»

22. PETER ALTMAIER
Der schwarze Pirat

Good News, Leute. Bin neuer Umweltminister! Röttgen ist raus! Hat NRW-Wahl verbockt. Moment, kam jetzt blöd rüber. Röttgen ist
(Altmaier@FunkmasterP)

Achtung, Fehler im letzten Tweet. Habe mir eben erklären lassen, dass man bei Twitter eine begrenzte Zeichenzahl hat. Wollte schreiben, dass Röttgen
(Altmaier@FunkmasterP)

Haha, die Tücken von Twitter! dpa meldet schon:
Altmaier disst Röttgen. Twitter-Missverständnis.
Wollte vorhin schreiben, Röttgen ist scheiße
(Altmaier@FunkmasterP)

WICHTIG!!! Satz war noch nicht zu Ende. Röttgen
ist scheiße noch eins nicht allein schuld an NRW.
Er hat außerdem nur einen winzigen
(Altmaier@FunkmasterP)

Anteil an CDU-Pleite – Herrgottnochmal!!! Will
man mich hier falsch verstehen? Albern. Da war
null Bezug zu Röttgens Geschlecht
(Altmaier@FunkmasterP)

steil!
(Altmaier@FunkmasterP)

Meine erste Kabinettssitzung! Sitze zwischen
Aigner und Schavan. Habe zum Einstand einen aus-
gegeben. Überraschungseier für alle.
(Altmaier@FunkmasterP)

Mist, bei mir ist der kleine Formel-1-Wagen im
Ei. Hatte ich schon zweimal. Zusammenbau sau-
schwer. Frage Pofalla, ob er mir hilft. Merkel
guckt
(Altmaier@FunkmasterP)

mich böse an. Ich soll dem Kollegen Westerwelle
zuhören und meine doofen Eier vergessen! Nächstes

Mal bringe ich einfach billige Neger
(Altmaier@FunkmasterP)

Schaumküsse mit! Undankbares Gesocks!
(Altmaier@FunkmasterP)

Westerwelle labert immer noch. Irgendwas über
Ägypten oder so. Laaaaaangweilig!!! Merkel guckt
sauer. Ist die etwa auch bei Twitter? Fuck!
(Altmaier@FunkmasterP)

Meine ersten Worte am Kabinettstisch. Rösler
fragt, ob es Fortschritte bei der Endlagersuche
gibt. Ich sag aus Spaß einfach mal ja! ROFL
(Altmaier@FunkmasterP)

Flirt-Alarm! Aigner füßelt mit mir unterm Kabinettstisch. Die will's wissen! ... Sorry, Korrektur: War leider doch nur Schavan. Kacke!
(Altmaier@FunkmasterP)

Seibert schreibt SMS: Bei Twitter tauchen Interna
aus der laufenden Sitzung auf. Neiiin! Wer macht
denn so was? Hihi
(Altmaier@FunkmasterP)

Verdammt. Merkel sieht Smartphone auf meinem
Knie. Furie kommt direkt auf mich zugerauscht,
macht Fenster auf und schm
(Altmaier@FunkmasterP)

21. FERDINAND PIËCH
Weltherrscher mit Trema

«Piiiiäääääch, nicht Piiiich und auch nicht Piiiitsch, Pfärrtinant Piiiiäääääch!», wie oft hatte ER das früher den ahnungslosen Idioten entgegenbelfern müssen, damals, als noch niemand ahnte, dass ER einmal den größten Automobilkonzern nicht nur lenken, sondern quasi auch besitzen würde: Pfärrtinant Piiiiäääääch, ER hatte das diäresische Trema in die Rechtschreibung internationaler Konzernlenker eingeführt.

Und doch war ER ein Porsche durch und durch, der einzig würdige Nachfolger des genialen Konstrukteurs. Hatte dieser sich noch an den damaligen GröFaZ ranschleimen müssen, so war ER selber heute so groß, dass Politiker aller Parteien vor IHM katzbuckelten. In Niedersachsen gab es kein anderes Gesetz neben IHM, östlich von Salzgitter keinen anderen Gott. ER hatte Volkswagen zu dem gemacht, was es heute war, denn ER hatte seinen Clausewitz im Ranzen: Wirtschaft ist die Fortsetzung des Krieges mit friedlichen Mitteln.

Was der deutschen Wehrmacht in der Luftschlacht um England nicht gelungen war, die Zerstörung der britischen Industrie, das hatten ER und die Japaner vollbracht. Jetzt gab es keinen nennenswerten britischen Autohersteller mehr, und – da umspielte ein Lächeln den Mund des austroteutonischen Oligarchen – Bentley war zu einer Marke unter dem Dach von Volkswagen geworden. Die Queen kutschierte entweder mit dem Modell eines bajuwarischen Flugmotorenherstellers herum – einem Rolls-Royce – oder mit einem Bentley aus Kraft-durch-Freude-Stadt. Doch die Engländer waren keine

Mit der Fernbedienung in seiner Rechten könnte Piëch ganz Wolfsburg in die Luft sprengen – wenn er den Knopf drückt.

wirklichen Gegner gewesen für IHN, bedeutender war der Schwabenschlag, als ER mit Hilfe eines willfährigen niedersächsischen Ministerpräsidenten die Porsche AG heim ins Reich geholt hatte.

Pfärrtinant Piiiiääääch war heute, an seinem achtzigsten Geburtstag, mit sich und seinem Lebenswerk zufrieden. Volkswagen war nicht nur der größte Konzern der Welt, sondern stellte auch zusammen mit der SPD die Bundesregierung von Groß-Deutschland. Seitdem Frankreich und Norditalien sich der Bundesrepublik freiwillig angeschlossen hatten, war fast das alte Römische Reich Deutscher Nation in den Grenzen von 1150 wiederauferstanden. Zum Volkswagen-Konzern gehörte die gesamte Nahrungsmittelindustrie, alle Energielieferanten und der VfL Bayern Wolfsburg, seit 2014 ununterbrochen Großdeutscher Meister.

Der uralte Fernsprecher klingelte im Vestibül der VW-Schanze, ER nahm den Hörer von der Gabel und lauschte den Glückwünschen des amerikanischen Präsidenten: «My dear Fördi, liebärr Mister Peach ... » Doch da hörte ER schon gar nicht mehr hin. Wäre ER fünfzig Jahre jünger gewesen, hätte dieses «Peach» der Anlass zum Ausbruch des Dritten Weltkriegs werden können, so sagte ER nur: «Sssänk ju wärri matsch, Massa Osama.»

20. CHRISTIAN LINDNER
Die Meinungsmaschine

An der Universität Bonn hatte er sich nach dem Abitur für den Studiengang Politikwissenschaft eingeschrieben. Mein

Gott, was waren seine Kommilitonen alle naiv gewesen: Die glaubten damals doch tatsächlich, in diesem Fach gehe es um die wissenschaftliche Auseinandersetzung mit der politischen Realität. Idioten, alle zusammen! Wenn jemand Maschinenbau studiert, will er sich danach schließlich auch nicht mit bereits existierenden Maschinen beschäftigen, sondern neue konstruieren. Und genau darum ging es auch Christian Lindner von Anfang an – er wollte sich in eine perfekt konstruierte Politik-Maschine verwandeln. Dazu dachte er sich neben den albernen Seminaren an der Uni eigene Fachgebiete aus: Simulation von Meinung, Glaubwürdigkeits-Posing, Casual Opinion Making. Den größten Wert legte er auf freie Rede und Mediensympathie. Er nahm Ballettunterricht, um seine schmächtige Figur körperlich präsenter erscheinen zu lassen. Abends schaute er alte Western auf Video und sprach die Rolle von John Wayne laut vor sich hin. All das sollte nur einem Zwecke dienen: die perfekte Politwaffe Christian Lindner zu formen.

Schon als Schüler hatte er begriffen, dass die einzige Partei, die für ihn als Wirtstier in Frage käme, die FDP war. Mit sechzehn trat er ihr bei. Nach seinen Hochrechnungen hätte er genau zehn Jahre gebraucht, um ihr Landesvorsitzender zu werden. Er schaffte es in neun. Bei der SPD hätte er grob überschlagen achtundzwanzig benötigt, die Grünen hätten ihn nach zwei Jahren rausgeworfen, und in der CDU hatte er als Hetero keine Chance. Dies sollte sich als der einzige Irrtum in der Karriereplanung des Christian Lindner herausstellen. Die Uni Bonn wählte er seinerzeit nicht zufällig, hier hatte auch Guido Westerwelle studiert. Und exakt wie geplant schlug ihn dieser 2009 zum Generalsekretär der FDP vor.

Manchmal ängstigte Christian Lindner sich vor sich

selbst, alles kam immer genau so wie vorhergesagt. Er träumte nachts davon, wie sich große Teile seiner Haut ablösten und darunter ein Android zum Vorschein kam, ein FDP-Terminator, darauf programmiert, im Jahre 2013 Parteivorsitzender zu werden, und nichts konnte ihn je aufhalten. Dann schreckte er schweißgebadet aus seinen Träumen hoch und klopfte mit dem Blackberry vom Nachttisch auf seinem Unterarm herum. «Meine Güte, wenn es nun metallisch klingt, was mache ich dann?» Doch außer ein paar blauen Flecken hinterließ die nächtliche Selbstvergewisserung keine weiteren Spuren.

Christian Lindner hasste nichts so sehr wie Leute, die eine feststehende Meinung hatten. Sogar in der FDP gab es einige davon, Sabine Schnarrenberger zum Beispiel oder wie die hieß. «Liberal» bedeutete für Christian Lindner in allererster Linie, auch die politische Meinung dem freien Markt zu überlassen. Es brachte doch überhaupt nichts, auf diesen dämlichen Steuererleichterungen herumzureiten, wenn man sich damit nur Ärger und Nervereien einhandelte. Im kleinen Kreis unter Freunden, wenn er schon zwei Bionade getrunken hatte und entsprechend locker drauf war, sagte er oft, am liebsten würde er fordern, dass morgen früh die Sonne aufgehe. Und zwar deshalb, weil sie es mit fast absoluter Sicherheit tue und er dafür nichts zu tun bräuchte. Dann lachte Christian Lindner laut über sich selbst und darüber, was für ein Fuchs er doch war.

Er gab sich bis zum vierzigsten Geburtstag Zeit, um in der Politik die große Karriere zu machen, mindestens Vorsitzender und Minister oder irgendwas in Brüssel oder Genf. Einen wichtigen Schritt dorthin hatte er durch das hervorragende Wahlergebnis in NRW schon gemacht. Wenn er jetzt nicht den Rösler abgelöst hätte, dann würde er an die Uni zurückgekehrt, um Bestseller zu schreiben. Eine These, die er insgeheim das «Lindner'sche Theorem» nannte, bewegte er schon seit langem im Kopf: «Erfolgreiche Politik machen heißt sich an die Spitze einer Bewegung setzen, die es auch ohne dich geschafft hätte.»

«Scheiße, bin ich gut», dachte er oft insgeheim.

Kurz erklärt: Meinung

● ●

Durch die Umfrage hat die «Meinung» einen alles beherrschenden Stellenwert in der politischen Beschlussfassung zu jedem Thema gefunden. «Meinung» ist die Haltung, die sich auch bar jedes Wissens und Gedankens beinah automatisch im sprachbegabten Großsäuger bildet, deshalb hat sie auch jeder von ihnen zu jeder Frage. Zum Beispiel, ob Handystrahlung Krebs auslöst oder Frauen rückwärts einparken können. Weder Wissenschaft noch Vernunft können den «Meinungsträger» vom Gegenteil überzeugen, und so kommt es zur «Meinungsbildung», die ähnlich wie die «Schimmelbildung» nur durch Abriss des befallenen Objekts ausgerottet werden kann. Bildet sich die persönliche Meinung aus einem Ursumpf von Vorurteilen wie von selbst, so gibt es auch die von «Meinungsmachern» in die Köpfe der Doofköppe implantierte Meinung. Da wird's dann nicht nur blöd, sondern gefährlich.

● ●

19. PETER RAMSAUER
Heute schon Verkehr gehabt? – A boarische G'schichtn

Wolfgang Schäuble fragt die Kabinettsrunde, ob es zum Haushalt aus den Ressorts noch Fragen gibt. «Wenn ja, dann bitte jetzt!» Peter Ramsauer hebt zaghaft den Zeigefinger der rech-

«Sagt's amoal, habt's ihr herinnen in dem Korea koa Stichsägn?»

ten Hand und räuspert sich. Keiner der anderen Minister reagiert darauf, die Kanzlerin schon gar nicht. Wie denn auch? In solchen Runden vermeidet Merkel jeden Blickkontakt mit Untergebenen und streichelt stattdessen das geliebte iPad auf ihrem Schoß. «Ich könnte hier lichterloh in Flammen stehen und um mein Leben schreien, die Alte würde seelenruhig weiter auf dem Scheiß-Tablet-Computer rumtatschen!», denkt Ramsauer verbittert.

Zu wenig Aufmerksamkeit, das ist die Geschichte seines Lebens. Nach «Doc» Guttenbergs Abgang ist er der telegenste Mann an diesem Tisch. Aber mit meilenweitem Abstand! Dass die Kanzlerin ständig den Altmaier vor die

Kameras schickt, ist für ihn ein großes Mysterium. «Wenn dieser aufgedunsene Homunkulus Interviews gibt, müssten doch eigentlich sämtliche Objektive platzen! Warum bin ausgerechnet ICH in diesem Kabinett der Unsichtbare?»

Er schüttelt den Gedanken ab und räuspert sich ein wenig lauter. Null Reaktion. Er beginnt mit den Fingern zu schnipsen, wie früher in der Schule, wenn er mal was wusste.

«Ja gut», sagt Schäuble, «ich interpretiere das Schweigen jetzt mal so, dass alle Kollegen zufrieden sind mit dem aktuellen Haushaltsplan.»

Ramsauer fasst sich ein Herz: «Du, Wolfgang, ich wollt nur kurz anmerken ...»

Der rechts neben ihm kauernde Thomas de Maizière tut so, als hätte Ramsauer nichts gesagt und fällt ihm eiskalt ins Wort: «Ich hätte in der Tat noch ein paar Anmerkungen zum Wehretat, genauer gesagt zur geplanten Verkleinerung des Standortes Bonn ...»

Ramsauer ist fassungslos. Dieser Bleistiftanspitzer, der Farbloseste unter den Farblosen, der Mann, den er in Gedanken immer «Mister Sieben-Dioptrien» nennt, ist ihm volle Kanne reingegrätscht! Ramsauer versucht sich zu beruhigen. Das Verteidigungsministerium steht nun mal etwas höher in der Hackordnung, das lässt sich nicht bestreiten. Da geht's um Fragen von Leben und Tod, ums Einmarschieren oder Warten. Dagegen kann er kaum anstinken mit seinem popeligen Ausbau des Schienennetzes.

Irgendwann hat de Maizière die letzten Zahlenkolonnen ausgekotzt und sackt wieder in sich zusammen wie ein angeschossenes Schlauchboot. Instinktiv nutzt Ramsauer die kurze Pause: «Wie gesagt, Wolfgang, ich wollte auch noch mal festhalten, dass ...»

Diesmal ist es Ilse Aigner, die ihn unterbricht: «Also mir ist sehr wichtig, dass wir in meinem Haus immer einen Sonderetat für Dioxin-Krisen behalten. Weil der Dreck ja weiter ins Hühnerfutter gekippt wird, und ich brauch da schon jedes Jahr Geld, um die doofen Verbraucher zu beruhigen, gell?»

«Kollegin Aigner, das sind jetzt aber wirklich so Detailfragen, die sollten wir auf Staatssekretärsebene besprechen», entgegnet ein genervter Schäuble. Die beiden verstricken sich in ein minutenlanges Streitgespräch.

Peter Ramsauers Zeigefinger hängt immer noch in der Luft. «Gut», sagt er sich, «die dicke Ilse mit ihrem Dioxin, das ist natürlich auf eine Art auch eine Frage von Leben und Tod. Das hat vielleicht einen gewissen Vorrang.»

Als Ilse Aigner schließlich aufgibt und wütend ihren Aktendeckel zuklappt, atmet Ramsauer noch einmal tief durch und setzt sich in Positur.

«Wolfgang, du, ich muss jetzt doch noch mal wegen des Schienennetzes ... »

Die Tür zum Kabinettsraum wird aufgerissen, und Kristina Schröder rauscht herein. Die junge Familienministerin plappert direkt drauflos: «Sorry, Leute, bin etwas spät dran, ihr wisst ja, hab immer noch keinen Krippenplatz für die Kleine! In welches Ressort fällt das eigentlich mit dem verdammten Kitaplatzmangel? Ach ja, in meins! Hahaha ... Du, Wolfgang, wegen Haushalt und so, du hast da echt bei mir 'nen Tick zu viel weggestrichen, und ich finde schon ... »

«FRESSE!!!»

Es ist einfach aus Peter Ramsauer herausgebrochen.

Alle Minister starren ihn an. Die kleine Schröder steht wie erstarrt im Raum. Sogar die Kanzlerin hat für eine Sekunde vom iPad aufgeschaut. Ramsauer selbst ist das egal, er kann sich nicht mehr bremsen: «Ne, mal echt jetzt, Leute! Ich hab mich vorhin als Allererster gemeldet! Und dann hat der Wolfgang trotzdem erst mal lauter andere drangenommen! Okay, hab ich noch geschluckt. Ich weiß ja, dass es euch alle 'nen feuchten Dreck interessiert, was in meinem Ministerium passiert. Is ja nur Verkehr, ne? Kann man den ganzen Tag doofe Witze drüber machen. So was wie: ‹Na, Peterchen, heute schon Verkehr gehabt?› Ich lach dann später! Könnt ihr alles machen! Is mir inzwischen scheißegal, aber EINS lass ich mir nicht bieten: dass mich die kleine Schröder hier unterbricht! Ich glaub, es hackt! Madamchen ist doch GE-FÜHLTE ZWÖLF! Die hat bis letzte Woche noch bei ihren ELTERN gewohnt! Die ist für Frauen und Familie zuständig, ALSO FÜR GAR NIX! UND DIE KLEINE PISSFLINTE DARF AUCH NOCH VOR MIR REDEN? MIR REICHT'S JETZT!»

Angela Merkel legt beim Solitaire auf ihrem iPad die Herz-Dame unter den Pik-König und sagt dann seelenruhig: «Wie-so, Peter, was wollteste denn vorschlagen? Lass mich raten: Wieder mal die Pkw-Maut?»

Der gesamte Kabinettstisch bricht in schallendes Geläch-ter aus.

Zu Hause isst Peter Ramsauer mit seiner Frau zu Abend. Er ist gezeichnet von den Ereignissen des Tages. «Das glaubst du alles nicht, Liebelein! Die lachen mich aus! Meine eigenen Kollegen! Und nach der Kabinettssitzung hatte ich noch zu 'ner Pressekonferenz bei uns im Ministerium geladen, um den Journalisten meinen neuen Aktionsplan gegen rücksichtslose Radfahrer vorzustellen. Und weißt du, wie viel gekommen sind? Na? Rat doch einfach mal! Drei Journalisten! Drei! Gut, eigentlich nur zwei, einer hatte sich in der Tür geirrt. Kannst du dir vorstellen, wie meine Arbeit hier in Berlin missachtet wird? Wie wenig man sich für meine Projekte interessiert? ... Liebelein?»

«Hm? Sorry, Peter, hab gerade kurz nicht zugehört. Wer ist tot?»

18. ROLAND EMMERICH
Hessen meets Hollywood

Mitschnitt eines Telefongesprächs zwischen dem deutschen Hollywood-Regisseur Roland Emmerich und dem Unterhaltungschef des Hessischen Rundfunks

HR-MANN: Ja, wie gesagt, Herr Emmerich, das wär ja wirklich der Ooooooberknaller, wenn wir Sie für den Film als Regisseur gewinnen könnten! Ich hätte im Leben nicht gedacht, dass da überhaupt eine Chance besteht! Ich bin restlos begeistert!

EMMERICH: Well, das ist halt die challenge, auf die wo ich jetzt schon länger drauf gewartet ... wie sagt man?

HR-MANN: ... hab?

EMMERICH: Genau! Back to meine Anfänge! Kleiner Independent-Film, aber dafür ... wie sagt man in Deutsch ... honest, weischt? Ich bin ja kein Director, wo immer das big budget braucht. Die Story muss stimmen, weischt? Das ganze Starkino, des macht ja Spaß, and so on and so forth, but es hat oft kein heart, weischt ...

HR-MANN: ... kein Herz.

EMMERICH: Was?

HR-MANN: Herz!

EMMERICH: Ach so … Ja, ich find Avis auch okay, aber wie kommscht du jetzt auf Leihwagen?

HR-MANN: Äh … Herr Emmerich, haben Sie denn das Buch schon ganz lesen können?

EMMERICH: Sure! Und, weischt, es hat mich halt getoucht. So einfach isch des. Richtig getoucht, weischt? Deschhalb hab ich ja zu meim Agent gesagt, Linda, call die Leute da in Frankfurt mal right now.

HR-MANN: Nur noch mal zu Ihrer Information, Herr Emmerich. Das Fernsehspiel liefe dann am Freitag um 20.15 Uhr in der ARD, und die Hauptrolle wurde schon der Christiane Hörbiger angeboten. Die kennen Sie doch?

EMMERICH: Hey! Hallo! Na logen kenn ich Frau Hörbigen! Ich leb in L. A. but not on the moon, weischt? Haha … No, honestly, die Horbiegel ist gut, sehr sexy, really hot …

HR-MANN: Ja … Ich weiß jetzt gerade nicht so hundertprozentig, ob wir von derselben Schauspielerin reden …

EMMERICH: But listen. Da sind noch ein paar plot points, wo upgegradet werden könnten. The whole thing could be a bit mehr politisch. Weischt, ich les hier immer «Spiegel Online» und so und find die deutsche Politszene gerade super interesting. Lass den Movie doch in der Hauptstadt spielen, weischt? Hey, why not? Warum nicht in Bonn?

HR-MANN: Na ja gut, äh … Bonn ist ja nicht mehr …

EMMERICH: Weischt, da hast gleich 'ne ganz andere Fallhöhe! Wenn du weischt, es ist nicht fucking Stuttgart oder so, wo komplett von dem Vulkanausbruch zerstört wird, sondern die fucking Hauptstadt!

HR-MANN: Jaaaaa … hab ich mir erst mal notiert, Herr Emmerich. Allerdings ... geht's ja in unserem Fernsehspiel gar nicht um einen Vulkanausbruch, sondern um eine Frau, gespielt von Christiane Hörbiger, die ihren Mann verliert und dann einen Bauernhof im Allgäu erbt, wo sie sich schließlich in einen kernigen Landwirt, gespielt von Fritz Wepper, verliebt und nach vielen Wirrnissen doch heimisch fühlt. Daher ja auch der Arbeitstitel «Bäuerin wider Willen» ... Fanden wir ganz pfiffig ...

Roland Emmerich segnet eine Gruppe entrechteter Besucher.

EMMERICH: Well, excuse me. Maybe es war jetzt auch meine mistake, weil ich gerade viele Projekte gleichzeitg ... weischt? Okay. Bonn ist raus, got it ... Vulkan explodiert im Allgäu ...

HR-MANN: Äh ... Diese ganze Vulkansache ist mir jetzt neu. Die wäre, mal ganz brutal ehrlich gesagt, bei unserem Budget auch gar nicht drin.

EMMERICH: Hey, fuck the budget! I told you! Mir geht's um die Story! Fuck the vulcano! Bleibt ja immer noch der Twist am Schluss mit den Aliens! Sehr geile idea! Clever! Reminds me of «Independence Day», weischt. Kind of ...

HR-MANN: Aliens?

EMMERICH: Very cool! Plus viel Humor, the weltberühmte deutsche Humor und zwei, drei richtig geile Sexszenen! Dürfen wir ja hier in den Staaten leider nicht, weischt? Total prüde, weischt?

HR-MANN: Also ... Sexszenen sind laut UNSERER Marktforschung nicht direkt das, was der deutsche Zuschauer von Christiane Hörbiger sehen will, und ich befürchte, wenn ...

EMMERICH: Hey, und don't worry wegen effects und so, ich hab einen sehr guten Draht zu George Lucas and den Boys von Dreamworks and so forth, die machen uns eine special price. So again: Forget the budget!

HR-MANN: Ja, da bin ich sehr erleichtert, dass Sie das noch mal so explizit sagen, weil ... wir können halt nicht über die achthundert drübergehen. Die steigen mir sonst aufs Dach, die Damen und Herren aus unserer Kostenstelle. Haha ...

EMMERICH: So what?! If you say eight hundred Millionen is die

Limit, fuck it, dann mach ich uns halt einen geilen Film für eight hundred Millionen!

HR-MANN: Äh ... achthunderttausend ... Euro ... wäre unser Limit.

EMMERICH: (*lange Pause*) ... Du, listen ... ich hör dir gerade ganz schlecht, weisst? Technische Problem. Eine kurze Moment ...

(*Klickgeräusch in der Leitung*)

HR-MANN: Herr Emmerich? Hallo?

17. JÜRGEN TRITTIN
Ich war ein Dosenpfand

Nicht erst mit der Bausparkassenwerbung ist er wieder aufgetaucht: der «Spießer». Seit dem Mittelalter hält sich dieser Begriff für Menschen mit kleinbürgerlicher Lebensweise, oft fremdenfeindlich oder zumindest dem Neuen, Unbekannten nicht besonders aufgeschlossen. Andere Despektierlichkeiten unterlagen der Mode: Der «Halbstarke», die «Langhaarigen», die «Asylanten», die «Bonzen» und das «Establishment» sind mit ihren Verwendergruppen ausgestorben. Der «Spießer» aber ist geblieben, wohl auch dank seiner Ableitung «spießig». Das sind sowieso alle anderen und man selber mit Sicherheit nicht.

Vor einiger Zeit erschien ein Interview mit Jürgen Trittin, in dem dieser süffisant als Ausweis seiner Nichtspießigkeit angab, er würde als DJ – hahahaha – sogar Titel von den Toten Hosen – noch mal hahahaha – auflegen. Lange Haare ja, aber gepflegt müssen sie sein, fällt einem dazu nur ein. Zumindest

Jürgen Trittin hatte seine Geburtstagsparty bei Facebook gepostet:
schöne Scheiße!

wissen wir jetzt dank Trittin, dass wir wohl Super-Nichtspießer
sein müssen, denn unsereins käme niemals auf den absurden
Gedanken, sich schon als «DJ» zu bezeichnen, nur weil man
irgendwo mal eine CD reingeschoben hat. Und eine Scheibe
von den Toten Hosen – bei allem Respekt vor linkstümelnder
Gröl- und Saufmusik – würde ein normal zivilisierter Mensch
nicht mal seinen Gartenzwergen vordudeln. Wenn's denn

trotzdem einer macht – geschenkt, deshalb verlässt man noch nicht für immer den Geltungsbereich des guten Geschmacks. Aber damit auch noch öffentlich zu prahlen, das ist schon die ganz hohe Schule des Megaspießertums.

Wir fassen den Fall zusammen: Der einfache Altspießer hält die Toten Hosen für eine Bande arbeitsscheuer und biersaufender Nichtsnutze, die grauenhafte «Negermusik» spielen. Dieser Altspießer ist mehr oder minder ausgestorben. Der Neo-Einfachspießer hält dagegen die Toten Hosen für eine linke Band mit revolutionären Texten, die nur Musik machen, weil sie irgendwie gegen das System sind. Von diesen Neospießern gibt's noch jede Menge, was soll's, wir sind alle nicht vollkommen. Der Meta-Neospießer hingegen glaubt zu wissen, dass es gesellschaftlicher Konsens einer fortschrittlich denkenden Elite ist, die Toten Hosen für die Guten zu halten – deshalb behauptet er das auch.

Opa erzählt aus'm Krieg! Und Opa merkt nicht mal mehr, wie oberpeinlich und deshalb auch extrem spießig es ist, Musik – und dann auch noch von den Toten Hosen – als Gesinnungsbutton vor sich herzutragen. Willkommen im Club der Peinlichkeiten, Jürgen Trittin. Da warten schon Guido Westerwelle aus dem Big-Brother-Container, Otto Schily mit dem Hertha-Trikot, der Knut-Knutscher Sigmar Gabriel, Karl-Theodor zu Guttenberg auf dem AC/DC-Konzert – und täglich werden es mehr.

Kurz erklärt: Kommunisten

• •

Der Kommunismus hatte es in Westdeutschland nicht leicht, durch die DDR («Unrechtsstaat», keine Apfelsinen) hat er viel von seiner Attraktivität eingebüßt. Lediglich in studentischen Sektiererclubs hielt sich noch die ein oder andere besonders bescheuerte Spielart (Kommunistischer Bund, K-Gruppen), die ein paar Mitglieder fand (Jürgen Trittin, Angelika Beer, Rainer Trampert), wobei die Gewitzteren recht bald zu den neugegründeten Grünen wechselten (siehe alle drei oben). Nur die Doofen hielten sich zwanzig Jahre versteckt, bis die DDR (immer noch keine Apfelsinen) endlich abkackte, und gründeten neue kommunistische Beklopptenvereine (SED-PDS, nur PDS, WASG, Die Linke). Bringt's aber auch nicht. Lasst es doch einfach bleiben!

• •

16. WOLF BIERMANN
Fehlkauf aus der DDR

Hatte der nicht auch mal einen Hit, irgendwann in den Siebzigern?

Wer?

Ich komm nicht drauf: ein Typ mit Popelbremse und Gitarre.

Seit wann haben solche Typen denn Hits?

Jetzt hör aber auf, was ist mit Wolle Petry, hä?

Der kann nicht Gitarre spielen!

Ist auch egal, den mein ich nicht! Der, den ich meine, kommt ursprünglich aus der Ostzone.

Ein Wolle Petry aus der Ostzone, da fällt mir «Maschine» ein, von den Puhdys.

Quatsch, nicht Maschine. Diesen hier, den haben wir damals freigekauft, und seitdem nervt der im Westen rum, unterschreibt dauernd Proteste und hält sich für das moralische Gewissen der Nation.

Ein Bono für Arme sozusagen.

Ja, kann man sagen, aber warum fällt mir der verdammte Name denn nicht ein?

Sag doch mal einen Hit von dem.

Der hatte keine Hits, außer vielleicht den, auf den ich nicht komme – das ist es ja, der klampft nur wie der Pastor auf der Konfirmandenfreizeit und reimt sich dabei 'nen Wolf.

Ich habs: Wolf Niedecken!

Idiot. Der klampft nicht.

Unterschreibt aber auch alles.

Kann sein, aber ...

Heinz Randolf Kunze!

Rudolf!

Kein Popstar heißt Rudolf, du Vollhorst!

Der schon! «Dein ist mein ganzes Herz ... »

Das ist von Matthias Reim!

Nein, von Kunze, aber darum geht's ja auch gar nicht, der, den ich meine ...

Hannes Wader! Bettina Wegner!

Das is 'ne Frau, Blödmann!

Na und?

Jetzt hab ich's! Ich hab's! Dass ich da nicht eher drauf gekommen bin. Klaus Lage!

Seit wann kommt der aus der Ostzone?

Der ist dahin ausgewandert.

Jetzt spinnst du total, kein Schwein ist freiwillig in die Ostzone ausgewandert.

228 WOLF BIERMANN

Und was ist mit Angela Merkel?
Die war noch ein Säugling!
Nä, Klaus Lage ist es auch nicht. Ach Mist, ich geb's auf, ist auch nicht so wichtig. Komm, hol uns lieber noch 'n Bier, Mann.

Kurz erklärt: Liedermacher

• •

Der Liedermacher ist eine speziell deutsche Form der schlechten Musik und nach Shantychören, Gospelgruppen und Fanfarenzügen die größte Herausforderung für die Toleranz gegenüber Mitmenschen. Machen die eben Genannten einfach nur grausige Musik, so kommt bei den Liedermachern die «Botschaft» noch erschwerend hinzu. Die Beklopptesten unter ihnen glauben tatsächlich – oder geben es zumindest vor –, mit ihrem Gewinsel zur Gitarre die «Gesellschaft verändern» zu können. Über das Volksempfinden mag sehr viel Schlechtes und damit auch Richtiges gesagt worden sein, eins kann man ihm allerdings nicht vorwerfen: Von diesen Hanswürsten ist noch nie ein Ruck durch die Gesellschaft gegangen.

• •

15. KRISTINA SCHRÖDER
Für eine Handvoll Herdprämie

Es war einer jener absurd ereignislosen Bürotage, an denen die Zeit nur noch zu kriechen scheint. Mein letzter richtig guter Fall lag bereits Wochen zurück, und während der Berliner Regen einschläfernd gegen die Fenster trommelte, goss ich mir einen weiteren Schuss Bourbon in meine Capri-Sonne. «Vielleicht sollte man doch noch mal im Internet routinemäßig nach vermissten Frauen suchen. Ich fang mal bei YouPorn an», dachte ich gerade, als es plötzlich an der Tür klopfte.

«Sekunde», rief ich und machte geistesgegenwärtig die Hose zu. «Herein!» Die mittelgroße, mittelblonde und mittelinteressante Frau, die nun mein Büro betrat, erkannte ich natürlich sofort. So viele absurd junge Ministerinnen sitzen ja nicht an Muttis Kabinettstisch. Es hatte sich offenbar unter den Berliner Politikern rumgesprochen, dass man sich auf meine Diskretion verlassen kann. Spätestens seit ich für den kleinen Rösler herausgefunden hatte, dass sich Merkel heimlich mit ihrem Ex, dem alten Steinmeier, trifft, um die nächste große Koalition anzuleiern, war ich so was wie eine Topadresse für Politiker mit delikaten Anliegen.

«Sie müssen mir helfen», eröffnete mir die Blondine, die ich im Folgenden «S.» nennen werde, weil es niemanden etwas angeht, dass es sich um Familienministerin Kristina Schröder handelte, und weil Diskretion mein zweiter Vorname ist. «Ich werde an meinem Arbeitsplatz gemobbt, irgendjemand will mich fertigmachen!», beklagte sich S. mit einer penetranten Wehleidigkeit in der Stimme, die mich direkt aggressiv machte.

Deswegen entgegnete ich wohl etwas zu scharf: «Lady, ich will Ihnen nicht zu nahetreten, aber meiner persönlichen Meinung nach scheint Ihnen die Sonne aus dem Arsch! Ich meine, hallo – Sie sind Anfang dreißig und schon Ministerin. Obendrein zuständig für ein Amt, in dem man sich ja nun wirklich nicht kaputtmacht. Wie hat Ihr Namensvetter Kanzler Bierchen Schröder immer gesagt? ‹Ministerium für Frauen und Gedöns›. Ihnen geht's doch prächtig!»

Wahrscheinlich ging ich damit zu weit. Die Augen der

Kleinen wurden bambimäßig groß und feucht. Ich hatte kurz vergessen, dass sie ja im Grunde noch ein Kind ist. Also ruderte ich flugs zurück.

«Nichts für ungut, Darling. Wie kommen Sie denn darauf, dass jemand Sie fertigmachen will? Hm?»

«Wie ich darauf komme?», fragte S. leicht schnippisch zurück. «Lesen Sie eigentlich ab und zu mal Zeitung? Alles, was ich in meinem Job anfasse, wird zu Scheiße! ALLES! Jede Idee, die ich habe, wird zerredet und miesgemacht!»

Kristinas neues Büro, links und rechts Stühle für die Mutti und den Paps.

Sie streckte mir eine Ausgabe der «Bild»-Zeitung mit der Schlagzeile «Nichts ist öder als die Politik von Schröder!» entgegen. «Und so was muss ich alle paar Tage über mich lesen!», presste S. bitter hervor.

«Tja, Honey, ich weiß nicht, ob das jetzt ein Schock für Sie ist, aber bei der ‹Bild› arbeiten tatsächlich ein paar böse Menschen. Das darf man nicht persönlich nehmen», versuchte ich das hysterische Persönchen mit einer gesunden Portion Sarkasmus zu beruhigen.

Doch S. ließ sich nicht abbringen von ihrer Verschwörungstheorie. «Im Bundestag hört praktisch keiner mehr zu, wenn ich am Rednerpult stehe. Manche lachen mich offen aus!»

«Ja, und? Da muss man doch drüberstehen, wenn so ein paar stalinistische Knalltüten von der Linksfraktion vor sich hin kichern.»

«Meine EIGENEN Leute lachen mich aus!»

«Okay, zugegeben, das ist kein gutes Zeichen», räumte ich ein.

S. glaubte ganz fest daran, dass irgendjemand hinter den Kulissen ihre Karriere und ihre Ideen torpedierte. Als Beispiel nannte sie mir die sogenannte «Flexi-Quote», eine Art Gegenmodell zur klassischen Frauenquote und ein Konzept, auf das sie ganz besonders stolz war. Begeistert erklärte mir die Kleine, dass sich bei ihrer «Flexi-Quote» die Unternehmen selber auf einen bestimmten Anteil von Frauen in Führungspositionen festlegen.

«Wie jetzt?», fragte ich ungläubig zurück. «Die Unternehmen dürfen SELBER bestimmen, wie viel Prozent ihrer Vorstandsposten sie in ein paar Jahren vielleicht mit Frauen besetzen?»

S. nickte begeistert.

Ich konnte es nicht fassen. «Ja, aber ... warum um Himmels willen sollten sich die Unternehmen FREIWILLIG mehr Frauen in die Vorstände holen? Die sind doch nicht blöd! Nehmen Sie es mir nicht übel, Lady, aber Ihre ‹Flexi-Quote› hat einen ganz entscheidenden Nachteil: Sie ist scheißi!»

Großer Fehler meinerseits. Ich hätte ahnen müssen, dass so viel Offenheit zu Tränen führen würde. Zwischen den Schluchzern verstand ich nur noch so was wie «funktioniert wohl, menno», «immer alle gegen mich» und «bald echt keinen Bock mehr». Um das heulende Häufchen Elend aus meinem Büro zu kriegen, versprach ich ihr schließlich, den Fall zu übernehmen.

In den folgenden Tagen versuchte ich zunächst, mir ein möglichst komplettes Bild von S. zu machen. Ich recherchierte in ihrer Vergangenheit. Was ich dabei herausfand, war gelinde gesagt schockierend. Ich weiß, es klingt total absurd und krank, aber S. hatte als Teenager ein Poster von Helmut Kohl in ihrem Zimmer! Direkt über dem Bett. Welche Verheerungen das in der Seele eines jungen Menschen angerichtet haben mochte, darüber wollte ich gar nicht erst nachdenken. Gab es damals etwa tatsächlich einen Birne-Starschnitt in der «Bravo»? Und wenn ja, wie viele Ausgaben musste man kaufen, um auch nur einen Oberschenkel komplett zu haben? Schlimme Bilder machten sich in meinem Kopf breit und ließen sich nur mit gigantischen Mengen Alkohol bekämpfen.

Aber es kam noch dicker. Ein hessischer Informant, dessen Identität ich ebenfalls schützen muss (es war Roland Koch), verriet mir, dass S. schon mit vierzehn in die Junge Union eingetreten war. Mit vierzehn! Ich erinnerte mich sofort an die Worte meines Vaters, der immer gesagt hatte: «Junge, du kannst von mir aus dein Taschengeld als Crack-Stricher hinterm Bahnhof aufbessern, aber du gehst mir NICHT in die Junge Union.» Goldene Worte, die ich bis heute im Herzen trage.

Was also sagten mir die bestürzenden Rechercheergebnisse über meine Klientin? Konnte ich ihr überhaupt ein Wort glauben, oder war sie ein klassischer Borderline-Patient? Für Letzteres gab es zumindest Indizien. Wie zum Beispiel das Buch, das S. erst vor kurzem auf den Markt gebracht hatte. Titel: «Danke, emanzipiert sind wir selber». Leider bin ich irgendwo in der Mitte des Vorworts eingenickt, aber dem Klappentext konnte ich entnehmen, dass S. in diesem seltsamen Schmöker die ganze Vereinbarkeit von Kind und Beruf zur Privatsache erklärt. Wenn Mütter beispielsweise Teilzeit arbeiten wollen, dann müssten sie das individuell und «privat» mit ihrem Chef «aushandeln». Was die Kritiker zu der sehr berechtigten Frage geführt hatte, wozu wir dann eigentlich ein Frauenministerium brauchen. Ganz genau: S. hatte es fertiggebracht, ein Buch zu schreiben, in dem sie ihr eigenes Amt für überflüssig erklärt. Wie zum Teufel kam man auf so eine Idee? Also tatsächlich Borderline? Oder gab es doch eine Verschwörung gegen das Mädchen? Und wenn ja, wer steckte dahinter?

Eine Woche später hatte ich alle Antworten.

Von wegen Verfolgungswahn! S. hatte in der Tat einen äußerst mächtigen Feind. Gründliche Detektivarbeit war am Ende auch in diesem Fall der Schlüssel. Präzise gesagt: die nächtliche Überwachung des Parkplatzes vor dem Familienministerium. In der dritten Nacht erwischte ich dort nämlich keine Geringere als Ursula von der Leyen, die gerade dabei war, Fischsud in die Lüftungsschlitze des Dienstwagens von S. zu kippen.

«Den Geruch kriegt sie nie mehr aus der Karre», knurrte die ertappte Arbeitsministerin mit verblüffend wenig Reue in der Stimme.

«Aber warum? Warum? Was hat Ihnen S. bloß getan?», fragte ich von der Leyen fassungslos.

«Getan?», gab die Betonfrisur ungerührt zurück. «Lesen Sie eigentlich ab und zu mal Zeitung? Die Trulla wirft mit ihrer Politik die Frauenbewegung um Jahrzehnte zurück. Außerdem: Seit ich den Job als Bundespräsidentin nicht gekriegt hab, kann ich in dieser Drecksstadt nichts mehr werden, aber EINS kann ich noch – der Kleinen das Leben zur Hölle machen!»

Ein toughes Chick, die Uschi. Und eins, das man nicht zum Feind haben möchte. So gesehen tat mir S. jetzt fast schon leid. Am Morgen wollte ich ihr erzählen, wer hinter allem steckte.

Aber dann dachte ich an die «Flexi-Quote» und gab von der Leyen wortlos ihren Fischsud zurück.

14. AXEL SCHULZ
Der Fackelmann

Seine Finger gleiten über die Tasten. Draußen heult der Brandenburger Herbstwind. Schuberts «Moments musicaux» passen wunderbar zu dieser Stimmung. Er hat die Stücke immer geliebt, wird ihnen aber dem eigenen Empfinden nach selten gerecht. Auch heute nicht. Frustriert steht er vom Flügel auf und erinnert sich spontan an ein Zitat des großen Pianisten Alfred Brendel, das er unlängst in einer Fachzeitschrift gelesen hat: «Musik kann dramatisch sein und lyrisch. Bei einer guten Komposition ist immer auch der Verstand da. Der Verstand ist der Filter», hat Brendel gesagt.

«Aber stimmt das eigentlich?», denkt Axel und schaut nachdenklich aus dem Fenster. Seine Freundin kommt aus der Bibliothek.

«Woran denkst du gerade, Axel?»

«Ach, weißt du, Liebes, ich dachte nur, dass die Musik vielleicht die einzige Kunstform ist, die sich der Analyse entzieht. Die sich etwas zutiefst Mysteriöses bewahrt.»

Plötzlich hat er eine fabelhafte Idee für ein neues Gedicht. Doch das muss warten. Er hat ja heute noch diesen unseligen Termin.

Eine Stunde später trägt er eine Mütze mit der Aufschrift «Fackelmann» und sitzt vor einer grünen Wand im Studio der «ultimativen Chartshow». Jemand ruft: «Und bitte!»

Axel schaut in die Kamera und sagt: «Jut, die ham nich selber jesungen! Aber weeßte was: Ick fand Boney M. trotzdem knorke!»

Dann bittet ihn der Regisseur, den Refrain von «Daddy Cool» laut mitzusingen.

Wie es in ihm drin aussieht, wird nie jemand erfahren.

13. BETTINA WULFF
Eigenständiger Begleitservice von sich selbst

Bettina Wulff möchte als eigenständige Person wahrgenommen werden, deshalb verklagt sie jeden, der behauptet, sie hätte bei einem Begleitservice gearbeitet. Denn sie ist mehr als eine Begleiterin. Bettina Wulff möchte sogar verbieten, dass die Medien verbreiten, es handle sich dabei nicht um die nachgewiesene Wahrheit, sondern nur um ein Gerücht. Das alles möchte Bettina Wulff, daher ließ sie ein Buch schreiben, in dem es über acht Seiten um das Gerücht geht, sie habe bei einem Begleitservice gearbeitet. Jetzt endlich kann sich Bettina Wulff selbst auf Unterlassung verklagen und ist nicht mehr nur *eine* eigenständige Person, sondern sogar *zwei*: Kläger und Verklagte. Auf dem Weg durch die Instanzen darf sie sich nun selbst begleiten, und wir bleiben fürderhin von all dem unwichtigen Blödsinn verschont.

Frau Wulff ist kurz davor, Jörg Kachelmann den Allzeit-Award für die größte Verschwendung öffentlicher Aufmerksamkeit streitig zu machen. Was waren das für selige Zeiten, als man von gewesenen Bundespräsidenten erst wieder bei ihrem Staatsbegräbnis hörte und von den ehemaligen First Ladys meist gar nichts mehr. Heute traktiert uns First Frollein Wulff mit Sinn und Bedeutung ihrer Tätowierung, und das Monate nach dem Rauswurf aus Bellevue. Möchte sie «vor der Geschichte» reingewaschen werden, wie es häufig das Motiv von Politiker-Autobiographien ist? Vor welcher Geschichte? Eine, in der die Amtszeit des unglückseligen Paares auch nur vorkommt, wird hoffentlich nirgends aufgeschrieben.

Kläglicher, dümmer und zudem selbstverschuldeter ist wohl noch kein Politiker in Deutschland je gescheitert. Aus der Feder des männlichen Wulff möchte man diese Geschichte schon lesen, aber Bettina will ja als eigenständige Person wahrgenommen werden und sagt, sie hätte mit der ganzen saublöden Präsi-Nummer nichts zu tun. Deshalb hat sie sich am Tag des Rücktritts von First Christian auch einige Zentimeter weiter weg von ihm hingestellt, als das Protokoll es vorgesehen hatte. Und wir Dummköpfe haben das damals gar nicht bemerkt.

Kann es vielleicht sogar sein, dass es uns völlig gleichgültig ist, wie, warum und womit Bettina Wulff, geborene Körner, ihre Zeit generell verbringt, ob in Bellevue, auf Sylt oder in Großburgwedel? Das scheint auch die gelernte PR-Facharbeiterin zu erahnen, und bevor sich das Zeitfenster des öffentlichen Interesses endgültig schließt, schiebt sie noch ein dünnes Buch zwischen die Fensterflügel. Schlauer wär's vielleicht gewesen, einen eigenen Begleitservice zu eröffnen, wo man schon die PR umsonst von Google geliefert bekommt.

12. MANUELA SCHWESIG UND SO
Frauen in Führungspositionen, au ja!

Sie sehen so aus, als kämen sie mit ihren Verdauungsbeschwerden prima zurecht, die Politikerinnen neuen Typs, die Generation Actimel unter den Karrierefrauen. Manuela Schwesig, die blonde Anti-Nahles aus Meck-Pomm, kann sogar sprechen, wenn auch bisher nur das, was man ihr vorher aufgeschrieben hat. Dr. Silvana Koch-Mehrin, Begründerin des Blondie-Trends bei den Politweibern, hat Nachahmerinnen in allen Parteien gefunden. In ihrer eigenen folgte Katja Suding, zwar nicht blond, aber FDP-Spitzenfernsehfresse für Hamburg, und in der CDU Kristina Schröder, die jetzt wieder blond ist und schon als Fötus Helmut-Kohl-Fan war. Nur die Grünen scheuen sich noch, weibliche Spitzenpositionen vorrangig nach Attraktivität zu besetzen. Auch die CSU fischt in ihrem Genpool, wenn auch angestrengt, so doch im Trüben. Ilse Aigner, Christine Haderthauer – nicht bei allen Frauen wirkt Actimel beruhigend auf die Darmflora.

Wo sind die alten Schlachtstuten hin, die sonst die politische Szene bevölkerten? Herta Däubler-Gmelin, die stellvertretende DGB-Vorsitzende Ursula Engelen-Kefer, Inge Daniel-Wettigmeier (oder war es Wettig-Danielmeier?) – Doppelnamen-Monster, mit denen man Pferde stehlen konnte, völlig unverdächtig, den alten Parteischranzen die Bunga-Bunga-Quoten-Else zu machen. Lediglich Sabine Leutheusser-Schnarrenberger ist noch übrig geblieben. Überall sonst drängt die Generation Actimel auf die Positionen und stärkt ihre körpereigenen Abwehrkräfte in den Talkshows durch probiotische Meinungsbildung – immer schön sagen, was der eigenen Gesundheit nutzt und alle irgendwie gut finden.

Kein Wunder, dass bei diesem Erscheinungsbild der neuen Weiblichkeit sogar fast alle Männer für eine Frauenquote sind – das sind ja nicht diese Biester, die sie von zu Hause aus ihrer Wohnung kennen, sondern nett anzuschauende, freundliche Dreißigirgendwasse, in der Zielgruppe zwischen Arsch-Joghurt und Jacobs Krönung angesiedelt. Wer wird schon dagegen sein, wenn so was im Aufsichtsrat sitzt – besser als noch ein alter Gehirn-Inkontinenter in Sicherheitsverwahrung. Und warum nicht mal 'ne hübsche Frau statt ewig diese

mürrischen Gewerkschafter – falls die auch mal mehr auf so
was achten – oder, noch besser, gleich 'ne hübsche Gewerk-
schafterin, am besten mit Migrationstapete, da gibt's ja auch
hübsche unter denen, nicht wahr. Und wenn die Männer was
Wichtiges zu besprechen haben, können die Actimel-Ladys ja
auf dem Flur über ihre Verstopfung tuscheln.

11. GÜNTER GRASS
Das Schweigen der Synapsen

Seit Jahren versuchen uns die Medien das Alter madig zu
machen: Wir alle werden pflegebedürftig, kriegen dauernd
Krebs, es sind nicht genug Moneten da für staatlich geprüfte
Rollatormechanikerinnen, und wenn wir als Leiche zu fett
sind, fliegt das Krematorium in die Luft. Bei all diesem er-
wartungsgemäßen Horror ist der Segen des Alters etwas in
Vergessenheit geraten – und es bedurfte eines intellektuellen
Taschenbuchs namens Günter Grass, um ihn uns in Erinnerung zu rufen.

Als Greis darf man argumentationsbefreit rumstänkern,
nörgeln und Kinder mit dem Spazierstock vermöbeln. Herab vom sicheren Plateau der eigenen Gebrechlichkeit scheißt
man auf die Welt, auf Anstand und Moral, lässt den lieben
Gott einen albernen Popanz sein und freut sich auf das kühle
Grab. Hat man keine Enkel oder Schwiegertöchter in greif-
barer Nähe, auf denen man rumhacken kann, und ist jedoch
eine Person öffentlicher Wahrnehmung, kann man in großem
Stil den Mitmenschen vor den Koffer scheißen.

«Solange Opa Pilze putzt, schreibt er wenigstens keine Gedichte gegen Israel», äußerte sich die Betreuerin genervt gegenüber dem Besucher.

Ein paar Zeilen sind ruck, zuck zusammengekritzelt, noch 'ne Prise Aufregervokabeln hinzugefügt, allerdings besser nicht «Mohammed» und «Atombombe», um nicht die letzten Tage in einem Lübecker Panic Room verbringen zu müssen, und schon ist das Machwerk vollendet. Das Ganze nennt man sicherheitshalber «Gedicht», damit die Trottel aus dem

Feuilleton drauf anspringen und sogar die Politschnulzen-Muräne Wolf Biermann aus ihrer Höhle züngelt. Sehr klug gewählt von unserem Günter ist nicht nur das Rezeptions-umfeld, auf dem sich die moralische Eitelkeit seit jeher sonnt, nein, auch der Gegenstand des Anpissens: Israel und Juden sind da erste Wahl, weil auf dem Fuße beleidigt, und haste nich gesehen, braust ein Ruf nach Antisemitismus zum Rhein, zum Rhein, zum deutschen Rhein – wer will da noch des Stromes Hüter sein? Der Israeli greift auch nicht gleich zur Uzi oder hängt sich den Selbstmordgürtel um die Hüfte, wenn man mal ein bescheuertes Gedicht raushaut – der verhängt nur ein Ein-reiseverbot, wie niedlich ist das denn? Gegen Israel stänkern ist ein bisschen wie Mädchen ärgern auf dem Schulhof, wenn man sich an die richtig bösen Jungs nicht rantraut.

Aber was soll man machen als gebrechlicher Greis, da ist man froh, wenn man überhaupt noch einen ärgern kann. Was aber wird aus uns, wenn wir einmal so im Geiste vermodert sind wie Günter Grass heute und sich niemand mehr über uns aufregt, wenn wir gequirlte Kacke in freie Rhythmen gießen? Dann kann man nur hoffen, dass Kai Diekmann noch seinen Anrufbeantworter scharf gestellt hat, damit man wenigstens den vollkotzen kann.

Kurz erklärt: Gewissen der Nation

• •

Früher waren's nur die Schriftsteller, heute sind's die Liedermacher, Fußballer, Fernsehmoderatoren, Rockmusiker – sie alle sind flugs mit dem Stift zur Hand, wenn es gilt, ein Pamphlet zu unterschreiben, das Missstände in der Republik anprangert: Abschiebungen, Startbahnen, Brennelementtransporte oder Da-tenspeicherung. Je häufiger das geschieht, desto stumpfer wird das Schwert. Etwas mehr Arbeit machen sich da immer noch die Literaten, da reicht die

Unterschrift nicht aus, da wird ein offener Brief verfasst oder aus irgendwas ausgetreten (der SPD, der Gewerkschaft, dem ADAC oder dem Teckelclub) – aus Protest selbstverständlich. Wenn man das oft genug macht und alt genug ist, wird man zum «Gewissen der Nation» und kann sich für oder gegen jeden Mist einsetzen. Mehr kann man in Deutschland nicht erreichen.

10. RENATE KÜNAST
Wer war das denn noch mal?

Renate Künast guckt in den Badezimmerspiegel. Sie kratzt sich an der Nase, aber im Spiegelbild passiert nichts. «Scheiße», denkt sie sich, «schon wieder aus Versehen auf das Frankensteinposter geschaut, ich sollte das Mistding endlich woanders aufhängen.» Renate Künast findet sich tough, wenn sie so zu sich ist. Einfach gnadenlos, so unweiblich wie irgend möglich. Wenn Renate Künast sich selber beschreibt, dann sagt sie von sich, sie sei der einzige Stehpisser in ihrer ganzen Heulsusen-Partei. Höchstens Joschka lässt sie gelten, zwar ein Riesenarschloch vor dem Herrn, aber wenigstens kein Weichei. Die anderen kann man doch alle abhaken: Trittin, der süffisante Spießer, Fritz Kuhn – eine Flachpfeife sondergleichen, und dann Cem Özdemir, wenn der nicht auf dem Migrantenticket reisen würde, wär der schon lange weg vom Fenster. Von den Pissesäufern hätte sich doch keiner getraut, gegen Wowereit anzutreten.

Renate Künast bereut auch heute wieder, dass sie vor zig Jahren in diese Häschen-Partei eingetreten ist. Da quält man sich jahrzehntelang durch Bundesdelegiertenkonferenzen und ähnlichen Schwachmaten-Zirkus, erträgt fast genauso lange Claudia, die Rotbauchunke, und was ist der Dank? Die Heulsusen-Partei nimmt einem den Mercedes weg, und man muss aus Imagegründen mit einem Toyota Prius rumfahren.

Heute ist wieder so ein schlimmer Tag für Renate Künast, ihr Hass auf die Grünen ist von so einer unstillbaren Blutgier, wenn in dem Moment Ströbele mit dem Rad um die Ecke biegen würde … na ja, Gott sei Dank traut sich der alte Tatterzausel nicht so weit aus Kreuzberg raus.

Sie muss irgendetwas tun, um sich wieder in den Griff zu kriegen, bevor die Redakteure von RTL gleich kommen. Als sie vorgestern angerufen haben, haben sie gefragt, ob sie nicht Bock hätte, im Dschungelcamp mitzumachen. Renate Künast kann nur hoffen, dass der BND das Gespräch nicht mitgeschnitten hat. Von den unflätigen Begriffen, die sie dort gebraucht hat, wusste sie selbst bis dahin noch gar nicht, dass sie sie kannte.

«Verfickte Hurenscheiße», denkt Renate Künast und ist stolz, dass ihr ein derart amtliches Stehpisser-Schimpfwort eingefallen ist, «verfickte Hurenscheiße, ich muss jetzt ganz schnell irgendwas fordern, damit die RTL-Fritzen einen Aufhänger haben. Mal sehen, was klingt denn bescheuert genug … » Renate Künast überlegt, was sie noch nicht gefordert hat. «Tempo dreißig weltweit? Hatte ich schon. Vermögenssteuer verlangen Linke und SPD auch, verdammt, verdammt … » Doch da hat Renate Künast einen Geistesblitz: «Männer-Plakette – das ist es!» Vor allem traut ihr das keiner zu, weil sie doch als Reala gilt, als halbwegs vernünftig und keinesfalls als Vertreterin des Muschi-Kommissariats. «Männer-Plakette, harrharrharr, alle Typen müssen nach zweiundzwanzig Uhr in der Öffentlichkeit eine Plakette tragen, zum

Schutz vor Männergewalt gegen Frauen, harrharrharr. Und, und, und, und ... » Renate Künast plustert sich auf, wie sie es sonst nur von der alten Emo-Wachtel Claudia Roth kennt, überhaupt ... ist ihr das neulich im Scherz eingefallen, mit der Plakette, oder Claudia? Na egal, kommt jetzt nicht drauf an. «Und, und, und, um die Plakette zu kriegen, müssen alle Typen einen Wesenstest absolvieren, harrharrharrharr.»

Renate Künast ist zufrieden, diese Forderung wäre ein so kapitaler Köder, da würde sich nicht nur Westerwelle wie die Krähe nach dem Aas draufstürzen, nein, da müsste an sich eine Günther-Jauch-Einladung bei rausspringen. Renate Künast kriegt ohnehin jedes Mal das Kotzen, wenn sie auf die internen Talk-Charts von Media Control guckt: Claudia, der fette Tränensack, liegt sage und schreibe fünfunddreißig Punkte vor ihr, in den Tagesschau-Charts waren es sogar über fünfzig. «Man sollte der Unke einen Strohhalm hinten ... »

Bevor sich Renate Künast noch mehr in ihre Hasstiraden hineinsteigern kann, vibriert das Blackberry auf dem Tisch und winselt gleichzeitig die Titelmelodie von «The Fog – Nebel des Grauens» aus seinem quäkigen Speaker. «Ja, hier Künast ... » Sie spricht «Künast» wie «Knast» aus, ein untrügliches Zeichen, dass sie nach Menschenfleisch giert. Am anderen Ende ist die RTL-Redakteurin: «Sorry so much ... », das Interview müsse leider, leider ausfallen, sie hätten gerade eine brandheiße Tickermeldung reinbekommen ... «Die RTL-Torte muss über achtzig sein», denkt Renate Künast, «kein Mensch sagt heute mehr ‹Tickermeldung›.» Jedenfalls habe wohl gestern Abend, meint die Redakteurin, auf einer Frauen-Rhabarber-Party oder so Claudia Roth gefordert, alle Männer sollten ab zweiundzwanzig Uhr in der Stadt eine Plakette tragen, und jetzt hätten sie Dieter Bohlen

und die Claudi, aha: «die Claudi», im Streitgespräch, «nochmals sorry so much». Renate
Künast feuert ihr Blackberry in die Ecke und
schwört sich: «Das war's jetzt endgültig für
dich, Ich-bin-eine-Doppelspitze-Claudia!»

9. SEBASTIAN VETTEL
Bröööm Brööööööööööm

Sebastian hat ein gutes Gefühl. Bisher ist seine Führerscheinprüfung absolut reibungslos
verlaufen. Schulterblick nie vergessen, ast-
rein rückwärts eingeparkt, Wenden in drei
Zügen – er könnte das im Schlaf. Der Prüfer
auf dem Beifahrersitz macht einen sehr zufrie-
denen Eindruck. Alles andere wäre allerdings
auch verwunderlich. Schließlich hat Sebastian Benzin im Blut. Von Kleinkindesbeinen
an war die Kartbahn sein zweites Zuhause.
Eines seiner ersten Worte nach «Mama» war «Zylinder-
kopfdichtung». Für jemanden wie ihn sollte die Führerscheinprüfung in der Klasse B keine echte Hürde darstellen.

Und tatsächlich überreicht ihm der Prüfer schließlich das
begehrte Kärtchen. Sebastian freut sich wahnsinnig, bekommt
aber zu seiner Überraschung doch noch eine Ermahnung:
«Zwei kurze Anmerkungen, Sebastian. Erstens: Du fährst
mir immer einen Hauch zu forsch. Hast immer den Impuls zu
überholen. Das musst du in den Griff kriegen!»

«So, du Schlaumeier, jetzt fährst du dieselbe Strecke noch mal ohne Lenkrad.»

Sebastian hat keine Ahnung, wovon zum Teufel der Mann da eigentlich redet.

«Zweitens: Jetzt nur mal ganz hypothetisch, SOLL-TEST du eines Tages Formel-1-Pilot werden, Sebastian, ich weiß, es klingt bescheuert, aber wie gesagt, ist ja nur hypothetisch. Also, SOLLTEST du professioneller Rennfahrer werden und SOLLTE der Formel-1-Zirkus dann auch in

Bahrain Station machen, was ich mir kaum vorstellen kann, weil Bahrain ja eine blutige Diktatur ist, in der immer wieder Oppositionelle verhaftet werden und in der regelmäßig auf friedliche Demonstranten geschossen wird, also wär's doch irre, so ein Kackregime noch mit der Formel 1 zu adeln ... Andererseits, dem gierigen Ecclestone muss man ja leider alles zutrauen ... Was wollte ich sagen? Ach so, ja: SOLLTE es also wider alle Vernunft mal ein Formel-1-Rennen in Bahrain geben und SOLLTEST du dann als Formel-1-Pilot mitfahren und SOLLTEN dich dann die Journalisten fragen, ob man in einem Land wie Bahrain überhaupt so ein Rennen veranstalten darf, ist es total wichtig – Sebastian, hörst du mir zu? – TOTAL wichtig, dass du in so einem Interview EINS auf gar keinen Fall sagst, nämlich: <Um das ganze Thema Menschenrechte wird hier ein großer Hype veranstaltet.>

Verstehst du, Sebastian? Wenn du so was unfassbar Doofes sagen WÜRDEST, kämst du richtig scheiße rüber. Aber richtig scheiße! Wie eine verwöhnte kleine Bratze, die nicht kapiert, dass es zu viel Hype um Menschenrechte gar nicht geben kann. Was es in der Tat geben kann, Sebastian, ist zu viel Hype um ein paar Zwerge in albernen Strampelanzügen, die Millionen in den Arsch geschoben kriegen, nur weil sie mit ihren Autos wahnsinnig gut im Kreis fahren können. Merk dir das bitte! Nur für den Fall der Fälle.

Okaydokey, das wären also meine zwei Anmerkungen. Herzlichen Glückwunsch zur bestandenen Führerscheinprüfung, Sebastian!»

Hinweis der Autoren: Anmerkung zwei hat Sebastian Vettels Prüfer damals gar nicht gemacht. Im Nachhinein muss man sagen: Leider.

8. FRIEDRICH MERZ
Sauerland, here I come

Es ist Wochenende, Friedrich Merz hat frei. Eigentlich hat er mehr oder weniger an jedem Wochenende frei, seitdem er nicht mehr im Bundestag sitzt. Jetzt sitzt er stattdessen zu Hause in seinem Sauerland und dort in seinem Sessel.

Heute will er mal wieder so richtig die Sau rauslassen.

In der Garage steht vollgetankt das Zündapp-Mofa, und im Radiorecorder liegt abspielbereit die Kassette mit den Top-Hits von der George-Baker-Selection. Friedrich Merz stiehlt sich durch die Gartentür aus dem Haus – alle anderen schlafen noch. Mit einem Tritt erwacht das mörderische Zweitakt-Aggregat zum Leben. Der Zehn-Millimeter-Bing-Vergaser versorgt gigantische neunundvierzig Kubikzentimeter mit erstklassiger Gemischaufbereitung. Friedrich Merz steigt auf den Bananensattel, der High-Rider-Lenker fühlt sich noch genauso an wie damals. Zwischen den Griffen hat er seinen Schaub-Lorenz eingehängt, er drückt die Play-Taste, und die George-Baker-Selection röhrt ihr unnachahmliches «Una Paloma Blanca» durch die verschlafene Siedlung im Sauerland.

Friedrich Merz dreht am Gasgriff. Eineinhalb PS zerren an der Fliehkraftkupplung, und hui, los geht die wilde Jagd. Friedrich Merz ist wieder ganz der Rocker, der er auch in den Siebzigern war. Die Stoppelfrisur flattert im Wind – einen Helm braucht er nicht, denn er ist ja schließlich Friedrich Merz, ehemaliger CDU-Hoffnungsträger. Unterwegs grüßt er leutselig ein paar brave Sauerländer Kerle, die besoffen vor der

Big Fritz mit Regierungslimo vor dem Reichstag – Poster in DIN A0 12,90 € bei Merz-Merchandising.

Videothek liegen. Sie kennen ihn hier, ihren wilden Friedrich. Mit einem Ruck hat er die Zündapp vom Asphaltband auf den Radweg gerissen. «Keine Mofas», liest Friedrich Merz im Vorbeiflug. «Harrharrharr, kriegt mich doch, ihr Bullenschweine», denkt der CDU-Desperado und lässt den Einzylinder durch den jungen Morgen belfern.

Mit gekonntem Griff dreht Friedrich Merz die Kassette im Schaub-Lorenz um: Die Les Humphries Singers mit «Kansas

City», das war die ultimative Outlaw-Hymne seiner Jugend. Heute kennt er Jürgen Drews persönlich. «Mann, Scheiße, Fritz, wer hätte das gedacht», grinst Friedrich Merz in den Rückspiegel der Zündapp. Noch fünfundvierzig Kilometer bis Iserlohn. «Hinter Plettenberg gibt es kein Gesetz mehr», erinnert sich Friedrich Merz an einen Spruch aus seiner wilden Zeit, «und hinter Iserlohn keinen Gott.»

Eine halbe Stunde ist er nun schon on the road, und das Ziel seines Ausritts kommt näher, die B 236, dort hat er auf der Fahrt heim ins Sauerland Merkel-Plakate gesehen. Das Flintenweib hat es gewagt und das Heilige Land des Friedrich Merz beschmutzt. Dafür wird sie büßen. Schon hat er den Edding aus dem Holster unter seiner Achsel gezogen, mit den Zähnen reißt er die Kappe vom Filz.

Das erste Plakat baumelt über seinem Kopf an einer Laterne. Friedrich Merz zückt den breiten Faserschreiber, und mit geübtem Strich fetzt er der Ostschlampe ein GröFaZ-Bärtchen in die Nieselregenvisage. Siegestrunken steht der einzig wahre, aber ehemalige Fraktionsvorsitzende der CDU in den Pedalen seines Zündapp-Mofas. Aus dem Schaub-Lorenz eiert infolge chronischer Batterieschwäche der brutale Heavy-Metal-Klassiker «Promised Land» von den Les Humphries Singers. Stolz blickt Friedrich Merz auf seinen Voodoozauber und merkt leider nicht, wie ihm ein Polizeibeamter auf die Schulter tippt: «Na, was machen wir denn da, hm, Plakate der CDU beschmieren … Bist wohl ein Autonomer, was? Na, da komm mal mit aufs Revier, Freundchen.»

Friedrich Merz hat sich sofort unter Kontrolle: «Warten Sie, Herr Wachtmeister, ich war, äh, bin selber in der CDU, ich heiße Jürgen Rüttgers», versucht Friedrich Merz es mit dem erstbesten Namen, der ihm einfällt. Doch ein Sauerländer

Polizeiinspektor hat schon zu viel gehört in seinem Leben, als dass ihn das noch beeindrucken könnte: «Sicher, sicher, und ich bin Friedrich Merz, der soll ja auch hier aus der Gegend stammen.» – «Nein, ich bin Friedrich Merz», antwortet Friedrich Merz. «Nu werd aber nich frech, Bürschchen, sonst gibt's noch einen extra wegen Beamtenverarschung.»

Am Sonntagmorgen fährt eine schwarze Mercedes-Limousine vors Polizeirevier in Iserlohn. Friedrich Merz' Anwalt hat einen Deal mit der Strafverfolgungsbehörde gemacht. Sein Mandant wird nicht wegen groben Unfugs verknackt, sondern nur dafür, dass er sein Zündapp-Mofa frisiert hat. Mit stolzgeschwellter Brust verlässt Friedrich Merz die Wachstube: «Verknackt wegen Mofafrisieren, ein echtes Männerdelikt, schade, dass ich das keinem erzählen kann.»

7. PEER STEINBRÜCK
Angela Merkel als Mann und mit Sprechen

Zu der Zeit, als Zigarettenrauchen noch ein Zeichen kultivierten Lebensstils war, rauchte der einfache Bürohengst Lux Filter, Frauen von einigem Adel griffen schon mal zur Lord Extra, doch der Mann von Welt steckte sich die Peer Export zwischen die Lefzen. «Einzigartig, wie alles von Weltrang», hieß es in der Werbung der sechziger Jahre, wenn der Flugkapitän die Gangway herunterschritt und zur roten Schachtel mit der Aufschritt «Peer 100» griff. Just in diesen Jahren reifte das Großhirn des Peer Steinbrück zur jetzigen Blüte, und es konservierte den Geist dieser Zeit in einer riesigen Qualmwolke, die ihn seither umhüllt.

Peer Steinbrück beim Wettquarzen mit Old Münte – es geht um nichts Geringeres als die Kanzlerkandidatur.

Nur ab und an zeigt sich deren Nukleus und lässt die Welt teilhaben an seinem profunden Wissen über Finanzmärkte, Wirtschaftspolitik und überhaupt einfach alles. Der schlaue Peer weiß so viel, weil er ein Hamburger ist oder «Hanseat», wie die Eingeborenen sich selber nennen, wenn sie sich vom Geschmeiß und Gesocks anderer Landstriche abheben wollen. Ein Hanseat lernt schon als kleiner Hansi, dass fünfundneunzig Prozent des weltweiten Bescheidwissens in einem Umkreis von maximal zwanzig Kilometern rund um den Hamburger Michel versammelt sind. Je weiter man sich von ihm entfernt, desto doofer werden alle. Dafür können die aber nichts, deshalb muss man den Doofköppen alles haarklein erklären. Als Erstes natürlich, dass ein Hanseat immer recht hat, sonst begreifen sie's ja nie.

Unser Hansi Peer war auch schon mal Ministerpräsident von NRW, das war ganz schrecklich, deshalb hat er dort absichtlich die Wahl verloren, um wieder ganz alleine in seiner Qualmwolke zu leben. Er war auch schon mal Finanzminister, Geld stinkt schließlich nicht. Seine Chefin war zwar eine Frau und noch dazu aus der Ostzone, aber immerhin in Hamburg geboren – also im Grunde Hanseatin. Keine Gefühle zeigen und absichtlich dauernd eine Fleppe ziehen, damit niemand auch nur im entferntesten erotischen Blödsinn in den Kopp kriegt: Peer kennt das von zu Hause aus Hanseatenstadt, da laufen die Tanten auch rum wie tote Fische im Designer-Outlet. Wie viele Hamburger glaubt auch Peer, dass Sex nur eine schlaue Geschäftsidee auf St. Pauli ist und sonst gar nichts. Außerdem darf man dabei nicht rauchen, allein schon deshalb indiskutabel.

Lieber trifft sich Peer alle paar Wochen mit ein paar anderen Hanseaten im Club der Schmallippigen Schlauberger. Dazu gehören Klaus von Dohnanyi, Henning Voscherau, Olaf Scholz und natürlich der Häuptling, Helmut Seattle. Bei ihren Treffen bringt ihnen Old Smokey bei, richtig zu näseln, durch andere hindurchzugucken und sie mit Gesprächspausen in den Wahnsinn zu treiben. Je nachdem, wie weit man es darin bringt, wird man vom greisen Räuchermännchen zum Bürgermeister, Minister oder Kanzlerkandidaten ernannt. Beim letzten Wettrauchen hat unser Peer alles richtig gemacht und zusätzlich zu seinem Titel eine Tüte Labskaus gekriegt, das hatte noch Loki gekocht.

Kurz erklärt: Hanseat

• •

Der Hanseat kann sowohl ein billiger Rum aus dem Aldi-Regal sein wie auch ein ebenso billiges Importauto aus dem Restsozialismus (Lada Hanseat). Meistens sind damit aber besonders blasierte hamburgische Eingeborene gemeint (selten Bremer, kaum Lübecker). Komischerweise nennt man auch die Ultras von Hansa Rostock nicht Hanseaten. Zumeist lässt sich das Attribut «hanseatisch» in einem Text problemlos durch «engstirnig», «arrogant» oder «nach Fisch stinkend» ersetzen.

• •

6. VERONICA FERRES UND CARSTEN MASCHMEYER

Sie haben sich verdient

Vroni hat sich zurückgezogen. In den Südflügel ihres Lieblingsarbeitszimmers mit Blick über den Maschsee. Hier kann sie in Ruhe Drehbücher und Rollenangebote studieren, ohne dass ihr der alte Schnurres ständig auf den Geist geht. In Gedanken nennt sie Maschi immer noch den alten Schnurres, obwohl er sich die Rotzbremse längst abrasiert hat, ihr zuliebe. Aber Vroni sieht den Schnurrbart irgendwie immer noch. Im Grunde sieht sie einen Phantomschnurrbart. So ist das oft bei Typen, die zu lange Schnauzer getragen haben.

Die werden den latenten Pornodarsteller-Look nie mehr ganz los. «Waldi Hartmann ist auch so ein tragischer Fall», denkt Vroni gerade, als Maschi wie aufs Stichwort seinen Quadratschädel durch die Tür streckt.

«Vroni Mausi, was mir eben einfällt: Wollen wir am Wochenende nicht mal wieder ein paar Freunde einladen? Ganz zwanglos?», flötet er mit seiner besten Verkäuferstimme.

«Hm, weiß nicht», antwortet Vroni eher desinteressiert. Maschi meint doch bestimmt wieder nur IHRE Freunde: Schauspieler, Regisseure, Politiker, echte Promis. Die hat SIE doch alle mit in die Ehe gebracht. In der Zeit vor Vroni kannte Maschi ausschließlich Leute aus der Drückerkolonnen-Szene. Die sahen aus wie Gebrauchtwagenhändler oder Automatenaufsteller. Wie tausend Jahre Knast halt.

«Ja, aber Maschi, WENN wir Freunde einladen: Laber die bitte nicht wieder mit deinem Versicherungsscheiß zu, okay?»

Maschi sieht jetzt echt verletzt aus.

«Du, Maschi, da musste jetzt gar nicht gucken wie 'n Huhn, wenn's donnert. Mir war das echt so unendlich peinlich, wie du neulich versucht hast, dem Dieter Wedel diese Hausratversicherung anzudrehen!»

Der Selfmade-Millionär ist ernsthaft empört: «Ja, aber Vroni, der Dieter, der ist so dermaßen unterversichert, das wär echt unterste Schublade gewesen von mir, den nicht zu beraten. Da hätt ich mich quasi strafbar gemacht! Abgesehen davon, Vroni: Das nennt man Networking! Wenn ich kein guter Networker wäre, würdest du hier garantiert nicht auf den Maschsee gucken, das ist mal sicher.»

Vroni beschließt, lieber gar nichts mehr zu sagen, und blättert stumm in einem Drehbuch. Maschi überlegt, ob er die

Debatte fortsetzen soll. Heute ist er «privat» angezogen. Das heißt, er trägt zu seiner Jeans die passende Jeansjacke.

«Da müsste nur noch der Griff einer Haarbürste aus der Jackentasche gucken», denkt Vroni amüsiert. «Jetzt sieht er wieder aus wie einer von den Halbstarken, die einem beim Autoskooter hinten draufspringen.» – «Junger Mann zum Mitreisen gesucht», sagt sie jetzt halblaut und grinsend zu sich selbst.

«Bitte, Vroni? Das hab ich jetzt akustisch nicht verstanden.»

«Ach nix, Maschi, schon gut. Alles gut.»

Maschi macht den Mund auf, dann macht er ihn wieder zu. Schließlich zieht sich der Quadratschädel aus dem Tür-

«Scheiße, Gerd und Wladimir, wen haben die denn dabei ... nein, das glaub ich nicht!»

rahmen zurück. Vroni ist wieder allein mit sich und diesem Drehbuch.

Gar nicht so übel, das Teil. Degeto-Produktion. Spielt im Nachkriegsberlin. Sie wäre eine Kriegerwitwe, die sich mit ihrem Baby ganz allein durchschlagen muss. Und nebenbei eine Igelfamilie über den Winter bringt. Außerdem ist sie natürlich wieder eine Frau zwischen zwei Männern, das erwarten die Zuschauer einfach. Auch dass einer der beiden von Heino Ferch gespielt wird.

Vronis Laptop macht «Ping!»: eine E-Mail von ihrem Agenten. Der hat soeben erfahren, das Christine Neubauer gerade was fürs ZDF dreht. Spielt angeblich im Nachkriegsberlin, und die Neubauer ist eine Kriegerwitwe, die sich mit Zwillingen durchschlagen muss. Vorher wird sie aber noch bei einem Bombenangriff verschüttet und verliert ein Bein.

Verdammt! Immer wieder diese Neubauer. «Diese dralle Matrone wird langsam zu meinem persönlichen Albtraum», denkt Vroni und schickt eine wütende Antwort-Mail an ihren Agenten:

«Na und?! Dann latscht meine Figur eben auf eine Mine und verliert BEIDE Beine. Plus irgendeine originelle Krankheit. Aber keine eklige! Diabetes zum Beispiel. Das Baby kann ruhig auch krank werden. Oder sterben, kommt immer gut. Sollte irgendein Senderdepp jetzt meinen, die blöde Neubauer habe plötzlich die Rechte am Zweiten Weltkrieg, dann spielt unsere Geschichte eben in irgendeinem anderen Krieg. Vietnam zum Beispiel. Und ich muss mich entscheiden zwischen einem Vietcong und einem US-Soldaten. Gruß, V.»

Sie würde es sich ohne weiteres zutrauen, eine Vietnamesin zu spielen. Ihre Wandlungsfähigkeit ist nicht umsonst legendär, während die Neubauer doch eigentlich nie überzeugt hat. Außer in ihren peinlichen Diät-Werbespots. «Dass die Alte sich nicht schämt», schießt es der wütenden Vroni durch den wunderschönen Kopf. «Dreht eine Frau-zwischen-zwei-Typen-Schmonzette nach der anderen!»

«Ping!» – Oh nein, eine Mail von Christian Wulff. Der Frührentner schreibt:

«Hallo Vroni, alles gut bei euch? Wollte fragen, ob ihr nicht mal wieder Lust habt, bei uns vorbeizukommen. Freitag vielleicht? LG, Chrissie. PS: Hab komischerweise noch keine Einladung zur ‹Goldenen Kamera›. Geht ihr hin? Könntet ihr mich da mit reinbringen? Muss mal wieder unter Leute.»

Gott, wie deprimierend! Der Typ begreift original gar nichts. Sollte sich mal fragen, WARUM er keine Einladung zur «Goldenen Kamera» kriegt: Weil er nervt, natürlich! Mit seinem endlosen Selbstmitleid. Das hätte Vroni gerade noch gefehlt, sich zum x-ten Mal einen ganzen Abend lang anzuhören, wie «die Schweine von der ‹Bild›» ihn damals «aus dem Schloss Bellevue geschrieben» haben.

Genau das hat man dann von Maschis blödem «Networking». Da triffst du dich ab und zu mit solchen Leuten wie den Wulffs, weil die gerade mal zufällig wichtig sind, und dann hast du die auf ewig an der Backe. Glaubt der Wulff denn, sie hätten früher was mit ihm unternommen, weil er eine so schillernde Persönlichkeit ist? Oder so ein prickelnder Erzähler? Aber was mailt man der Nulpe jetzt bloß zurück? Erst mal gar nicht antworten. Wenn sie dann zufällig irgendwo in ihn reinrennt, sagt sie einfach: «Du, ich hab 'nen Computervirus und … Oh, dahinten seh ich jemanden, den ich kurz begrüßen muss.» Und dann kommt man natürlich nie zurück. Wasserdichter Plan.

Maschi streckt die Rübe ins Zimmer. «Du, Vroni, ich hab

gerade 'ne Mail vom Wulff bekommen. Wollen wir die Wulffs mal wieder ... »

«NEIN, WOLLEN WIR NICHT! Und Maschi, ich muss echt arbeiten!»

Jetzt guckt er wirklich traurig, macht aber brav die Tür von außen zu.

Vroni nimmt das nächste Drehbuch vom Stapel. Ach ja, der neue «Tatort» mit Til Schweiger. Mal sehen, was man ihr da für eine Rolle anbietet. Sie blättert direkt vor zu ihrer ersten Szene, der Rest interessiert sie eh einen Vogelfuß. Ihre Figur heißt Marianne. Schweiger ist natürlich der Kommissar.

Hamburg-Blankenese. Im Inneren einer Gründerzeitvilla.

Es klingelt, und Marianne, die elegante Frau des Chefarztes, öffnet die Tür.

KOMMISSAR: Frau von Terzenbach, ich komme von der Kripo Hamburg.

Er zeigt ihr seine Dienstmarke.

MARIANNE: Gute Güte. Ist etwas passiert?
KOMMISSAR: Es geht um Ihre Tochter Jacqueline. Ich fürchte ... sie ist ermordet worden.
MARIANNE: Was? Jacqueline? Aber was reden Sie denn da?

Der Kommissar fängt an zu weinen. Der erschreckend attraktive Ermittler schämt sich seiner Tränen nicht.

MARIANNE: Herr Kommissar! Sie weinen ja!

KOMMISSAR (*schluchzend*): Na und? Darf man als Cop vielleicht keine Gefühle haben? Ich war auch mal so ein knallharter Eisblock. Aber das war ... bevor Jacqueline in mein Leben trat! Sie hat alles verändert ... Ja, Frau von Terzenbach, ich habe Ihre Tochter geliebt! Geliebt!

Der Kommissar heult hemmungslos. Marianne nimmt ihn in den Arm.

Fassungslos und keuchend klappt Vroni das Drehbuch zu. Sie soll die Mutter des Opfers spielen? Die Mutter der Frau, die Til Schweiger geknattert hat? Die MUTTER? Der Schweiger! Was glaubt der denn eigentlich, wer er ist? Diese Knallcharge mit seiner ekelhaften Knödelstimme. « Unser Mann in Hollywood, da lach ich drüber!», ruft Vroni und wirft ihre Kaffeetasse an die Wand.

Natürlich hat sie schon oft Mütter gespielt. Phantastisch gespielt sogar. Aber selbstverständlich Mütter, in die sich dann der männliche Held verliebt. Und nicht Schwiegermütter des männlichen Helden. Beim Aufsammeln der Scherben schneidet sich Vroni auch noch in den Finger. « Na toll! Damit ist der Tag offiziell im Arsch!», schreit Vroni außer sich. « Ich wüsste nicht, was ihn jetzt noch schlimmer machen könnte!»

Wie zur Antwort streckt Maschi seinen voluminösen Kopf durch die Tür.

«WAS?», brüllt sie ihm zur Begrüßung entgegen.

Ziemlich gemein, weil Maschi sich wirklich Sorgen macht, als er ihre blutende Hand sieht. «Vroni, was machst du denn da? Das musst du aber sofort desinfizieren! Hast du eigentlich noch Tetanus? Stell dir vor, das entzündet sich, dann kannst du nicht drehen!»

Vroni hat jetzt ein schlechtes Gewissen. Maschi mag ja aussehen wie ein bulgarischer Schiffschaukelbremser, aber er liebt sie wirklich. Und sie ist oft so grausam zu ihm. Sie will sich gerade entschuldigen, als ihr plötzlich etwas einfällt.

«Maschi, du versuchst aber jetzt gerade nicht, MIR 'ne Berufsunfähigkeitsversicherung anzudrehen, oder?!»

Maschi wird rot.

5. SAHRA WAGENKNECHT UND OSKAR LAFONTAINE
Traumpaare des Pflegenotstands, Folge 27

Sonnabendnachmittag in einem schäbigen Hotel irgendwo im noch schäbigeren Saarland. Sahra Wagenknecht blättert gedankenverloren im IKEA-Katalog und richtet im Geiste das gemeinsame Liebesnest in der Hauptstadt ein: Das Wichtigste ist ein bequemer Fernsehsessel für Väterchen, schmunzelt sie in sich hinein. Doch Väterchen Oskar ist nach eigener Einschätzung noch lange nicht reif für den Sessel. Im Bad nebenan probt er seine Rede für den Seniorenabend der Saar-Linken, mehr ist ihm nach seinem Abgang von der großen Bühne nicht geblieben. «Opa sabbert wieder von Umverteilungsromantik und Kaufkraftutopien – zum stahlharten Kommunisten», denkt Sahra, «fehlen ihm einfach die Eier in der Hose.»

Die Vorsitzende der Kommunistischen Plattform hat die

Parteitag der Linken im Juni 2012: Oskars Garderobe ließ keine Zweifel aufkommen, wo der Hammer hing.

GV-Frequenz mit Väterchen extrapoliert. Wäre sie dann erst selbst Parteivorsitzende, würde sie Katja und Bernd umgehend in die Lubjanka werfen und mit Väterchen und einer Neun-Millimeter-Makarow einen Spaziergang in einem Birkenwäldchen unternehmen. Doch da schreckt Sahra aus ihren Tagträumen auf: Opa ist mit unvorteilhafter Befleckung des

Beinkleides aus dem Bad aufgetaucht. Hat er sich wieder an seiner eigenen Hetzrede aufgegeilt? Was soll's, dann würde er wenigstens nach dem Seniorenabend Ruhe geben und nicht so notgeil umherstolzieren wie ein geschlechtskranker Marabu.

Sahra nimmt Opas Redemanuskript zur Hand. Seit einigen Jahren schon frisiert sie das demente Gefasel in halbwegs stubenreinen Sozialismus um. Der Titel seiner heutigen Rede lautet: «Der Endsieg über Gerhard Schröder ist erreicht». Opa rechnet vor, dass er den alten Widersacher nun auch in serieller Monogamie eingeholt hat – auch er habe mit Sahra zum vierten Mal eingelocht, liege aber in der Disziplin «Altersabstand zum Gespons» neun Jahre vor dem Hannoveraner, weil Doris schon neunundvierzig ist.

Im ewig gültigen Schwanzvergleich der Sozialdemokraten geht es jedoch nicht nur um die Flachlegekompetenz. Neu hinzugekommen sind seit Schröder die Sparten «Eklige Freunde» und «Pipelines». Da liegt Gerd mit Maschmeyer und Putin ziemlich weit vorne, Opa kann nur die Pissetrinker Hugo Chávez und Konstantin Wecker vorweisen, weil Sahra immer noch keine Einladung bei Egon Krenz klargemacht hat. In Sachen Pipeline hofft Opa auf eine Röhre von Usbekistan durch die sozialistischen Bruderländer Abchasien, Bergkarabach und Transnistrien, zu denen er seit Jahren geheime Beziehungen unterhält. Wenn sie ihm die Pipeline bauen, hat er versprochen, wird er die ganze Bande in die EU einschleusen.

«Väterchen, wir müssen los», ruft Sahra, nimmt ein Feuchttuch aus dem Spender im Bad und wischt Oskar die Spucke vom Kinn, bevor sie das Hotelzimmer verlassen.

Kurz erklärt: Saarland

●●●

Das Saarland ist ein Teil Frankreichs, den dieses aus Rache für den Zweiten Weltkrieg 1956 an die Bundesrepublik Deutschland abgetreten hat. Die Eingliederung in das junge Staatsgebilde kann als weitgehend gescheitert betrachtet werden. Weder konnte sich die dortige Montanindustrie behaupten, noch setzte sich Hochdeutsch als Amtssprache flächendeckend durch. Deshalb nennt man das Saarland auch «die kleine DDR» (Erich Honecker war Saarländer). Umso unverständlicher erscheint es, dass nach diesem misslungenen Versuch der Kolonisation 1990 noch einmal der gleiche Fehler begangen wurde.

●●●

4. LENA MEYER-LANDRUT
Sternschnuppe des Restbürgertums

Und es kam der Tag, da hatten alle Anständigen im Reich die Schnauze gestrichen voll von dieser geschmacklosen Kaputtenkultur. Sie wollten sie nicht mehr sehen, diesen ganzen rappenden Migrationshintergrund, die lese- und rechtschreibgeschwächten Prekarierwachteln und deren gepiercte Freundinnen mit dem Speckreif überm Arschgeweih. Schluss! Aus! Irgendwo in diesem Land musste es doch noch Adoleszente geben, die die Plackerei der Aufzucht lohnten. Nicht diese Ausschussware, langzeitarbeitslos schon seit der vierten Zellteilung.

Und als das Elend am größten war und keiner mehr glaubte, in dem Meer missratener Bastarde ließe sich noch ein Goldstück heben, da trat Stefan Raab auf den Plan, Menschen-

Gemein: ProSieben hat die Pfote eines Weißhandgibbons in das niedliche Foto reinretuschiert.

fischer und Metzgerssohn. «Seht her», sprach er, «ich werde euch ein Mägdelein bringen, holder und bezaubernder, als ihr es verdienet.» Und so geschah es dann alsbald: Der Raab zog seine Schleppnetze durch den Morast, und siehe, eine Jungfer verfing sich dort, unschuldig wie ein frischgeschächtetes Lamm, Lena geheißen. Weder war sie alleinerzogen, noch politically correct pigmentiert, sie sprach reinstes Hochdeutsch, selbst wenn sie Vokabeln des Packs im Munde führte, ging brav aufs Lyzeum, verhüllte nicht ihr Großhirn mit dem Kopftuch, und war – so schien es – von Sex und Drogen gänzlich unberührt.

Schon glaubte man, der Raab züchte im Verlies von Pro-Sieben Kreaturen wie diese, so unwirklich erschien das Mädchen Lena. Zwar war sie kaum anders als die Nachbarsmädchen oder gar die eigene Tochter, doch war man längst überzeugt, dass die Medienwelt den Freaks und Arschgeigen gehöre. Umso verzückter gerierte sich das bürgerliche Publikum, als es der eigenen Kultur im Fernsehen begegnete. Und nicht da, wo man sie erwartete, im Streichquartett die Fidel zupfend, sondern in der U-Kultur, bisher Revier der gepiercten Spaguffen und ihrer speckigen Bräute. «Hoppala», machte es da im Hirn der Leistungsträger, «wir sind wieder wer. Wenn unsere Lena in Oslo singt, so sind wir jetzt schon in heimischem Felde unbesiegt. Vade retro, Prekaria! Das Land soll unser wieder sein!»

Doch so urplötzlich, wie er gekommen war, der Sommer der Hoffnung, so schnell ging er auch vorüber. Jetzt beherrschen wieder die angebrüteten Klone aus den Sümpfen das Geschehen, und das so anständige Bürgertum muss weiter darben.

3. PATRICK DÖRING
Ist die Katze gesund, freut sich der Mensch

Gleich hat er die Alte so weit. Als erfahrener Versicherungs-makler spürt man so was. Sie hat schon mal den schwersten aller Anfängerfehler gemacht und ihn tatsächlich REIN-GEBETEN. Hat natürlich mit Einsamkeit zu tun. Diese alten Schachteln haben einfach keinen mehr zum Reden und lassen sich zur Not auch von den Zeugen Jehovas vollsülzen. Im Grunde viel zu leichte Beute für einen erfahrenen Jäger wie ihn. Intern nennen sie solche Abschlüsse deshalb gern «Zombi-Skalpe».

Da sitzt Patrick Döring also auf dem Sofa unter dem röhrenden Hirsch und beobachtet, wie die Oma ihm drüben in der Küche einen Kaffee macht. «Jetzt bloß nicht aufhören, sie zuzutexten», denkt er sich. Regel Nummer eins: Der Kunde darf nie zum Nachdenken kommen.

«Frau Matzuweit, ich weiß, das klingt immer erst mal bescheuert: Haustierversicherung. Warum soll denn mein Tier so 'ne Art Krankenversicherung brauchen? Aber ich könnte Ihnen da Geschichten erzählen … Hier: In meiner Nachbarschaft, älterer Herr, ungefähr Ihr Alter glaube ich, hatte 'nen Schäferhund-Mischling. Ganz süßer Rüde. Und jetzt stellen Sie sich vor: Der Hund kriegte mir nichts, dir nichts 'ne schwere Herzklappenentzündung.»

«Nein!», ruft Frau Matzuweit aus der Küche.

«Doch! Und jetzt kommt's ja erst: Das Einzige, was den Hund retten konnte, war eine künstliche Herzklappe. Gibt's auch für Hunde – aber kostet ein Vermögen. Der Mann hatte keine Krankenversicherung für das geliebte Tier, und wissen Sie, was der machen musste? In seiner Not?»

Frau Matzuweit schüttelt, vor lauter Spannung wie elektrisiert, den Kopf. Sie ist inzwischen mit dem Kaffee zurück im Wohnzimmer.

«Der musste für die Hunde-Herzklappe sein HAUS verkaufen, Frau Matzuweit! Sein HAUS. Der Mann wohnt jetzt im HEIM! Und wissen Sie, was das Traurigste ist, Frau Matzuweit?»

Wieder ein Kopfschütteln.

«Im Altenheim darf er keinen Hund halten. Er musste seinen lieben Schäferhund weggeben. Zu fremden Leuten. Und das alles nur, weil der Hund keine Krankenversicherung hatte.»

Frau Matzuweit hat jetzt eindeutig feuchte Augen. «Bingo! Die Alte ist so was von fällig», denkt Döring.

«Ja, aber Herr Döring … ich hab doch gar keinen Hund.»

Kleiner Rückschlag. Aber so was macht den erfahrenen Versicherungsmann nur noch heißer.

«Ja gut, Frau Matzuweit, das war auch nur ein Beispiel. Wir haben natürlich noch viele andere tolle Versicherungsprodukte für Tiere im Angebot. Zum Beispiel eine sehr gute Berufsunfähigkeitsversicherung.»

«Ach. Sind denn heutzutage viele Tiere berufstätig?»

«Klar. Denken Sie nur mal an die ganzen Blindenhunde. Ich hatte erst letztes Jahr den Fall, dass so ein Blindenhund SELBER erblindet ist. Da machst du als Besitzer aber drei Kreuze, wenn du für so einen rechtzeitig 'ne Berufsunfähigkeitsversicherung abgeschlossen hast, das kann ich Ihnen aber sagen! Hahaha!»

Obwohl er sein sympathischstes Lachen einsetzt, spürt

Patrick Döring doch, dass er das Wild noch nicht erlegt hat. Und tatsächlich kommt die olle Reichsbedenkenträgerin direkt mit dem nächsten Einwand.

«Das glaub ich ja alles gern, Herr Döring, aber sehen Sie, die Sache ist die … Ich hab überhaupt keine Haustiere. Auch keine berufstätigen. Ich hab höchstens mal überlegt, ob ich mir vielleicht ein Aquarium zulegen soll.»

Jetzt hat er sie.

Autogrammkarte von Patrick Döring – das Kleine in der Mitte ist sein Kopf.

«Ha! Frau Matzuweit, sagen Sie das doch gleich! Darf ich vorstellen? Das neuste Premium-Produkt aus dem Hause Agila Haustierversicherung: Tataaaaa … Die Wasserschadensversicherung für Zierfische! Jetzt kommen Sie, Frau Matzuweit!»

«Patrick?»

«Hm?»

Blöde Sache. Der Lindner hat ihn angesprochen und guckt jetzt so fragend. Ausgerechnet jetzt muss der Streber ihn anquatschen, wo er mal ganz kurz in die eigene Vergangenheit abgetaucht ist, zu einem seiner Lieblingsabschlüsse.

«Patrick, wolltest du dazu noch was sagen?»

Mist. Wovon er wohl spricht?

«Äh … nö.»

Die FDP-Klausur geht weiter.

«Tja, das waren noch Zeiten, als ich beruflich was Seriöses gemacht habe!» – Mehr als einmal ertappt sich der Generalsekretär der Liberalen im Lauf der Tagung bei diesem Gedanken.

Patrick Döring, von 2012 bis 2013 Generalsekretär der FDP, sitzt seit 2002 im Vorstand der Agila Haustierversicherung AG in Hannover. Er ist bis heute stolz darauf, mit seiner Firma in Deutschland die Idee einer Krankenversicherung für Haustiere umgesetzt zu haben.

2. CLAUDIA ROTH
Knuddelduddelduh ...

Claudia Roths Wecker klingelt. Es ist 6.30 Uhr. Claudia Roth hat noch keine Lust aufzustehen und knuddelt noch eine Viertelstunde mit sich selber. Es ist Sonntag, da hat sie eigentlich frei und muss sich nicht engagieren. Aber das gilt natürlich nicht in Wahlkampfzeiten, deshalb steht in ihrem Terminkalender auch heute ganz viel drin, zum Beispiel um 10 Uhr «Engagieren» beim Kurdischen Rhabarbersaftfest in Kreuzberg. Sie soll einen Vortrag halten zum Thema «Ganzheitliche Nachhaltigkeit als Frau». Claudia Roth hat keinen blassen Schimmer, was das ist.

Um sieben ist Claudia Roth fertig mit dem autogenen Knuddeln und steht auf. Zum Frühstück haut sie sich fünf Kalorienbomben aus garantiertem Auszugsmehl mit Raffinadezucker rein – man gönnt sich ja sonst nix. Der ätzende Nicaragua-Kaffee ist eh nur für Gäste da. Wie es sich für eine Frau ihres Alters gehört, greift sie zu Jacobs Krönung. Beim Frühstück liest sie die Klatschseiten in der «Bild am Sonntag»: Dieter Bohlen ist nackt durch den Garten gelaufen. Im Gehirn von Claudia Roth läuft ein erotischer Kurzfilm an, wird aber sofort von der Political-Correctness-Instanz des vorderen Stirnlappens unterbrochen.

Claudia Roth rülpst. Zeit zum Aufbruch. Vor dem Haus wartet niemand. Sie fährt mit dem Taxi nach Kreuzberg. Sie hat darauf geachtet, dass das Taxiunternehmen genauso viele Frauen beschäftigt wie Männer. Am Mehringdamm ist die Rhabarbersaft-Fete schon in vollem Gang. Claudia Roth hasst

Rhabarbersaft, sie muss danach immer einen halben Liter Spätburgunder absäuern. Alle warten auf ihre Rede. Claudia Roth stellt sich auf die Bühne und pumpt sich auf wie eine Geburtshelferkröte. Irgendein Quark quillt aus ihrem Mund. Die Zuhörer erkennen ein paar Vokabeln wieder: «Frau» zum Beispiel oder «finanzielle Unterstützung» – das finden sie beides auch. Tosender Applaus. Zwei Frauen vom Rhabarber-Team laden sie noch zur Frauenparty am Abend ein. Claudia Roth sagt, dass sie abends schon bei Günther Jauch eingeladen ist und das sei total irre wichtig für die Partei. Die beiden lassen das Argument widerwillig gelten.

Claudia hat gerade «It's raining Men» von den Weather Girls aufgelegt: «Hihihihi.»

Um 13 Uhr sitzt Claudia Roth in einem Café am Ku'damm und haut drei Stücke Pflaumenkuchen in sich rein, mit Sahne. Aber nicht aus Frust: Sie isst Pflaumenkuchen sehr gerne. Um 15 Uhr hat sie sich mit Renate im Tiergarten zum Skaten verabredet. Aber nur wenn Renate ein paar Fotografen auftreibt bis dahin. Wenn nicht, haut sie sich lieber aufs Ohr oder nimmt zu irgendwas Stellung – mal sehen, wozu sie mehr Bock hat.

Das Handy klingelt, es ist Renate. Ein Fotograf von der «Gala» habe zugesagt, der werde aber nur kommen, wenn beide ein scharfes Outfit anhätten und Daniela Katzenberger mitskaten dürfe. Claudia Roth sagt zu. Bei Erscheinen der übernächsten «Gala»-Ausgabe wird sie ihre Zusage bereuen. Das Bild erscheint in einem zwölfseitigen Artikel über «Die Katzenberger». Unter dem gemeinsamen Foto wird sie lesen müssen: «Fehlt den Grünen eine attraktive Katze an der Spitze?»

Doch nach der kurzen Skate-Session am Nachmittag ist das alles noch fern. Allmählich wird es Zeit, sich auf die Sendung in der ARD vorzubereiten. Das Thema bei Günther Jauch heißt «Wutbürger zwischen Facebook und Fellatio?». Claudia Roth hat keine Ahnung, um was es geht. Eingeladen sind neben Claudia Roth noch Guido Westerwelle, Peter Altmaier, Hans-Olaf Henkel, eine Sextherapeutin und Walter Sittler. Sie freut sich auf die Sendung.

Um 21 Uhr sitzt sie mit Peter Altmaier gemeinsam in der Maske. Beide sehen aus wie ein zusammen alt gewordenes Ehepaar, das sich auch äußerlich immer ähnlicher geworden ist. Claudia Roth trägt ein giftgrünes Fünfmannzelt mit Brokatapplikationen, Peter Altmaier ein längsgestreiftes Hemd, das etwas schlanker macht. Günther Jauch schaut kurz herein, Claudia Roth sagt ihm, dass sie Anne Will besser findet, hauptsächlich weil sie eine Frau ist. Am liebsten würde sie jetzt noch eine Weile mit dem Günther knuddeln, der hat aber bereits das Messer aufgeklappt in der Jackentasche. In der Sendung wird er aus Rache immer dann, wenn Claudia Roth etwas sagen will, den Guido von der Kette lassen.

Um 22.45 Uhr ist allen Grünen vor dem Fernsehapparat klar: Das war ein Desaster. In der Maske sitzt Claudia Roth und heult. Warum sind alle so böse zu ihr? Sie beschließt, doch noch zur Frauen-Rhabarber-Party zu fahren. Da hat jedenfalls keiner die Sendung gesehen.

Kurz erklärt: Nachhaltigkeit

• •

Die Grünen haben den Diskurs der Republik um sehr viel Wortschrott bereichert: «Umwelt», «Gender Mainstreaming», «Frau», «ganzheitlich», «Verstetigung von Mitteln» und so fort. Einer der blödesten Begriffe ist allerdings «nachhaltig», wohl mehr oder weniger eine Lehnübersetzung des englischen «sustainable». Behauptet wird damit, man könne durch entsprechendes Handeln den Status quo, beispielsweise der Natur, auf ewig erhalten. Im streng physikalischen Sinne stimmt das sogar, denn Energie geht nie verloren, sondern verwandelt sich nur. In der Alltagserfahrung sieht das schon ganz anders aus: Kartoffelchips verwandeln sich beim Durchlaufen des Zuschauers vor dem Fernseher gnadenlos in Kot und der Verzehrende irgendwann in einen Klumpen fauliges Gewebe. Letztlich läuft es mit dem ganzen Planeten ähnlich: Er geht so oder so den Bach runter, Nachhaltigkeit hin oder her, fragt sich nur, wie schnell und mit welchem Blödsinn wir uns bis dahin die Zeit vertreiben.

• •

1. RONALD BRUNSMEIER
Der Letzte seiner Art

«Olééé, wir fahr'n in 'n Puff nach Barcelona!» Ronny macht eine kurze Pause, um die dramaturgische Wirkung seines Ausrufs zu vergrößern. Dann grölt er nach Leibeskräften: «Olééé, Oléééééé!» Die deutsche Familie am anderen Ende des Pools funkelt wütend zu ihm herüber. So soll das sein. Ronny wettet, dass sich diese aus dem IKEA-Katalog ausgeschnittenen Mustermanns gleich beim spanischen Hotelpersonal für ihren «peinlichen Landsmann» entschuldigen werden.

Warum also nicht noch mal kurz die Strophe wiederholen? Jetzt, wo alle hier am Pool den Text kennen. Ronny nimmt einen Schluck aus der Herforder-Pils-Dose und intoniert inbrünstig: «Lesbisch, lesbisch und ein bisschen schwul ...» Luft holen, kurz aufstoßen und dann wieder: «Oléééééé, wir fahr'n in 'n Puff nach Barcelona!» Familie Mustermann steht kopfschüttelnd auf und geht. Dafür applaudieren ihm jetzt zwei tätowierte Russen an der Poolbar. Er verneigt sich huldvoll in ihre Richtung, rülpst ein weiteres Mal und schreit: «Alles raus, was keine Miete zahlt!»

Ronny klappt den Liegestuhl zurück und begutachtet seine Spiegelung im Fenster des Speisesaals. Blutig rot verbrannte Glatze, durchgeschwitztes Schalke-Trikot, verspiegelte Sonnenbrille, Sandalen mit Tennissocken. Da stimmt einfach alles! Drei Liegen weiter räumt eine Kellnerin leere Gläser ab. Ronny, Tausendsassa, der er ist, kennt auch hier wieder das passende Liedgut: «Es wird Nacht, Señorita ... und ich hab kein Quartiiiiier ...» Die junge Frau stöckelt hurtig davon. «Wo rennste denn hin, mein Mäuschen, hä? Komm ma bei dem Onkel hier bei! Schicker Rock übrigens … Gibt's den auch in deiner Größe? Arrogante Kuh!»

Jetzt ist er ganz allein am Pool. Sogar den Russen war er wohl zu laut. Ronny setzt die Sonnenbrille ab und reibt sich die Schläfen. Er hat alles so satt. Vielleicht war es ein Fehler, den Job anzunehmen. Immerhin, das Goethe-Institut zahlt Flug, Hotel und Kostüm. «Es geht um ein Stück deutsche Geschichte, Herr Brunsmeier», hat ihm sein Chef erklärt.

Weil der deutsche Tourist, wie ihn das Ausland kennt, praktisch ausgestorben ist, soll Brunsmeier quasi mit einer Art Ein-Mann-Performance die Lücke füllen. So wie einer, der sich im Bergbaumuseum als Grubenarbeiter verkleidet. Deutsche verhalten sich im Urlaub heutzutage betont unauffällig, sie rennen den ganzen Tag in Kirchen oder Ausstellungen und interessieren sich ERNSTHAFT für die Kultur ihres Gastlandes. Im Ausland aber, so hat das Goethe-Institut herausgefunden, vermisst man längst den sogenannten «hässlichen Deutschen». Die neuen Teutonen halten zwar ungefragt Vorträge über Mülltrennung, aber sie machen einfach keinen Spaß mehr. Über wen sollen sich Schweden oder Franzosen in Urlaubsgebieten naserümpfend aufregen, wenn die Deutschen plötzlich ein Volk aus achtzig Millionen Studienräten, sprich: Langweilern, geworden sind?

Die kleine Kellnerin wagt sich zurück an den Pool. Seufzend setzt Ronny die Brille wieder auf, kratzt sich kurz am Sack und ist direkt wieder «in character». «Ich möcht der Knopf an deiner Bluse seiiiiiiin», schmettert er der Spanierin den alten Bata-Illic-Klassiker entgegen, während ihm Speichelfäden das Kinn runterlaufen.

Ronald Brunsmeier ist ein Held. Er ist der letzte Deutsche.

Was noch zu sagen bleibt

DER WEGWERF-PROMI
Billig, willig und talentfrei

Wenn du denkst, bekloppter geht es nimmermehr, dann kommt von irgendwo ein Promi her. Jede Niederung medialer Furzigkeit scheint bereits durchschritten, doch dann taucht am Horizont das Land auf, in dem Milch und Sperma fließen. Pralleutrige Wegwerf-Prominiden aus einer längst vergessenen Reality-Soap werden mit gefühlt langschwänzigen Abfall-Celebrities für eine beschissene Idee und ein noch beschisseneres Drehbuch verwurstet in der Hoffnung, dass sie dem Begriff «Promiskuität» Rechnung tragen. Da sie samt und sonders bei der Präimplantations-Gymnastik gefehlt haben, jedenfalls was die Bildung einer gefalteten Großbirnenrinde anbelangt, kann man auf die Tonspur getrost verzichten.

Der recycelte Moder-Promi aus dem Dschungelcamp ist schon der Megastar im Müll der Fernsehfressen, ihn kennt man immerhin aus früheren Jahren, als er noch im vollen Saft seiner Schaffenskraft stand. Danach wurd's finster um ihn herum, der Suff tat das Übrige zur Demontage, vergeigte Ehen, Ostimmobilien, fertig ist der Scherbenhaufen, dann reicht's nur noch für den Sühnestrip im Quasselfernsehen. Sind sie bei Friedman-Pilawa-Lanz ausgewrungen, geht's in den Orkus der Verwertungskette: Maden fressen, Standardtanz, kurz da-

nach bleibt mit etwas Glück die Eröffnung einer Baumarkt-
filiale. Immerhin kann diese Abraumhalde medialer Aufmerksamkeit von einstiger Grandezza zehren, sich selber auf
YouTube in der ZDF-Hitparade 1971 bewundern oder wird
gar von alten Mütterchen mit leuchtenden Augen in der Fuß-
gängerzone noch erkannt.

Der juvenile Wegwerf-Promi betritt gleich als solcher die
Szene. Seinen höchst vergänglichen Ruhm verdankt er beispielsweise einer telegenen Bildungslücke im Angesicht der
Dieter-Bohlen-Rampe. Hat der Promi Titten, besteht zudem
eine Andienungspflicht gegenüber anderen Omega-Promis.
Wenn die Riesenamöbe dann ein Liedchen trällert, versam-
meln sich Tausende vor Möbelhäusern und kreischen sich in
einen preiswerten Rausch. Das war dann aber auch schon der
Höhepunkt in der Karriere des Wegwerf-Promis. In seiner
Verzweiflung kann er noch die eigene Oma abmurksen, gegen
einen Alleebaum krachen – es hilft alles nix: die Haltbarkeits-
grenze seiner schalen Berühmtheit ist überschritten – ab geht's
auf die Halde, und hätte nicht vor Jahrtausenden der Mensch
den Suff entdeckt, dem einst Gepriesenen bliebe nichts, als
Hand an sich zu legen. Für ihn wird's auch kein Wiedersehen
in fernen Zeiten geben, nicht als Madenmümmler oder Vor-
zeigegescheiterter, denn vor dem Fall kommt nicht nur der
Hochmut, wie der Volksmund weiß, sondern in erster Linie
mal der Hochsitz, und da saß unser kleiner Pissetrinker niemals drauf.

Kurz erklärt: Casting

•••

Der neudeutsche Traum vom gesellschaftlichen Aufstieg hat Studium und Weiterbildung im Wesentlichen abgelöst. Heutige Jugendliche träumen davon, beim Casting durch «Voting» oder eine Jury voller Idioten in den Olymp der kurzzeitigen Berühmtheit katapultiert zu werden. Gute Voraussetzungen: zweistelliger IQ, Intim-Piercing, gerne Migrationshintergrund, Letzteres ist aber keine Bedingung.

•••

KANZLER KEVIN
Es lebt schon und kommt unaufhaltsam auf uns zu

Während man bei Anne Will noch rätselt, ob es reicht für Schwarz-Gelb beim nächsten Mal, ob vierzig Millionen neue Arbeitsplätze realistisch sind oder warum die hundertjährige Amtszeit von Heide-Zeul Marie-Wieczorek beendet wurde, treibt mich eine ganz andere Sorge um: Wann heißt der erste Bundeskanzler «Kevin»?

Wir befinden uns gegenwärtig an der deutschen Namensscheide. Die regierende und schon im Abtritt begriffene Politikergeneration ist die letzte mit halbwegs nachvollziehbaren Vornamen. Bei «Guido» deutete sich der Paradigmenwechsel schon an, so heißt man ja normalerweise nicht, ohne daran Schaden zu nehmen. «Frank-Walter» hingegen ist ein mutiger Spagat zwischen Wirtschaftswunder und Weimar, bildet somit perfekt die geistige Heimat der SPD ab. Bei der momentan gültigen Bundeskanzlerin sind wir nur sehr knapp an einer «Mandy» vorbeigeschrappt, gedankt sei es ihrem vorgerückten Alter. Mit Joschka Fischer bekamen wir ja schon einen Vorgeschmack darauf, wie es ist, wenn erst «Finn-Jason» ins Auswärtige Amt einrückt. Der altstalinistisch umgerubbelte «Joseph» roch immer etwas nach maoistischer Schmuddel-WG aus den Siebzigern – und wollte zuletzt so gar nicht mehr passen zu einem dicken Selbstdarsteller in dunklen Anzügen. Das Spitzenduo der Grünen ist mit «Katrin» und «Anton» bemerkenswert konservativ besetzt – ein Hinweis auf Schwarz-Grün? Freuen darf man sich immerhin, dass der anatolische Schwabe nicht an die Spitze vorgedrungen ist. Zu dessen Vornamen dichtete der Grünfink schon den atemraubenden Slogan «Yes, wie Cem» – da vergeht einem ja der Glaube an den Endsieg der Vernunft. Betont unmodisch gibt sich die Linke mit dem Namen ihres abgehalfterten Leithammels: «Oskar» hieß man früher, darf man aber auch heute noch seine Kinder nennen, der Name ist so zeitlos wie der Glaube ans Wolkenkuckucksheim.

Insgesamt steht die Riege der Spitzenhanseln aller Parteien mit beiden Beinen noch fest auf dem Boden des deutschen Namenlexikons. Solange der Bundespräsident von seiner Freundin «Jochen» gerufen wird und sie nicht von ihrem Mann «Jennifer», ist alles im Lot. Bevor allerdings «Kevin» endlich Bundeskanzler werden darf, müssen wir noch die Borisse, Saschas und Melanies abwettern.

Kurz erklärt: Vornamen

• •

Über die Verwahrlosung der deutschen Namensgebung ist schon viel geschrieben worden: All diese Finn-Patricks und Jason-Jennifers, Dustin-Keanus und wie sie alle heißen, werden noch schwer genug zu tragen haben an ihrem Schicksal. Genauso schlimm wie diese unsäglichen Gebilde ist aber auch, dass sich die Deutschen damit als einzige Nation der Welt komplett von ihrer eigenen Namenstradition verabschiedet haben. Es gibt keine Hermanns und Günthers mehr, keine Irmtrauds und Helgas. Selbst der Finne lässt von seinem Miikka oder Nyyrikki nicht ab. Pfui, deutsche Eltern!

• •

WOHIN STEUERT DIE SPD?
Ein Radiogespräch zwischen R. R. Salm und Dr. H. Wasser

Auch der Irrsinn war früher besser. Bekloppte vergangener Tage hatten noch Stil. Ihr Bescheuertsein will im trüben Lichte heutiger Talkshow-Marionetten geradezu wie ein intellektuelles Feuerwerk erscheinen. Wer jemals den Phrasensalat durcheinanderkeifender Selbstdarsteller bei Günther Jauch oder Maybrit Illner verdauen musste, sehnt sich nach dem Schwachsinn alter Politsendungen im Radio zurück. Als Hommage an all die liebenswerten Trottel jener Zeit präsentiere ich hier im Wortlaut die denkwürdige Radiosendung aus dem WDR mit dem Politredakteur Ralf Rüdiger Salm und dem Experten im Studio Dr. Heribert Wasser. Das Thema lautete wie in jedem Jahr «Wohin steuert die SPD?» und ist heute so aktuell wie eh und je. Viel Vergnügen!

R. R. SALM: Einen herrlichen Tag hier aus dem wunderschönen Funkhaus wünscht Ihnen Ihr Ralf Rüdiger Salm. Wie es mittlerweile gute Tradition ist, habe ich mir einen Experten ins Studio geholt, es ist der bekannte deutsche Publizist Dr. Heribert Wasser. Guten Tag, Herr Dr. Wasser!

H. WASSER: Guten Tag, Herre, Herre ...

R. R. SALM: Salm, Ralf Rüdiger Salm!

H. WASSER: Sehr richtig!

R. R. SALM: In unserer kleinen Plauderstunde geht es heute erneut um ein brisantes Thema der Zeitgeschichte ...

H. WASSER: Sie meinen die Rezeption Ernst Jüngers in Südoldenburg.

R. R. SALM: Jein, Herr Dr. Wasser. Lassen Sie mich es etwas anders formulieren, ich meinte die Frage: Wohin steuert die SPD? Was hat Mannheim bedeutet?

H. WASSER: Aha. Wenn ich mich recht erinnere, Herre, Herre...

R. R. SALM: Salm!

H. WASSER: Aha! Wenn ich mich recht erinnere, hat Karl Mannheim 1929 in «Ideologie und Utopie» auf Seite dreihundertachtundfünfzig in einer zugegebenermaßen versteckten Fußnote auf den Konflikt zwischen der Revolution und dem Utopos, wie ihn Thomas Morus seinerzeit ja im Grunde für das Abendland definiert hat und wie er dann rezeptionsgeschichtlich bis heute, ja selbst bis Amerika hinaus...

R. R. SALM: Wenn ich da vielleicht gleich mal einhaken darf, Herr Dr. Wasser, ich meinte eigentlich nicht so sehr den deutschen Soziologen Mannheim, sondern ...

H. WASSER: ... die Mannheimer Schule. Natürlich! Ja, der Übergang von der polyphonen Kunst der Bach-Händel-Zeit zur Klassik, wie sie am kurpfälzischen Hof in Mannheim im ausgehenden 18. Jahrhundert Gestalt annahm, ja, also das völlig neue Crescendo, die orchestermäßige Schreibweise der Tremolae...

R. R. SALM: ... Tremoli, Herr Dr. Wasser, wenn ich mir bei allem Respekt diese kleine Korrektur erlauben darf.

H. WASSER: Der Lateiner ist da weit weniger konsequent, Herre, Herre … als uns das unsere Schulweisheit träumen lässt, wenngleich, lassen Sie mich das noch sagen, der harmonisch flächenhafte Satz – ohne Generalbass – in der Sonatenform, ähm …

R. R. SALM: Vielleicht erst mal so viel zu unserem Thema heute «Wohin steuert die SPD?». Vielen Dank bis hier an Dr. Heribert Wasser, unseren Experten im Studio.

R. R. SALM: Liebe Hörer, vielen Dank, dass Sie diesen Sender eingeschaltet haben. Thema ist, für diejenigen unter Ihnen, die erst jetzt zu uns gefunden haben, «Wohin steuert die SPD?». Im Studio haben wir den – lassen Sie mich es so ausdrücken – größten lebenden Experten der Jetztzeit, Dr. Heribert Wasser …

H. WASSER: Nana, Herr Salm, jetzt schmeicheln Sie mir aber ein wenig.

R. R. SALM: Durchaus nicht, Herr Dr. Wasser, durchaus nicht. Wohin steuert Sie denn nun, die SPD, Herr Dr. Wasser? Bitte schön!

H. WASSER: Im Grunde hat ja Grillparzer in seinem Trauerspiel in fünf Aufzügen «König Ottokars Glück und Ende», Wien 1825, alles vorweggenommen, was sich derzeit an schlecht chargiertem Schmierentheater in der SPD abspielt. Denken Sie nur an die Absicht König Ottokars, sich von Margarethe von Österreich scheiden zu lassen, um Kunigunde von Ungarn zu heiraten, das ist doch ein Stück aus dem Tollhaus, Herre, Herre …

R. R. SALM: Salm. Sicherlich, aber kehren wir zur bedrohlichen Lage der Sozialdemokratie zurück …

H. WASSER: Wen wundert es, dass Berta da fast wahnsinnig vor Zorn wird und natürlich ihre Onkel väterlicherseits, Zawisch und Milota …

R. R. SALM: Herr Dr. Wasser …

H. WASSER: Zweiter Akt. Der schlaue Zawisch lässt den jungen Merenberg mit einem Brief ins Reich entkommen.

R. R. SALM: Herr Dr. Wasser …

H. WASSER: Österreich und die Steiermark fallen ans Reich zurück.

R. R. SALM: Wasser!

H. WASSER: Ottokar ordnet sein Heer zum Angriff. Kunigunde, Zawisch, Milota und Scharping fliehen nach Böhmen.

R. R. SALM: Herr, Herr …

H. WASSER: Fünfter Akt. Lager Götzendorf. Die Kaisertreuen um Bruder Johannes und Clement töten Ottokar. Doris, die schöne Schwester des Tierpräparators Gerhard vom Hohen Ufer, gibt sich dem ungestümen Narren Hombach hin. Das führt …

R. R. SALM: Wohin auch immer, Herr Dr. Wasser, lassen wir das vielleicht einfach mal so stehen und geben unseren Hörern Gelegenheit, eine eigene Meinung zu entwickeln. Vielen Dank bis hier an Herrn Dr. Heribert Wasser, unseren Experten im Studio.

H. WASSER: Vielen Dank, Herre, Herre …

R. R. SALM: Noch ein Gläschen Mosel, Herr Dr. Wasser?

H. WASSER: Danke, hier sieht's ja keiner im Radio, Herr Wurm.

R. R. SALM: S a l m.

H. WASSER: Lateinisch «salmo», der Lachs, hmmm. Ja, da haben sich ja zwei gefunden, was, eine Ironie des Schicksals, ich als Dr. Heribert Wasser treffe zufällig in meiner Radiosendung auf einen Herrn Salm.

R. R. SALM: Äh, das hier ist meine Radiosendung «Fragen der Gegenwart» von und mit Ralf Rüdiger Salm, und so ganz zufällig treffen wir hier auch nicht zusammen. 1990 waren Sie, Herr Dr. Wasser, schon einmal hier als Experte im Studio, auch da ging es um die Frage «Wohin steuert die SPD?», und da wären wir auch mitten im Thema.

H. WASSER: Salm. Das muss aber auch nicht der Lachs sein. Der Namensforscher neigt eigentlich in seiner Bedeutungszuschreibung eher zur Kurz- oder Koseform des alttestamentarischen Namens Salomon, hebräisch für «der Friedfertige». König Salomon ist im Volke hauptsächlich für seine weise Rechtsprechung bekannt. Noch heute gilt ja das salomonische Urteil als …

R. R. SALM: Mit Sicherheit, Herr Dr. Wasser, doch was will Scharping?

H. WASSER: Erst einmal sicher nicht das, was er vorgibt zu wollen, Herre …

R. R. SALM: Höchst interessant!

H. WASSER: Und, auch davon können wir ausgehen, Adolf Scharping ist sicher nicht nur der Demagoge, wie man ihn aus dem Reichstag kennt.

R. R. SALM: Rudolf Scharping, Herr Dr. Wasser!

H. WASSER: Auch und gerade der Name Rudolf verweist nach Österreich, da täuschen Sie sich nicht, Herr Salm, Rudolf von Habsburg, nicht wahr, wie ihn ja Grillparzer in dem eingangs erwähnten Trauerspiel «König Ottokars Glück und Ende» …

R. R. SALM: Es ging mir nur um die Richtigstellung, Herr Dr. Wasser, Rudolf statt Adolf.

H. WASSER: Da denkt der einfache Mann gern an den GröFaZ zurück. Wir, Herre Salm, haben da sicherlich eher den ersten König der Westgoten Ata-Ulf vor Augen, der ja, wie wir alle wissen, eine entscheidende Rolle in der Völkerwanderungszeit gespielt hat, nicht zuletzt durch die Hinwendung zum arianischen Christentum.

R. R. SALM: Vielleicht, Herr Dr. Wasser. Oxenstierna sieht das in seiner Abhandlung «Die Urheimat der Goten» von 1948 allerdings etwas anders.

H. WASSER: Oxenstierna wird überschätzt, lassen Sie mich das hier einmal in aller Öffentlichkeit sagen.

R. R. SALM: Ist es nicht vielmehr so, Herr Dr. Wasser, dass Sie und Oxenstierna auf dem Zweiten Internationalen Kongress für Experten 1952 in Uppsala …

H. WASSER: War es nicht Barcelona, ich erinnere mich da an eine glutäugige Kellnerin …

R. R. SALM: Oxenstierna hat Sie, Herr Dr. Wasser, dort einen «Scharlatan» geheißen, gerade was Ihre dreibändige Ata-Ulf-Biographie anbetrifft.

H. WASSER: Ach, gehen Sie mir doch weg mit Oxenstierna, Herr Salm, dieser Mann ist doch indiskutabel, der hat in der Westgotenforschung doch mehr Schaden angerichtet als Niedermüller in der Blendrahm-Rezeption.

R. R. SALM: Niedermüller, mein lieber Herr Dr. Wasser, lassen Sie da bitte aus dem Spiel.

H. WASSER: Ach nein. Und was ist mit «Das Füchschen»?

R. R. SALM: «Das Füchschen» ist nicht von Niedermüller.

H. WASSER: Sondern, Herr Salm, sondern?

R. R. SALM: Niedermüller hat nach seiner Dortmunder Zeit nie wieder ein Bein in das Julius-Blendrahm-Institut gesetzt.

H. WASSER: Da liegen mir aber ganz andere Aussagen vor, werter Salm, ganz andere Aussagen.

R. R. SALM: Herr Wasser ...

H. WASSER: Dr. Wasser, ja, so viel Zeit muss sein, mein lieber Salm.

R. R. SALM: Verzeihung! Herr Dr. Wasser: Wohin steuert die SPD?

H. WASSER: Nun, Steuern sind sicher ein Thema in der Politik, an dem man nicht so ohne weiteres ... oder lassen Sie mich anders anfangen: Die am Meer wohnenden germanischen Völker verstanden unter altfriesisch «stiure» oder altnordisch «styri» ja das «Lenken» und «Leiten», ähnlich übrigens die Westgoten mit ihrem «stiurjan» ...

R. R. SALM: Aber Oxenstierna hat, Herr Dr. Wasser, in seinem Buch über die Westgoten ...

H. WASSER: Ach, lassen Sie mich doch mit diesem Oxenstierna zufrieden, um Himmels willen. Interessant ist dabei, wie ein Ausdruck, der eine lenkende Tätigkeit beschreibt, zu einem Begriff für den Zehnten des Staates werden kann.

R. R. SALM: Mit dem Zehnten wären wir ja heute gut bedient. Der Spitzensteuersatz von über fünfzig Prozent, den ja auch und gerade die SPD fordert ...

H. WASSER: Wer?

R. R. SALM: Na, die ganze Partei, Herr Dr. Wasser, die ganze SPD.

H. WASSER: Wer ist das denn eigentlich überhaupt, «die SPD», von der Sie hier die ganze Zeit schwafeln, geschätzter Kollege? Also ich erinnere mich blass an eine gleichnamige Gruppierung während der Weimarer Republik, aber ...

R. R. SALM: Die SPD ist nach 45 wieder neu gegründet worden, Herr Dr. Wasser.

H. WASSER: Sieh mal einer an. Ein rechtes Husarenstück. Der «Husar» übrigens, eine internationale Bezeichnung für die leichte Kavallerie, entstammt dem Ungarischen. Morgenzieher weist in seinen etymologischen Schriften darauf hin, dass das Wort «husz» im Magyarischen «zwanzig» bedeutet und der Husar mithin auf die Zeit König Korvins zurückgeht, wo die Gutsherren pro zwanzig Fußsoldaten einen Berittenen stellen mussten.

R. R. SALM: Die SPD, Herr Dr. Wasser, sprechen Sie doch bitte über die SPD.

H. WASSER: Alles falsch! «Husar» stammt vielmehr vom serbokroatischen «Husar» ab, was nichts anderes als «Räuber» bedeutet und auf das Lateinische «cursarius» zurückgeht. Mithin wurde die Bezeichnung für einen Kriminellen zu einer militärischen, ähnlich übrigens wie beim «Heiducken».

R. R. SALM: Vergessen Sie mir nicht die SPD, Herr Dr. Wasser!

H. WASSER: Der Schwede übrigens hat die Husaren im Dreißigjährigen Krieg nie als reguläre Truppe betrachtet, sondern regelrecht niederkartätscht. Ja, die leichte Reiterei, da gäb's noch viel hinzuzufügen, werter Salm.

R. R. SALM: Wir wollen es vielleicht bis hierher dabei bewenden lassen, Herr Dr. Wasser, und uns doch noch einmal dem eigentlichen Thema des Tages widmen.

H. WASSER: Ich will Sie nicht langweilen, Kollege Salm, aber vielleicht ist es für unsere Hörer ja auch mal ganz interessant, nicht nur den etymologischen Aspekt eines Begriffes zu erörtern, sondern auch den militärgeschichtlichen, da kennen wir ja neben den Husaren in der Kavallerie noch die Ulanen, die schwere Reiterei, also die Kürassiere, und – obwohl es sich dabei bei Licht besehen doch eher um eine aufsitzende Infanterie handelt – die Dragoner. Fangen wir vielleicht bei den Ulanen an. Von Friedrich dem

Großen 1742 ins preußische Heer eingeführt, ist der Ulan ja der Lanzenreiter, im Gegensatz zum feuerwaffentragenden Dragoner und dem in Leder gewandeten Kürassier. Ich muss da jetzt mal etwas weiter ausholen, werter Salm.

R. R. SALM: So gerne wir Ihnen da folgen würden, Dr. Heribert Wasser, so sehr verbietet uns die unbeirrbar fortschreitende Zeit, näher auf die Typologie der Kavallerie einzugehen, zumal unser Thema ja auch lautet «Wohin steuert die SPD?».

H. WASSER: Ich bitte Sie, Herre, Herre …

R. R. SALM: Salm.

H. WASSER: Wie auch immer. Es kann ja wohl nicht angehen, dass in Deutschland schon wieder zensiert wird in den Medien. Heute ist es ein harmloses Gespräch über die leichte Reiterei, morgen brennen Bücher.

R. R. SALM: Nanana, geschätzter Dr. Wasser, da übertreiben Sie aber etwas …

H. WASSER: Er ist fruchtbar noch, der Schoß, aus dem es kroch …

R. R. SALM: Die Bundesrepublik ist der friedlichste Staat auf deutschem Boden.

H. WASSER: Und der einzige, werter Salm.

R. R. SALM: Das kommt hinzu.

H. WASSER: Nehmen Sie das nicht so leicht.

R. R. SALM: Da wäre ich der Letzte, Dr. Wasser. – Es ist nicht viel, liebe Hörer, was wir heute in unserer Sendung «Fragen zur Gegenwart» über unser aktuelles Thema haben herausfinden können. «Wohin steuert die SPD?», fragten wir, und wir, das waren und sind Ralf Rüdiger Salm und als Experte im Studio …

H. WASSER: Dr. Heribert Wasser.

R. R. SALM: Übrigens vielen Dank, Herr Dr. Wasser, dass Sie den weiten Weg aus Bad Wanderungen zu uns gefunden haben, Sie als internationaler Experte, der nunmehr seit ... ja, seit wie viel Jahren?

H. WASSER: Was? Ich war einen Moment eingenickt.

R. R. SALM: Seit wie viel Jahren publizieren Sie schon, Herr Dr. Wasser?

H. WASSER: Ich bin quasi publizierend dem Mutterschoß entstiegen, wenn Sie mir den kleinen Scherz erlauben, Salm. Mein erstes Buch, «Jenseits von Gut und Böse», erschien ...

R. R. SALM: Äh, das ist von Friedrich Nietzsche, wenn mich nicht alles täuscht.

H. WASSER: Dann war's «Die Traumdeutung».

R. R. SALM: Sigmund Freud. Wie dem auch sei, Herr Dr. Wasser, ich möchte unsere Hörer nicht aus unserer Sendung entlassen, ohne nochmals auf das Thema einzugehen: Wohin steuert die SPD?

H. WASSER: Sicher ein interessantes Thema, Kollege Salm, aber ich habe, glaube ich, schon erwähnt, dass mir dieses Phänomen «SPD» im eigentlichen Sinne kein Begriff ist.

R. R. SALM: Bedauerlich, Herr Dr. Wasser, dann sind Sie sicher auch nicht bereit, in der Kürze der Zeit, die uns noch verbleibt, eine Antwort auf die Frage «Wohin steuert die SPD?» zu geben.

H. WASSER: Nun, ich will es dennoch einmal versuchen. Die SPD steuert sicherlich, da erzähle ich Ihnen zu Hause ja auch nichts Neues, sie steuert unverhohlen in einen Bereich, den wir alle – um es ganz platt auszudrücken – noch gar nicht kennen, vulgo: in die Zukunft, Herre Salm.

R. R. SALM: Höchst interessant. Was wird sich denn ganz konkret ändern in dieser traditionellen Volkspartei? Wird es die gute alte Tante SPD in, sagen wir, zwei Jahren und in der Form, wie wir sie heute kennen, noch geben?

H. WASSER: Kaum wahrscheinlich. Herr Salm, wir alle werden nicht jünger, und Jünger hat einmal in seinem Buch «In Stahlgewittern» gesagt …

R. R. SALM: Ich fürchte, wir schweifen etwas ab, und im Angesicht der verrinnenden Zeit …

H. WASSER: In deren Angesicht, mein lieber Salm, erscheint die SPD wie ein Wimpernschlag des Weltgeistes im Hegel'schen Sinne.

R. R. SALM: Bis hierhin erst mal, Herr Dr. Wasser. – Unsere Plauderei geht dem Ende zu, liebe Hörer. Brisantes Thema des Tages war «Wohin steuert die SPD». Ich denke, wir haben mit unserem Experten im Studio, Herrn Dr. Heribert Wasser, einen guten Griff getan und – wenn auch erst zum Schluss – tiefe Einblicke in das Schicksal der großen Volkspartei erhalten. Das soll es von mir aus sein für heute. Unser letztes Wort gehört natürlich dem Experten. Bitte, Dr. Heribert Wasser!

H. WASSER: Mm, vielleicht noch ein kleiner Nachtrag zum Thema «Leichte Kavallerie». Der eigentliche Typ der leichten Reiterei entstand ja nicht mit dem ungarischen Husaren, sondern – wir bleiben im Habsburgerreich – mit den Kroaten. Dieses Grenzvolk bekam im Zuge des Vordringens osmanischer Kräfte …

R. R. SALM: Ich glaube, das interessiert unsere Hörer nicht so sehr, Herr Dr. Wasser.

H. WASSER: Schweigen Sie, Salm. Die kroatische Reiterei trug leichte Musselintücher mit Lederknoten um den Hals. Das wiederum sahen französische Offiziere im Dreißigjährigen Krieg in Deutschland. Die nach 1648 in Frankreich aufgestellte Kavallerie hieß dann auch nach dem Vorbild der kroatischen Grenzreiter « Cravates royaux » und trug justament selbige Halstücher. Und danach heißt noch heute der Halsbinder « Krawatte ».

R. R. SALM: Vielen Dank, Herr Dr. Wasser. Haben Sie noch einen Musikwunsch?

H. WASSER: Den Marsch des Hannover'schen Cambridge-Dragoner-Regiments, wenn's erlaubt ist.

R. R. SALM: Gespielt vom Stabsmusikkorps der Bundeswehr unter Leitung von Oberst Wilhelm Stephan. Unser nächstes Thema in « Fragen zur Gegenwart » lautet übrigens « Hat die leichte Kavallerie noch eine Zukunft? », Experte im Studio ist dann Rudolf Scharping.

H. WASSER: Da böten sich aber auch andere Experten an, wenn ich das mal so ungeniert in den Raum stellen darf, Kollege Salm.

R. R. SALM: Dürfen Sie, Dr. Wasser, aber da ist nichts mehr zu machen, Dr. Scharping hat sich förmlich aufgedrängt, und das Thema war seine Idee.

H. WASSER: Schade, da hätte ich auch einiges beizusteuern gehabt.

ENDE

WIR MUSSTEN LEIDER DRAUSSEN BLEIBEN!

Promis aus der zweiten Reihe

Nena

Hat es leider nicht in dieses Buch geschafft, trotz einer heldenhaft langen Karriere im deutschen Musikgeschäft. Die Entscheidung der Autoren, sie nicht ins Ranking aufzunehmen, ist eine zugegebenermaßen sehr subjektive: Die Autoren finden einfach, dass Nena als Jurorin der Sendung «The Voice of Germany», Verzeihung, nervt wie Sau. Mit endlosem Gekreische im Hochfrequenzbereich und ununterbrochenem Geilfinden all dessen, was nicht bei drei auf'm Baum ist. Dennoch wünschen die Autoren Nena alles Gute, auch beruflich, und hoffen für sie, dass ihre ständige gute Laune wenigstens mit Drogen zu tun hat.

Unser Charly

Der beliebte Hauptdarsteller der ZDF-Serie «Unser Charly» hat es leider nicht in dieses Buch geschafft. Seine Weigerung, nach Gottschalks Abgang der neue «Wetten, dass …?»-Moderator zu werden, war nicht heldenhaft, sondern schlicht doof. Im Übrigen soll Charly der Erfolg inzwischen zu Kopf gestiegen sein, angeblich beantwortet er nicht mal mehr Fanpost.

Dirk Nowitzki

Hätte es wirklich um ein Haar in dieses Buch geschafft. Mal ehrlich jetzt, ein DEUTSCHER gewinnt die NBA, mehr geht doch wohl nicht! Dachten die Autoren. Aber dann haben sie den behämmerten ING-DiBa-Werbespot gesehen, in dem Nowitzki von einer Verkäuferin beim Metzger mit Fleischwurst oder sonstigem Aas gefüttert wird. Schade.

Frank Schätzing

Hat es leider nicht in dieses Buch geschafft. Obwohl der Mann ohne Ende Bücher verkauft. Und die sollen zum Teil gar nicht mal völlig peinlich sein. Sagen zumindest Leute, die sie gelesen haben. Ach, was sollen wir lange drum rumreden: Die Autoren hassen Schätzing, weil er so schöne Haare hat. Angeblich kann der Angeber sogar Gitarre spielen. Würg!

Pierre Brice

Hätte es angesichts seiner Vita durchaus verdient, im Heldenranking aufzutauchen. Tatsächlich fallen einem nur wenige Menschen ein, die so viel für den Erhalt des Friedens zwischen Weißen und Indianern getan haben. Und das trotz zahlreicher persönlicher Tragödien (genannt sei hier nur die Ermordung der jüngeren Schwester). Umso enttäuschender war es für die Autoren dieses Buches zu erfahren, dass der vermeintliche Held ihrer Kindheit in Wirklichkeit Franzose ist. Da fragt man sich desillusioniert: Wie konnte es so einer bitte zum Häuptling bringen? Waren wenigstens die Haare echt? Und was kann man eigentlich noch glauben?

Ratz und Rübe

Die Hauptdarsteller der erfolgreichen Siebziger-Jahre-Kindersendung «Rappelkiste» haben bei einigen Autoren dieses Buches ein regelrechtes Trauma ausgelöst. Ratz und Rübe stehen für alles, was man an der SPD-Bildungspolitik hassen muss, für totale Spaßbefreitheit und einen penetranten aufklärerischen Anspruch.

In einer besonders schlimmen Folge entspann sich folgender Dialog (wörtliche Zitate):
Ratz: Du hast ja gar keinen Pimmel!
Rübe: Aber dafür habe ich eine Muschi!
Ratz: Aber das heißt ja gar nicht so. Meine Mutter sagt immer Scheide!
Rübe: Oder Schlitzchen!
Ratz: Oder Möse!
Rübe: Oder Spalte!

Wohlgemerkt: Das Gespräch fand auf einem Kinderspielplatz statt. Wer so was mit sieben Jahren im Fernsehen gehört hat, will mit dem gesamten Themenkomplex «Geschlechtsteile» erst mal nichts mehr zu tun haben. Deshalb sind diese beiden Frotteefressen eben keine deutschen Helden. Und wenn es eine Gerechtigkeit gibt, dann sind Ratz und Rübe im ZDF-Sendezentrum auf dem Mainzer Lerchenberg längst zu Arschputztüchern recycelt worden.

Walter Mixa

War im Grunde ganz kurz davor, es in dieses Buch zu schaffen. Ein deutscher Held auf den Spuren Benedikts, einer der Top-Obermuftis der katholischen Mannschaft. Doch dann kam sie halt raus, die leidige Sache mit den Heimkindern und den Backpfeifen. Und da einer der wichtigsten katholischen Glaubenssätze bekanntlich lautet: «Du kannst im Prinzip alles machen, es darf halt nur nie rauskommen», ist Mixas Karriere, um es in der Sprache der Theologen auszudrücken, offiziell im Arsch. Selbst enge Freunde nennen ihn nur noch «Watschn-Walter» oder «Die Faust Gottes». Angeblich wird sein Leben demnächst sogar verfilmt. Arbeitstitel: «Neues vom Mixa».

Joko und Klaas

Sind im Prinzip schon deutsche Helden. Weil sie ein schweres Päckchen zu tragen haben: Joko und Klaas *sind* der deutsche Moderatorennachwuchs. Wann immer für ein neues Format (egal ob bei 3sat oder RTL II) oder für einen weiteren «coolen» Sparkassen-Werbespot neue Ansagefressen gesucht werden, kommen diese beiden Namen ins Spiel. Warum? Weil es sonst niemanden gibt. Weil wir hier von einer Branche reden, in der Thomas Gottschalk noch bis vor kurzem als «frech» und «jungenhaft» galt.

Viel Verantwortung also für Joko und Klaas. Dass sie es am Ende dennoch nicht ins Ranking geschafft haben, liegt daran, dass bis zu fünfzig Prozent der Autoren dieses Buches noch nie von Joko und Klaas gehört haben (dazu muss man wissen, dass bis zu fünfzig Prozent der Autoren dieses Buches schon ziemlich alt sind und nahezu hundert Prozent über die allgemeine Hochschulreife verfügen).

Herr Kaiser

Ein deutscher Held. Eine Legende unter den Versicherungsmaklern. Einer, dem die Passanten auf der Straße rätselhafterweise trotz seines Berufs nie die Fresse poliert haben. Stattdessen wurde der Mann sogar freundlich gegrüßt, Menschen baten ihn *ernsthaft* in ihre Häuser. Warum eigentlich? Und was war in dem dämlichen Aktenkoffer?

Wir werden es nie erfahren, denn Herr Kaiser ist nicht mehr im Dienst. Untergegangen zusammen mit der Hamburg-Mannheimer, die jetzt Ergo heißt. Und das Timing war echt unglücklich. Herr Kaiser ging just in dem Jahr in Rente, in dem alle seine Kollegen von der Firma zum «All you can fuck»-Prämienausflug nach Budapest eingeladen wurden. Schön blöd.

Franz Müntefering

Ja, eigentlich schade, dass er nicht vorkommt in diesem Kompendium der Allzeit-Granaten. Aber wir konnten wirklich nicht jeden abgesägten SPD-Vorsitzenden aufführen, das hätte den Umfang des Buches gesprengt. Wobei Münte in zwei Disziplinen allerdings Benchmarks gesetzt hat: beschissene Frisuren aus den Siebzigern tragen und junges Gemüse legal knattern. Beides stellt seine Erfolge als SPD-Vorsitzender in den Schatten. Wenn wir's so bedenken, finden wir es regelrecht schade, dass er nicht dabei ist, dafür aber Kurt Beck. Asche auf unser Haupt, Münte!

Heidi Klum

Also bitte, kommt die nicht schon überall genug vor! Erst heiratet sie den dicken italienischen Busengrapscher, dann den schwarzen Barden mit dem Westerwelle-Gesicht ... nur um nicht zu Paps nach Bergisch-Kongo zurückkehren zu müssen. Hätte sie doch bloß nicht mit dieser Model-Napola auf Pro-Sieben angefangen, unsere Heidi wäre zusammen mit unserer Claudia auf ewig im Olymp der guten Deutschen geblieben. Zwei teutonische Weiber, die selbst der Ami nicht von der Bettkante schubsen würde. Zur Heldin hat's dann aber doch nicht ganz gereicht.

Wolfgang Petry

Wolle, Wolle, Wolle! Er hat den Minimalismus und das Ge-
wollt-scheiße-Aussehen im deutschen Schlager etabliert. Er
hat Millionen sitzengelassene Alleinbefriedigende für Minuten beglückt. Er hat den Wollfussel am Handgelenk zur eso-
terischen Vergeltungswaffe gemacht. Wolle Petry singt nicht
mehr? Das allein macht ihn zum Helden, denn wer von seinen
Kollegen hat schon den Mumm, rechtzeitig die Schnauze zu
halten (siehe Bata Illic). Warum er dennoch nicht in diesem
Buch vorkommt? Wir sind schließlich keine Wärmestube für
karierte Hemden mit Burn-out-Syndrom.

Peter Maffay

Alle Achtung! Der Peter, der Maffay, ist wohl der einzige
Schnulzensänger, der sich erfolgreich in einen Rocker verwandelt hat. Da fragen wir uns, was eigentlich peinlicher ist,
und haben auch gleich die Antwort parat: Lieber einen gutge-
trällerten Schenkelöffner als eine gewollte Gitarren-Schram-
melei oder geklaute Ost-Balladen. Es tut uns leid, Peter, aber
so ist das nun mal. Die Autoren legen Wert auf die Tatsache,
dass Herr Maffay nicht wegen seiner Körpergröße durch das
Aufnahmeraster dieses Buches gefallen ist.

Ben Becker

Also bitte, dem ist doch satirisch nicht mehr beizukommen.
Dieser Lümmel hält sich doch glatt für einen Bruder im Geis-

te von Klaus Kinski oder Burkhard Driest. Da fehlt aber noch einiges, Sportsfreund. Vielleicht einfach mal die Klappe halten und jemanden erschießen, wie wäre das? Bei Margot Käßmann im Gottesdienst aus der Heiligen Schrift rumbrüllen ist jedenfalls extrem uncool. Und solche Pseudo-Wilden wie den da wollen wir nicht in diesem Buch.

Peter Zwegat

Ja, der Zwegat, das ist uns schon einer. Muss sich mit den Prekariern rumärgern und dabei auch noch nett bleiben. Die menschgewordene Privatinsolvenz ist das letzte Exemplar einer fast ausgestorbenen Gattung im Fernsehen: Er ist weder schön noch voll eklig, sondern sieht durchschnittlich scheiße aus wie wir alle. Da es in dieses Panoptikum allerdings nur die Schönen und die Widerlichen geschafft haben, muss unser Peter leider draußen bleiben!

Maria Furtwängler

Sie ist die Veronica Ferres in dünn und intelligent. Weil es aber im deutschen Fernsehen mehr Rollen für leidende, vom Schicksal vermöbelte Frauen gibt, ist die Vroni besser im Geschäft. Dafür darf die Furtwängler als Kommissarin Lindholm in Niedersachsen drehen und muss nicht die ganze Zeit mit dem Gatten Herbert Strickmuster für das nächste «burda moden»-Heft austüfteln. Ach ja, warum sie hier nicht vorkommt: Die Ferres hat sich vorgedrängelt.

Jutta Ditfurth

Äh, wie war der Name? Nie gehört. Ach die, die damals bei den Grünen ... Richtig! Nichts ist so alt wie ein Grünen-Promi von gestern. Wer kennt denn noch Waltraud Schoppe oder Rainer Trampert, Thomas Ebermann oder Jürgen Trittin? Stopp, vom Letzten haben wir schon mal gehört. Kommt er nicht sogar in diesem Buch vor? Richtig, daher kennen wir den Namen. Aber Jutta Ditfurth? Was macht die denn heute? In Europa endgelagert? Nein, das war Rebecca Harms. Ist ja auch egal!

Georg Baselitz

Das ist doch der mit den verkehrtherumen Bildern, oder nicht? Und, was soll der Scheiß? Jetzt kommt's aber: Der malt die nicht richtig rum und verkauft sie dann auf dem Kopf stehend. Nein, der malt die gleich verkehrt herum. Das ist der Witz an den Dingern. Andererseits aber auch ziemlich bescheuert. Aber so ist das in der heutigen Kunst: Es zählt nicht mehr, was rauskommt, sondern wie beschwerlich der Weg dorthin gewesen ist. Da sind die Autoren dieses auch als Endprodukt qualitativ hochwertigen Werkes aus prinzipiellen Gründen schon mal dagegen.

Michel Friedman

Lass mich raten: Hat diese Flitzpiepe nicht auf irgendeinem Reste-Kanal sogar eine eigene Talkshow, in der sie den Opfern mal wieder so nahe auf die Pelle rücken kann wie ein Herpesvirus? Den wird man auch nicht mehr los. Nach der Koks- und Nuttenaffäre hat's den alten Schmierlappen nicht endgültig zerrissen, nein, der schreibt sogar zuweilen für das ein oder andere Springer-Blatt. Glückwunsch, Michel, auch zur Ehe mit Bärbel Schäfer. Über was die beiden sich wohl unterhalten? Na, soll uns nicht weiter interessieren. Hier jedenfalls hat er nichts zu melden.

Hellmuth Karasek

Es gibt ja Menschen, die ähneln auf derart frappierende Weise bestimmten Hunderassen, dass man beginnt, an die Wiedergeburt zu glauben. Der Hellmuth, das muss man ihm lassen, hat nicht nur aus seinem Gesicht, sondern auch aus seinem Vornamen alles rausgeholt, was machbar ist. Bei Olliver oder Diettmar kommt man schnell an seine Grenze. Deshalb werden wir es auch nie so weit bringen wie der Helllmuhth und können uns daher nur kleinkariert und neidisch rächen, indem wir ihn nicht in unser Buch hineinlassen. Ätsch!

Marie-Luise Marjan

Hat die eigentlich außer Mutter Beimer in der Lindenstraße jemals irgendeine Rolle gespielt in ihrem Leben? Ja, hat sie. Von einer wissen wir, da spielt sie eine erotische Thekenschlampe in einer frühen «Kommissar»-Folge. Das zu sehen war, als hätte man seine eigene Oma auf dem Straßenstrich ertappt. Nein, nein, das möchte man nicht – Mutter Beimer und Schluss! Mit dieser Rolle verkörpert sie so sehr den deutschen Zweinutzungstyp von Bett und Küche, dass es einen graust. Deshalb lassen wir sie hier auch lieber weg.

Mathias Rust

Ein wahrer deutscher Held, nicht so ein Waschlappen wie die anderen hier versammelten Pissetrinker. Während ein Boris Becker noch seine Jugend mit Wimbledon-Siegen verschwendet, mietet sich der etwa gleichaltrige Rust eine Cessna und greift die Sowjetunion an. Danach ist er etwas durchgedreht, wohl auch weil ihm keiner gefolgt ist. Das alte deutsche Dilemma seit dem Unternehmen Zitadelle: Die Panzerwaffe schwächelt in der Weite Russlands. Trotz aller Verdienste, hier gehört er leider nicht rein. Sorry!

Peter Handke

«Peter wer?», werden jetzt viele fragen. Ja, das ist Literatur, und zwar auch noch moderne, und jetzt kommt's noch härter: nicht moderne Literatur von heute, sondern von gestern. Das will überhaupt niemand auf der ganzen Welt noch wissen. Seit Marcel Reich-Ranicki in den ewigen Bücherstapel eingerückt ist, gibt's keinen mehr, der mit dem Namen Peter Handke noch etwas anfangen kann. Wir wollten ihn deshalb wenigstens bei den Draußenbleibern erwähnen – auch weil er so ein unerträglicher Serbenversteher ist und man ihn in Deutschland nur dank seiner Literaturpreise kennt.

Fips Asmussen

Früher war alles besser: auch das Karrieremachen. Man schloss sich drei Wochen auf einer öffentlichen Toilette ein, schrieb alle versauten Witze von den Wänden ab und wurde danach entweder Lokalpolitiker oder Fips Asmussen. Heute sind die Lokuswände kahl, und im Rathaus werden nach der Sitzung keine dreckigen Witze mehr erzählt, weil: Mittlerweile sind Frauen dabei, und einen wie Fips Asmussen wird es auch nie mehr geben … «Kommt eine Frau beim Arzt!» Diese wenigen Zeilen der Ehrerbietung seien ihm vergönnt – mehr aber auch nicht!

Helmut Kohl

Der war sogar mal Bundeskanzler, sechzehn Jahre lang. Länger als das gesamte Dritte Reich, sogar zwei Jahre länger als die Weimarer Republik … Und wenn man sich überlegt, was in der Zeit alles passiert ist! Und was ist in der Ära Kohl passiert? Nichts! Na gut, die Eingliederung der Ostzone, hatten wir schon vergessen. Iiiih, jetzt haben wir das wieder tagelang im Kopf. Kohl, der hätte uns jedenfalls gerade noch gefehlt in dieser illustren Sammlung. Nein, danke! Sechzehn Jahre sind genug!

Günther Jauch

Ja, bitte schön, der Günther Jauch. Sicher, Günther Jauch. Klar, den müsste man schon erwähnen, er ist ja schließlich der

Günther Jauch. Aber was schreibt man denn über den? Über einen Günther Jauch kann man sich ja nicht irgendwas zusammenspinnen. Das wird so einem wie dem Günther Jauch ja schließlich nicht gerecht. Also lassen wir's!

Mälzer, Lafer, Schuhbeck, Lichter, Rach …

Der Fernsehkoch ist so alt wie das Medium selbst, zumindest so alt wie das ZDF. In dieser Massierung wie heute traten die Zwischenwirte allerdings noch nie auf. Da fragen wir uns: Was und warum kocht jeder mit jedem in der Glotze? Wie so oft ist auch hier die Annahme des niedersten Beweggrunds die richtige: Die Schmierlappen lockt die Marie! Und zwar mehrfach: Zuerst wird im TV gebrutzelt, dann folgt das Buch mit den schweineleckeren Rezepten, sodann liest der Weißkittel im Theater aus der Schwarte vor, als Vorgruppe macht ein Hund zu Musik Männchen, Krönung der komplett durchdeklinierten Verwertungskette ist der mit eigenem Namen betitelte Fertigfraß. Um die Omnipräsenz der Schmurgelfritzen nicht noch zu vergrößern, fehlen sie in dem heiteren Reigen, den Sie just in Händen halten.

Mario Barth

Er ist zu groß für dieses schmale Bändchen, die Dimension seines nimmermüde vorgetragenen EINEN Witzes sprengt jede sich daran abarbeiten wollende Kritik. Mario Barth ist eben Mario Barth, mehr Phänomen denn Mensch, die Vergeltungswaffe des Privatfernsehens gegen Arte und 3sat. Das reicht jetzt aber auch, sonst endet das hier noch bei Bülent Ceylan!

Franz Josef Wagner

Eine Kolumne in der «Bild», 'ne Flasche Rotwein am Tag und Bilder von nackten Weibern im Portemonnaie, was will man mehr vom Leben. Zumindest das Erstere hat Franz Josef Wagner erreicht. Manchmal frotzelnd, oft rührselig, niemals verletzend kritzelt sich der Bonvivant aus dem alten Westberlin durch die Tristesse des journalistischen Alltags. Mit so wenig Aufwand seinen Lebensunterhalt zu verdienen, dafür gebührt ihm schon der unironische Respekt der Autoren dieser textlastigen Schwarte. Um jetzt nicht die Zeilenzahl seiner Kolumne durch langes Geschwafel zu beleidigen, wird er trotz hoher Verdienste nur hier auf dem Abstellgleis präsentiert.

Udo Walz

Das Letzte, was wir von ihm gehört haben, war, dass er sich seine Finger hat versichern lassen. Nein, er ist weder Pianist noch Herzchirurg, sondern ... Friseur! Ist das nicht dieser Beruf mit dem ostdeutschen Leichtlohngruppenstigma? Ja, aber Udo Walz ist ja nicht irgendein Haarabschneider aus Rostbeula im Erzgebirge, sondern EIN, wenn nicht DER PROMIFRISEUR. Bei ihm lässt sich tout Berlin den Spliss aus der Mähne schnippeln, ja auch Angela Merkel soll zu seinen Kundinnen gehören. In unser Bestiarium hat er es leider nicht geschafft, weil wir nach langen Diskussionen zu dem Schluss gekommen sind: So weit unten sind wir noch nicht, dass wir Friseure rezensieren.

Harald Schmidt

König der Anti-Unterhaltung und Wegbereiter der Selbstdemontage. Harald Schmidt, in dessen Enddarm der «Spiegel» einst ein eigenes Regionalbüro unterhielt und über den das deutsche Intellektuellengesocks seinen Frieden mit der Glotze schloss – diesen Harald Schmidt gibt es nicht mehr: The King has left the building! Irgendwann zwischen dem Abgang Pochers und dem vergeigten Neubeginn beim Unterschichtsfernsehen muss Harald Schmidt seinen medialen Selbstmord beschlossen haben. Auch damit wird er voraussichtlich Erfolg haben. R. I. P.

Kai Diekmann

Es ist sicher nicht leicht, als Kai Diekmann auf die Welt zu kommen, dafür hat er's allerdings weit gebracht. Er lenkt das Schrotgewehr der Demokratie durch auflagenschwache Fahrwasser und hätte selbst mit dieser völlig misslungenen Metapher keine Probleme. Er heiratete eine schlüpfrige Edelfeder von Seite eins weg und gelangte zu seinem Karrierehöhepunkt, als er den Bundespräsidenten Wulff stürzte und, noch besser, die gesamte bürgerliche Presse ihm dafür die Füße leckte. Was kann danach noch kommen? NICHTS! Eben.

Helene Fischer

Der deutsche Schlager – ein riesiges Missverständnis! Bata Illic, Daliah Lavi, Siw Malmkvist, Gitte, Wencke Myhre, Howard Carpendale, Heintje, Karel Gott, selbst Peter Alexander und Udo Jürgens – nicht einer dieser «Intorrprrrreeetn» (O-Ton Dieter Thomas Heck) wurde im Reich der simplen Melodien und noch simpleren Texte geboren. Doch wenigstens der neue Superstar des wiedererstarkten Schlagers, Helene Fischer, ist ein urdeutsches Gewächs. Genau! Geboren 1984 in Krasnojarsk, Russische SFSR, und erst als Wolgadeutsche mit ihren Eltern in das Zielgebiet der Volksmusik übergesiedelt. In unser Panoptikum der Häme fand sie jedoch aus anderem Grund keine Aufnahme: Sie soll mit Florian Silbereisen liiert sein – das ist Strafe genug.

ÜBER DIE AUTOREN
Einige Jahre nach Erscheinen dieser Auflage

Sonntagnachmittag in einer Vierzigzimmervilla am Rhein. Oliver Welke löffelt ein glutenfreies Vielkornmüsli beim Durchblättern seines Effekten-Ordners. Dies ist für ihn die schönste Stunde der Woche: hingegossen in der Rolf-Benz-Sitzlandschaft die Erträge am Kapitalmarkt zu sichten. Längst schon kann er von den Beteiligungen an Offshore-Comedy-Produktionen leben, finanziert hie und da noch aus einer sentimentalen Laune heraus den Ankauf eines Weltklassespielers für den BVB oder die TSG Harsewinkel, hat sich aber weitestgehend aus dem Tagesgeschäft zurückgezogen. Da tritt Minna aus der fürs Gesinde reservierten Tapetentür: «Herr Baron, Seine Heiligkeit Papst Benedikt wünscht Euch zu sprechen!» – «Soll später noch mal anrufen.» – «ER steht vor der Tür.» – «Was will er denn?» – «ER lässt höflich anfragen, ob ER in der achtzehnten Auflage Eures Buches aufgenommen werden könnte und was das wohl koste.» – «Soll verschwinden, der Mann, der holt sich ja noch den Tod da draußen!»

Derselbe Sonntag dreihundert Kilometer weiter Richtung Nordost. Dietmar Wischmeyer wienert mit einem sämisch gegerbten Kudulederlappen die Kühlerhaube seines Hispano-Suiza. Die schon recht kräftige Januarsonne bricht sich in den Glasfronten der vier Hektar großen Oldtimer-Garage am Steinhuder Meer. Hier ist sein zweites Zuhause, bei gutem Wetter ist es ihm im Schloss zu düster. Thomas und Dieter sind heute auch wieder da, sie machen sich hier und dort mal nützlich, Thomas mäht den Rasen vor dem Hangar, Dieter singt seine alten Songs, damit die Krähen abhauen und nicht auf die Autos scheißen. Seit ihrer gemeinsamen Sendung bei RTL vor ein paar Jahren sind sie die dicksten Freunde und teilen sich sogar eine kleine Zweizimmerwohnung in Wunstorf. Dietmar Wischmeyer winkt ihnen noch zu, dann lenkt er den Hispano-Suiza durch das schmiedeeiserne Tor und fragt sich, was Frank Bsirske denn wohl vorhin am Telefon gemeint hat mit «Wir müssen uns sofort treffen, Maschmeyer bietet acht Millionen».

Dank

Björn Mannel sei gedankt für die Idee zum Titel dieses Buches, aus Rache dafür musste er das gleichnamige Heldenporträt selber schreiben.

Bildnachweis

Corbis Images: 31, 65, 93, 140, 266
laif: 17, 43, 48, 72, 84, 96, 109, 112, 131, 174, 181, 241, 250, 253, 270
picture-alliance: 52, 69, 185, 200, 257, 273
Süddeutsche Zeitung Photo: 27, 77, 171, 211, 231, 247
ullstein bild: 20, 35, 38, 58, 89, 103, 157, 163, 187, 190, 193, 197, 203, 216, 222, 225, 263